★ 二战将帅传记丛书 ★

MONTGOMERY's BIOGRAPHY

蒙哥马利全传

金泽灿 著

华中科技大学出版社
http://press.hust.edu.cn
中国·武汉

图书在版编目(CIP)数据

蒙哥马利全传 / 金泽灿著. -- 武汉 : 华中科技大学出版社，2018. 5
(2023. 7 重印)

ISBN 978 - 7 - 5680 - 3614 - 6

Ⅰ. ①蒙… Ⅱ. ①金… Ⅲ. ①蒙哥马利(Montgomery, Bernard Law 1887 - 1976) - 传记 Ⅳ. ①K835. 615. 2

中国版本图书馆 CIP 数据核字(2018)第 032780 号

蒙哥马利全传
Menggemali Quanzhuan

金泽灿 著

选题策划:亢博剑

责任编辑:沈剑锋

封面设计:今亮後聲 HOPESOUND 2580590616@qq.com · 小九 白今

责任校对:张会军

责任监印:朱 玢

出版发行:华中科技大学出版社(中国 · 武汉) 电话:(027)81321913

武汉市东湖新技术开发区华工科技园 邮编:430223

印 刷:鑫艺佳利(天津)印刷有限公司

开 本:710mm × 1000mm 1/16

印 张:20

字 数:345 千字

版 次:2018 年 5 月第 1 版第 1 次印刷 2023 年 7 月第 1 版第 2 次印刷

定 价:88. 00 元

#【序言】

改变英国命运的军人

“如果战争是以我们最宝贵的东西为代价，那战争还有什么意义呢？”英国人在第二次世界大战结束后如是说。这种反思确实有一定的道理。在迄今为止，这次人类历史上规模最大的世界性战争中，英国有37万人牺牲（约为英国在第一次世界大战中死亡人数的三分之一）、部分工业城市被摧毁，是损失最为惨重的国家之一——经过四五百年殖民战争而建立的“日不落”帝国在“二战”中被摧毁，从世界霸主沦为二流国家。

从这一点来看，英国确实付出了巨大的代价。但是，“日不落”帝国在走向没落的过程中，在与法西斯的较量中，依旧展现出其独有的风采，涌现出无数战将，他们在亚、欧、非等战场上与法西斯鏖战，英勇不屈，不仅建功立业，还捍卫了“日不落”帝国的尊严，并为取得反法西斯战争的胜利作出了巨大贡献。其中，英国陆军出现了8位元帅，而蒙哥马利便是其中之一。

1887年11月17日，蒙哥马利出生在伦敦一个没落的贵族家庭。迫于生计，他在童年时跟随父母长期在澳大利亚生活。这段生活经历造就了他孤僻、叛逆的性格，也培养了他的观察力和意志力。

1901 年，14 岁的蒙哥马利正式步入学堂，但学习成绩并不理想。出于种种考虑，他决定投身军旅，并于 1906 年年底考入桑赫斯特皇家军事学院，1908 年 9 月又加入了皇家沃里克郡团，担任少尉排长。

第一次世界大战期间，蒙哥马利在法国、比利时参加战斗，身负重伤，但也获得了保家卫国的勋章。战争结束后，他进入坎伯利参谋学院深造，并且成为坎伯利参谋学院的主任教官。

1937 年，蒙哥马利调任第 9 步兵旅旅长，之后又任驻巴勒斯坦第 8 师师长，因立下战功而荣升少将。1939 年 8 月，他被调回国内，成为“钢铁师”第 3 师的师长。

在希特勒的铁蹄践踏西欧之际，蒙哥马利率第 3 师随同英国远征军横跨英吉利海峡，进入法国，北上抗击德军。后来，他奉命调回国内，负责沿海地区的防卫工作。

1940 年夏，意大利法西斯调集军队进攻北非，企图趁着大英帝国无暇他顾，攻占其在非洲的殖民地。在频遭英军夹击、溃退千里的情况下，墨索里尼请求希特勒派兵支援。于是，希特勒派出心腹爱将隆美尔前去北非作战。在隆美尔的非洲军团攻击下，英军屡战屡败。关键时刻，蒙哥马利被派往非洲作战。

战争期间，蒙哥马利总是戴着有将军和装甲兵两个帽徽的特殊军帽，亲临前线指挥，与士兵们并肩作战。他的以身作则大大鼓舞了全体官兵，加上他那稳扎稳打的作战风格，英军第 8 集团军于 1942 年 10 月 23 日至 11 月 4 日，在北非阿拉曼地区打败了德军“沙漠之狐”隆美尔。经此一役，原本没有什么声望的蒙哥马利一下子名声大噪，不仅成为大英帝国妇孺皆知的名将，更成了大英帝国的英雄，在军界有了“沙漠之鼠”的美誉。阿拉曼战役后，他被提升为上将，并封为爵士。

1943 年 7 月，蒙哥马利率英军第 8 集团军成功地在意大利西西里岛登陆。1944 年 6 月，他协助艾森豪威尔成功指挥了诺曼底登陆战役，并于 9 月晋升为陆军元帅。

1945 年春，蒙哥马利指挥第 21 集团军群横渡莱茵河，进入德国本土，之后又向波罗的海进发。同年 5 月，他代表盟军接受了驻荷兰、德国西北部和丹麦的 150 万德军的投降。

蒙哥马利以其优秀的军事才能，在“二战”中赢得了一次又一次的胜利，书写了自己的精彩人生。英国首相丘吉尔这样评价他：“他从埃及经的黎波里、突尼斯、西西里和南意大利，经法国、比利时、荷兰、德国直达波罗的海和易北河，旌旗所指，战无不胜，未尝有丝毫失误。”

“二战”结束后，蒙哥马利先后担任驻德英国占领军司令和盟军对德管制委员会英方代表、英军总参谋长、西欧联盟各国陆海空军总司令委员会常任主席、北约最高司令部副总司令。1958 年，他结束自己 50 余年的军旅生涯，宣告退休，成为英国历史上服役最久的将领。1976 年 3 月 25 日，蒙哥马利在英格兰汉普郡奥尔顿逝世，享年 89 岁。时至今日，他在世界军事领域依然享有崇高的声誉和威望，后人为了纪念他为战争所作出的巨大贡献，称他为“威灵顿①的继承人”。

---

① 威灵顿：即亚瑟·卫尔兹力，第一代威灵顿公爵，拿破仑战争时期的英军将领，第 21 位英国首相；发迹于印度军中，建功于西班牙半岛战争时期，还参与了打败拿破仑的滑铁卢战役。他是世界历史上唯一获得七国元帅军衔者，人称“世界征服者的征服者”。

本书在考证大量历史资料的基础上，既介绍了蒙哥马利的功绩，还涉及其家庭背景、生活经历、恋爱婚姻等内容。书中既肯定了他的优点，也不掩饰他的缺点及犯过的错误，力求使读者对他有一个全面、客观的了解，并通过其成长经历有所获益。

目 录

Contents

第一章　暴风雨前的磨砺

不平凡的家族

翻开浩如烟海的“二战”史料，我们很容易看到头戴黑色贝雷帽，帽子上别着两枚徽章的战将——英国陆军元帅伯纳德·劳·蒙哥马利。

蒙哥马利家族历史悠久，曾在英国历史上取得过非凡成就，追循这个家族的足迹可以发现，他们的祖先是诺曼人，定居于不列颠群岛，跟着威廉一世①来到英国。这个家族最显赫的人物是11世纪的罗杰·蒙哥马利伯爵，他曾在1066年帮助诺曼底的威廉公爵（即威廉一世）侵略英国，之后一直担任占领区的最高行政长官直到去世。

罗杰·蒙哥马利前半生的名声不太好，其地位与财富基本是靠狡诈和专横取得。他的首任妻子梅布尔和他可谓“天生一对”，不仅狠毒、残忍，还善用诡计。1082年，梅布尔因为仇家太多，在一个月黑风高的夜晚被刺客入室杀害。后来，罗杰·蒙哥马利又娶了第二任妻子——阿迪莉莎。或许是良心发现，又或许是担心前妻的悲剧在自己身上重演，罗杰·蒙哥马利成了一名虔诚的基督徒，捐了大量的金钱修建教堂和修道院。人们对他的态度也开始好转。1094年，安然度过晚年的他在一所修道院里去世。

罗杰·蒙哥马利死后，由于子孙肆意挥霍，家族走向了没落。之

---

① 威廉一世：即英格兰国王威廉一世。本是法国诺曼底公爵。表亲英王圣爱德华死后无嗣，大贵族哈罗德被拥立。威廉借口爱德华生前曾许以王位，于是渡海侵入英国，获胜后直取伦敦，自封为王。

后，这个家族由于得罪国王亨利二世①，先是逃难到苏格兰，随后又迁往爱尔兰。蒙哥马利家族到爱尔兰后，放下贵族头衔与当地人通婚，后代由此有了爱尔兰血统。

18 世纪中期，蒙哥马利家族出现了一位因经商而发了大财的富豪——塞缪尔·蒙哥马利。塞缪尔·蒙哥马利在福伊尔湖畔购买了大量农田，并在上面建造了自己亲手设计的规模宏伟的庄园——新公园。塞缪尔·蒙哥马利去世后，庄园由长子塞缪尔·卢·蒙哥马利继承。作为一个非常虔诚的基督徒，小塞缪尔将新公园的房子改作修道院，布道讲学，到他去世时，家财几乎散尽，只剩下一点不动产。小塞缪尔的长子也无力重振家业，在去世前将新公园的产业全部抵押了出去，欠下了一笔巨额债务。随后，小塞缪尔的次子、蒙哥马利元帅的祖父罗伯特·蒙哥马利继承了家产。

罗伯特·蒙哥马利生于 1809 年，14 岁进入阿迪斯康军校学习，1828 年从学校毕业。毕业后，他怀揣 300 英镑和父亲的推荐信，在英属印度总督阿扎莫加那里谋了份工作。他工作勤奋，深得阿扎莫加喜欢，先后负责过殖民当局的司法、行政、财务、教育等事务。几年后，他和阿扎莫加的妹妹弗朗西丝·托马森结婚。可惜造化弄人，弗朗西丝生了 3 个孩子后，在 32 岁那年不幸去世。痛失爱妻的罗伯特·蒙哥马利心灰意冷，便带着 3 个孩子回英国散心。回国不久，他遇到了美丽善良的艾伦·兰伯特，两人很快定了终身。

回到印度后，罗伯特·蒙哥马利成了旁遮普省会拉合尔的都督。1857 年印度民族大起义时，他兵不血刃地解除了英军中印度士兵的武装，使德里免于被起义军占领。这一丰功伟绩让他大受赏识，他由此青云直上，担任了印度旁遮普省的副省长。

艾伦·兰伯特一共生了 4 个儿子，由于大儿子在 20 岁去世，次子亨利·赫沁生·蒙哥马利（即蒙哥马利元帅的父亲）成了家庭事业的

---

① 亨利二世：英格兰国王，也是法国的诺曼底公爵、安茹伯爵和阿基坦公爵。他所创立的金雀花王朝是英格兰中世纪最强大的一个封建王朝。

继承人。1865 年，罗伯特·蒙哥马利退休。

亨利·赫沁生·蒙哥马利于 1847 年 10 月 3 日出生，幼年时被送到伦敦神学院学习，年龄稍大后又进入哈罗公学读书，直到 17 岁才返回印度。1866 年，亨利遵照父亲的意愿考入剑桥大学，攻读神学。大学毕业后，他先后担任两所基督教堂的副牧师，深受伦敦法学院院长沃恩博士的信任。后来，经沃恩博士推荐，亨利进入威斯敏斯特圣玛格丽特修道院，成为新任院长弗雷德里克·威廉·法勒的副牧师。

法勒是当时英国非常出名的人物，是一名出色的作家、哲学家和教育家，但仕途不顺，直到领受圣职 13 年后，才成为圣玛格丽特修道院院长。他一心想要改革教育，决意把圣玛格丽特修道院打造成英国的一流学府。不过，他虽然在很多方面是一位大家，但在为人处世上如同一位不食人间烟火的“神仙”，常将账务弄得乱七八糟。为了管理好账务，他将此事交给细心的亨利。亨利没有辜负他的期望，很快便把账务处理得井井有条。为了感谢亨利，法勒院长常邀请他到自己家里做客。

法勒有 5 个女儿，个个天真活泼，都很喜欢亨利这个大哥哥。自此，亨利成了法勒家的常客，并对法勒的三女儿莫德产生了好感。1878 年，31 岁的亨利向年仅 13 岁的莫德表明了爱意，而莫德也早已钟情亨利，于是两人私下交往起来。这事很快便被法勒的妻子察觉，并告诉了法勒。亨利知道后忐忑不安，不知道该如何面对法勒。没想到法勒痛快地答应了他们的婚事，并私下给他们订了婚。由于莫德年纪还小，法勒要求他们保密，等到莫德年满 16 岁再对外宣布，并正式结婚。

1879 年，亨利成为伦敦郊区肯宁顿圣马克教堂的牧师。他就任后将教区分为 3 个部分，由 3 个副牧师管理。在他的努力下，教区会众大大增加，每到周日都会有近千人来做礼拜。在繁忙的工作之余，亨利时常去看望未婚妻莫德。

1881 年 7 月 28 日，出落得更加美丽的莫德年满 16 岁了。很快，他们举行了婚礼，婚礼由威望很高的大主教泰德主持。然而，新婚的幸福和快乐很快被第一个孩子的出生打破了。自从有了长女西比尔（生于 1882 年），莫德发现婚姻生活并不如想象的那样美好。为了照顾家庭，她不得不放弃少女的悠闲时光。之后，长子哈罗德（生于1883年）、次子唐纳德（生于1886年）和三子伯纳德（即蒙哥马利元帅生于1887年）相继出生。在24岁那年，他们的小女儿尤娜（生于1889年）也出生了。由于过早地把精力放在家庭琐事上，莫德身心疲惫，生活也变得简约和严酷起来。丈夫早出晚归，她除了照顾家庭外，还要参与教区的事务。为了管好这些孩子，她制定了严厉的家规，如果哪个孩子胆敢违反，一律从严惩罚。

由于家中孩子众多，伯纳德并没有得到父母的特殊关照，但就是这个普普通通的孩子，最终成为“二战”时期最著名的将领之一。

棍棒交加的童年

由于家中人口众多，尽管伯纳德的父亲在生活中总是表现得从容淡定，但家庭开销是实实在在的，他的收入显然无法让家人过上较好的生活。这也使操持这个家的莫德十分苦恼，脸上鲜有笑容。

1889年春，亨利的岳父法勒告诉他，坎特伯雷大主教想让他去澳大利亚南部的塔斯马尼亚任主教。亨利对塔斯马尼亚这个名字十分陌生，但考虑到家庭经济的拮据，主教的收入又很丰厚，他当即同意担任该职。

1889年5月1日，在威斯敏斯特修道院内，亨利由坎特伯雷大主教主持完成了授职仪式，成为塔斯马尼亚主教。金秋9月，亨利和妻子带着5个孩子，漂洋过海来到塔斯马尼亚。这个海岛的风景非常美丽，各种热带植物遍布全岛，数不清的各种鸟儿叽叽喳喳地盘旋于空中……海风携带着潮气，漫无目的地游荡在小岛的每个角落，与从地面升起的热浪混合成如梦如幻的雾气。每当夏季到来，浩瀚的海洋便在阳光的映照下，如同披上黄金战甲的战队，雄壮而又迷人。这里到处生机盎然，就连枯萎的叶子在坠落时都是昂首挺胸的。

亨利与当地教会办完交接工作后，一心一意地投入到了工作中。由于塔斯马尼亚的教会建设不太完善，他每年有一大半时间都在四处游走，向当地居民和新移民布道。孩子们初来乍到，无忧无虑地玩了几天后，便安下心来跟随从英国请来的家庭教师读书。莫德之所以大费周章地请来英国教师，主要是想让孩子们熟练掌握纯正的英语，以保持家族数百年来的贵族风貌。

莫德对孩子们要求极为严格，她让孩子们打扫教室，去周边的山上砍柴，负责洗碗和室内取暖。为了获得片刻宁静，她还规定除自己和亨利外，所有人都必须在下午外出 2 个小时。亨利尽管被允许留在房内，但也只能安静地坐在书房里。

亨利的工资想要养活一大家人有些困难，为了达到收支平衡，莫德将家中的财政大权牢牢控制在自己手中。她知道亨利时常布施行善，为了控制这方面的开销，她每个星期只给亨利 10 先令的零花钱，这还包括他外出的餐费。假如亨利多要钱，哪怕只有几先令，莫德也会审查半天。每当遇到这种情形，孩子们都会躲在一旁偷笑，而亨利总是摊开手表示无奈。他对莫德就像对闺女一般宠爱，从来舍不得让她受一丝委屈。

不久，由于长女西比尔因病早逝，莫德的性情变得越来越暴躁，稍不如意便大发雷霆，随意责罚捣蛋的孩子。莫德的粗暴态度让孩子们避之不及，整个家庭毫无生气。但这样的生活环境也让孩子们学会了自强自立、严谨自律。

伯纳德虽然也惧怕母亲，但是他那桀骜不驯的性格，使得他与母亲的斗争愈演愈烈。伯纳德的兄弟都听从母亲的话，年纪轻轻便沉稳古板，母亲要求讲纯正的英语，他们就认真地学习。但伯纳德偏偏违逆母亲，故意跟当地小孩学澳大利亚式英语。好几次，他在母亲面前用当地口音讲话，莫德气愤不过，拎起木棒揍了他一顿。

有一次，莫德召开家庭会议，孩子们议论纷纷。就在莫德不耐烦地呵斥他们保持安静时，伯纳德捏着嗓子尖声叫道："你们这些小猪崽子别乱哼哼了，老母猪还没说话，你们吵什么……"

伯纳德话未说完，便被莫德一把拎了出去，棍棒交加将他揍得鼻青脸肿，但伯纳德并没有因为母亲的惩罚而有所收敛，天生向往自由的他依然我行我素。他的母亲为此不得不把大部分精力用来对付这个不听话的儿子。在这个家里，她就是权威，连亨利主教也惧她三分，但伯纳德一点也不把她放在眼里，这极大地惹恼了她，而她本人学识有限，因而也只能实施棍棒教育。

莫德规定，每天早上和傍晚，家里所有人都必须各做一次祷告，唱圣经诗。但是，每当父亲带头轻声吟诵的时候，伯纳德要么跟不上节奏，要么跑调。他认为，这些外表华丽的枯燥说教，根本毫无用处，即使大地真的流出蜂蜜和奶浆，耶稣真的重生，也不能让坏人变好，让世间的丑恶从此绝迹。

有一天晚祷告时，伯纳德一边机械地跟着吟诵，一边不由自主地打了个哈欠。莫德神经敏锐，马上大声问道："谁打的哈欠?"大家你看看我，我看看你，都不敢吭声。莫德提高了声音："到底是谁打的哈欠?给我站出来!"

伯纳德开口道："是我!"莫德铁青着脸，目光严厉地盯着伯纳德。伯纳德勇敢地抬起头，对视着母亲，但心里难免有些心虚。"伯纳德，又是你！你真是特殊啊!"莫德冷笑道，"敢做敢当，我们家倒是出了一位英雄好汉！太好了！不过，当英雄好汉是要付出代价的，把你的手伸出来!"不知什么时候，她的手里已经多了一根棍子。

伯纳德心不甘情不愿地伸出手去，"啪啪啪"，棍子接二连三地落在他的掌心，他咬紧牙关忍受着。莫德又打了几下，方才作罢。

不久，伯纳德又闯祸了，他恶作剧地挥舞着一把刀子，到处追赶一个辱骂他的女孩，把对方吓得半死。事情很快传到了莫德的耳中，莫德气得几乎发疯，她万万没有想到伯纳德竟然敢挥刀，这样下去如何了得！等伯纳德回到家，鞭棍如雨点般落在他的后背、手臂和屁股上，使他遭受了有生以来最严重的一次"洗礼"。

又有一次，伯纳德出于好奇，学着大人的模样偷偷抽烟，结果被人发现后告诉了他的母亲，于是又招来了一顿痛打。后来他看见别人集邮，自己也想集一套，就自作主张卖掉了自己的自行车，但那辆自行车是别人送的礼物，莫德不得不把自行车赎回来，然后扣了他今后的零用钱，直到扣清为止。

伯纳德知道犯了错要受罚，但是每次受罚后，他仍然像往常一样，该干什么就干什么。莫德见伯纳德不思悔改，认为他以后一定会成为社会的“害虫”，于是对他的看管越来越严。但也正是因为受到了母亲如此特殊的“关照”，伯纳德的独立意识远远超出了他的兄弟。

即使在成为赫赫有名的英国元帅后，他仍然对母亲的管教记忆犹新。他说：

“我的童年并不快乐，因为我的意愿总是和母亲的意志发生冲突。我的童年充斥着和母亲之间的‘战争’，当然母亲总是这些冲突的胜利者。要是什么时候看不见我了，她就会嚷嚷，‘快去看看伯纳德到底在干什么，叫他停下来！’母亲经常用棍子打我，可这些不断的惩戒一点也没有使我屈服。”

伯纳德倔强的性格，使他日后得以克服种种困难，并最终取得成功，登上荣誉的巅峰，但这也给他招来了许多讥讽和非议。

在某种程度上，莫德的倔强固执甚至比伯纳德有过之而无不及，而且她还吹毛求疵、自以为是，这些性格特征在伯纳德身上也有所体现。对于莫德的专横跋扈，最小的儿子布莱恩回忆说：“任何事情，她都要管一把。她是天生的秩序狂，什么都得按严格的规矩来。”

年少的伯纳德学习成绩非常糟糕，不仅英文一塌糊涂，就连父亲钟爱的神学，他也学得非常差劲。其他功课尽管比英文和神学稍强一些，但是仍处于平均水平以下。他对神学没有一丝兴趣。有一次，他写了一些批判神学的打油诗，为此不但挨了老师打，还被莫德狠揍了一顿。可以这样讲，伯纳德的童年并不如意，始终生活在棍棒的阴影下。

不过，随着年龄增长，伯纳德和父母的关系有所缓和，最终被父母视为骄傲。数十年后，蒙哥马利元帅在回忆录中这样写道：“年少的我因为无知，给母亲惹了很多事，她骂我罚我都是应该的，我为那时的自己感到羞愧。”

亨利对于儿女并非完全不管不问，一有空闲，他就会和孩子们交流沟通，教他们一些做人的道理。亨利去教堂布道时，也经常带上伯纳德，希望能够改变他那桀骜不驯的性格，但似乎没有什么作用。对于莫德的专制霸道，亨利内心虽然有所不满，但也不敢反抗。伯纳德看见父亲对母亲唯唯诺诺的样子，心里很不是滋味。在他心目中，父亲是一个和蔼可亲的长者。他想不明白，父亲在外面备受尊敬，为何在家里如此惧内。他把父亲的忍耐退让视为懦弱、窝囊的表现；不过，他仍然崇拜父亲，被父亲对宗教事业矢志不渝的精神深深感动。

1901 年，亨利由于在塔斯马尼亚工作出色，得到了当地居民和外来移民的高度认可。为了推广自己的传道经验，他写了一份长长的传道报告，主要探讨传教人士在海外需要具备哪些能力。这份报告发表后，获得了宗教界的一致认可，大量交流经验的信件纷纷飞来，恰在这时，英国海外传道社团缺乏一名部长，几位著名的主教便联名推荐亨利担任该职。

起初亨利有些不愿意，因为海外传道社团部长是公职，需要整天待在办公室里做一些刻板、乏味的工作，而他喜欢四处走访，面对面地进行传道。不过，他已经 50 多岁了，每次多走一些路都会气喘吁吁。经过再三思考，他接受了这一职务，毕竟作为一家之主，他还需要为家人考虑。同年 11 月，亨利带着家人返回英国，途中莫德又生下了一个男孩。亨利和莫德一共生了 9 个孩子，其中长女和一个男孩夭折，顺利长大的有 7 人，除了伯纳德在英国终老外，其余 6 人全都移居海外。

亨利一家返回英国不久，长子哈罗德想加入英国海外陆军，去海外发展。亨利知道体格健壮、性格粗暴的哈罗德不会安心待在英国工作，于是给岳父法勒写信说："哈罗德不喜欢英国。他骑术精湛，如果能去陆军服役，便能发挥所长。他身体强壮，个性独特，无心向学，对外界也漠不关心，我认为他适合去南非发展。"第二年春天，当全家人乘船抵达普利茅斯时，哈罗德通过外祖父法勒和祖父罗伯特的关系，成了一名皇家陆军军官，之后奔赴南非，恰好赶上了即将结束的英布战争。战争结束后，哈罗德便一直留在了那里。然而由于性格等原因，哈罗德一直没有得到升迁机会，最终在南非平平淡淡地度过了余生。

进入圣保罗学校

回到英国后，亨利一家居住在泰晤士河附近，这里有一所公立学校——圣保罗学校。为了让孩子们更好地完成学业，亨利夫妇把唐纳德和伯纳德送进该校。圣保罗学校的学制为 5 年，教学非常严谨，这让 14 岁的伯纳德感到了约束。不过，学校的规矩再多，也比家里好玩一些，因此，他高高兴兴地背起书包上学了。

在此之前，唐纳德和伯纳德一直在家里接受家庭教师的教育，从来没有在学校上过学，这使他们的成绩与同龄人相比有着不小的差距。刚进学校，唐纳德就认识到了自己的不足，拼命恶补各种知识，而伯纳德仍像以前一样玩心未泯，整天和小伙伴们嬉戏打闹。

圣保罗学校和剑桥大学有合作关系，剑桥大学为该校提供奖学金，只要学生能通过奖学金考试，就能减免一大笔读书费用。入学的第一学期，伯纳德和唐纳德一同参加了考试，结果，唐纳德顺利获得了奖学金，而伯纳德的成绩则一塌糊涂。以后的几年，伯纳德的成绩始终糟糕透顶，没有一门科目拿得出手。亨利夫妇非常生气，认为伯纳德这一生注定要碌碌无为。

他的英语主课成绩的评语如下。

1902 年，写作太差。

1903 年，写作差。

1904 年，极差，不会写作文。

1905 年，写作尚可，文章通达，但毫无文体可言。

1906 年，颇佳。

伯纳德表示，他的英语表达至少是清楚的。他说："也许我说的观点不被接受，可能甚至是错误的，但至少他们都能理解。别人也许会不明白我做的事，但我打赌他们一定明白我说的话。"这多少有点狡辩的意味，充分显示了他那自负和不服输的性格。

在校期间，伯纳德独来独往，行为有些古怪。有一次，莫德来学校了解他的学习情况，拉丁文老师负责接待了她，这位老师委婉地说："伯纳德是个很特别的孩子，他知道事情的轻重，尽量不过分惹恼同学的家长。"莫德听了感到十分尴尬，回家后便想教训伯纳德一顿，但四处都找不着他。原来，伯纳德已经听到了风声，赶紧溜出去躲起来了。

1905 年，四年级的伯纳德面临着一次升班选择，他知道自己的成绩见不了人，于是瞒着父母报了陆军班。这一方面是因为陆军班对文化成绩的要求低一些，另一方面是他始终忘不了哥哥哈罗德穿上帅气的陆军军装后的模样。对此，他在数十年后说道："我当时选择陆军班，还有另外一个因素，那就是喜好历史的我，知道具有爱尔兰血统的人曾在英国军事史上留下过辉煌的功绩，就连横扫欧洲的拿破仑，也曾败给爱尔兰英雄威灵顿。"

实际上，伯纳德在进入圣保罗学校的第一天，就打定主意要进入陆军班。亨利夫妇知道伯纳德选择陆军班后非常生气，因为他们一直希望孩子们能成为牧师，结果现在孩子们一个个都背弃了这个神圣的职业。不过，亨利终究是个开明人士，他尊重孩子们的选择，对伯纳德的选择也采取支持态度。

亨利问伯纳德："孩子，你喜欢当兵吗？"

伯纳德没有回答，只是点了点头。

亨利盯着伯纳德，说："你也长大了，以后的路需要自己去走，你决定一直走这条路吗？"

"是的，父亲，我决定了。"伯纳德回答。

"好，既然决定了，那就踏实地走下去。无论前方怎么样，那都是自己选择的，我相信主会保佑你的！"亨利爱怜地摸了摸伯纳德的头。

其实这个时候，伯纳德并没有想过未来会怎么样，他只是觉得当前没有比陆军班更适合自己的选择了。

然而，习惯掌控他人的母亲莫德，坚决反对伯纳德就读陆军班，她想要改变伯纳德的选择。但是这一次，伯纳德没有在争吵后屈从母亲。莫德看到伯纳德坚定的态度，叹了一口气，也默许了。

1905 年秋天，伯纳德进入了陆军班。自此，他的潜能开始慢慢发挥了。不过，他的文化课成绩仍然很差，只有在运动场上才能一展身手。圣保罗学校有一支游泳队，伯纳德凭借在澳大利亚塔斯马尼亚时练就的游泳技巧，很快便在游泳队里脱颖而出。但是，当时的游泳运动并不受大家关注，所以他在这方面没有占到多大便宜。圣保罗学校还有风靡整个英国的橄榄球队和板球队。伯纳德因为身体强健，进入陆军班后很快被选入学校第 15 橄榄球队，之后又因成绩出色而被选为第 11 板球队队长。同学们看到在运动场上敏捷活跃的伯纳德，给他起了个外号叫"猴子"。伯纳德并不反感这个外号，反而认为这是同学们对他的肯定。

伯纳德的运动成绩不仅得到了同学们的肯定，就连学校主办的杂志也对他大加赞扬，刊登了一篇文章《我们非凡的历史专栏一号："猴子"》。在这篇文章中，作者是这样评价伯纳德的："伯纳德就像一只彪悍的猴子，总能领导团队奋勇争先。他利用自己的狠劲，将球抛来扔去，任何企图阻止他脚步的人，都会被他凶狠地撞开。"

圣保罗学校的学习生活，使伯纳德掌握了基本的社会生活经验。担任球队队长时，他知道了什么是领导，什么是权威，并努力去行使队长的职权。他多次策划和组织橄榄球比赛，并领导队友们赢得了胜利。所有这些都使他信心备增，认定自己具有杰出的领导才能。

时间一晃而过，伯纳德马上就要毕业了。但是，圣保罗学校并不是军校，从陆军班毕业并不意味着可以进入军队，成为军官。伯纳德非常希望自己将来能进入军队，于是准备参加桑赫斯特皇家军事学院的考试。

桑赫斯特皇家军事学院是一所培养初级陆军军官的学校，该校位于英格兰的伯克郡，共有 3 个学院，每个学院下辖 4 个学员连。学校开设的课程除了军事课程外，还有基本的文化课程。总体包括数学、外语、法律、管理、军事工程、地形学、战术、体操、骑术、击剑和操练等。

进入该校的学生，通常来自英国本土及其殖民地的中学生和英国陆军中的军士及初级军官。进入桑赫斯特皇家军事学院需要参加入学考试，虽然考的都是基础知识，但是对伯纳德来说还是有不小的难度。

伯纳德快毕业时，圣保罗学校给出评语："要想进入桑赫斯特皇家军事学院，他还得再下点苦功才行。”这份评语被送到亨利夫妇手中后，伯纳德又被母亲骂了一顿，当然，现在他对此已经有了很大的承受力。

伯纳德知道这是自己人生中最重要的转折点。如果不下定决心努力学习，他也许真的会一无所成，庸庸碌碌地度过一生，而对他来说，平庸比死亡更加难以忍受。在这一想法的驱使下，他在军校入学考试前的半年里，一步也没有踏入球场，全身心地投入到学习中，拼命追赶学习进度。1906 年，他参加了桑赫斯特皇家军事学院的入学考试，结果在被录取的 177 个学员中位列第 72 名。

皇家军事学院的求学生涯

1906 年年底，伯纳德收拾行李，准备离家前往桑赫斯特皇家军事学院。出发之前，他特意量了下自己的体重、身高，此时的他体重约 63 公斤，身高 170 厘米。这在同学当中算是非常瘦小的，但他一点也没有泄气，还发出了“圣保罗学校，你将以我为荣”的呐喊。

桑赫斯特皇家军事学院管理严格，严禁学生酗酒、打架闹事。这里的学生大部分出身于上流社会，还有一小部分来自牧师、律师、医生、教师等平民家庭。

入学后，伯纳德发现自己的成绩还不算太差。很多学生入学考试考了很多次，有的甚至特地去上补习班。英国首相丘吉尔也上过桑赫斯特皇家军事学院，当年就两次报考未成，后来上了补习班才终于通过考试。这样看来，伯纳德的学习成绩与这位未来的顶头上司相比似乎还更强一些。

当时入读皇家军事学院的花费很大。一般来说，一年的基本开销在 100 英镑左右。而在骑兵和其他较新式的步兵团中，每年需要 300 ~ 400 英镑。伯纳德报考时显然没有考虑学费问题，而他的父母同样不了解。伯纳德每年需要 150 英镑，零花钱不包括在内。尽管家里每月都会给他 2 英镑的零用钱，但是这点钱与同学们相比，实在少得可怜。伯纳德后

英国首相　丘吉尔

来回忆说："因为囊中羞涩，我拒绝了外界的诱惑，一心埋头于学习和运动当中。"

经过 19 世纪康塞特亲王的改革，桑赫斯特皇家军事学院的军事训练和教育制度都非常正规。学校开设了行政管理、法律、历史、地理、地形、工程、战术、射击、体操、骑术和操练等课程，学完全部课程需要 3 个学期，每个学期为 6 个月。每天早晨 6 点 45 分至下午 4 点上课，下午 4 点以后自由活动，学员可以自行安排。晚饭实行会餐，晚上 11 点熄灯睡觉。按照规定，新学员需要进行集中训练，时间为 6 个星期，表现优秀者可以获得一等兵称号。获得一等兵称号是每个新学员的目标，因为这意味着校方会更加关注自己，也意味着将来有很大机会被提升为军官。

新学员训练结束后，伯纳德如愿以偿地获得了一等兵称号。他想，若照此发展，第二学期便能成为戴有红肩章的中士，到那时一定要努力竞选掌旗军士（掌旗军士是该校学员的最高军阶）。

第一学期结束时，伯纳德的成绩在全年级排名第 87 位。

这个成绩其实并不算好，不过学校给出的评语很高——“成绩优异”。

暑假期间，伯纳德兴冲冲赶到爱尔兰，在新公园和前来度假的家人相聚。这时，他的父亲亨利因为传道社团的奠基仪式而结识了未来的英国王储——威尔士王子，并被任命为圣马克和圣乔治基督社团的教长。这一任命通常只有为大英帝国做出过卓越贡献的人才能得到，全家人都因此感到很高兴。

初到桑赫斯特皇家军事学院时，伯纳德一心扑在学习上，没有展示自己的体育才能，以至于一些同学认为他不爱运动，过于懒散。伯纳德终于忍不住了，身为运动能手的他又重新回到了运动场。他首先尝试了以前从未接触过的曲棍球，并很快掌握了其中的技巧。不久，他又入选学院橄榄球队。1907 年 12 月，在桑赫斯特皇家军事学院与伍尔维奇皇家军事学院举行的橄榄球比赛中，伯纳德大显身手，为桑赫斯特皇家军事学院赢得了比赛，立下一功。

11 月份，伯纳德听说自己被提名为皇家沃里克郡团少尉后非常兴奋，于是更加努力地学习文化知识。他知道这个团在历史上有着不俗的战绩，而且津贴非常丰厚。但就在这个学期快结束时，一个突发事件使他的希望彻底破灭了。

当时，伯纳德所在的连队分为 A 连和 B 连，伯纳德负责指导 B 连，B 连的学员非常喜欢打架斗殴。而 A 连和 B 连向来不和，动不动就发生群殴事件。

一天，两个连队的人又在走廊里动手了，很多人被打得头破血流。晚上，伯纳德正在训练场上锻炼，B 连的一个学员急匆匆地跑来找他，说 A 连连长带着手下正在围攻 B 连的人。

伯纳德火了，立即和前来报告的学员向宿舍冲去。等他们赶到时，大获全胜的 A 连已经撤离。伯纳德咽不下这口气，组织学员浩浩荡荡地向 A 连的宿舍冲去。夜色中，棍棒齐飞，叫骂声、打斗声响彻校园。A 连因为没有防备，不断有人受伤倒下，结果，B 连将 A 连的宿舍掀了个底朝天。

其实类似的事情在学校时有发生，可是他们这次做得有些过火，学校决定给予带头人伯纳德一定的处分。而伯纳德经此一“役”，成了学员们心中的“楷模”，也成了大家平时谈论的焦点。

期中考试前，伯纳德再次犯了错误。这次他没有上次那么好运了，甚至直接影响到了他毕业的选择。这一天，他和同学们回到宿舍，异常兴奋地讨论着当天的所见所闻。为了助兴，他提议玩火烧屁股的游戏。有的人不知道这个游戏怎么玩，他便惟妙惟肖地做了一遍示范。

一些胆大的同学同意玩这个游戏，一个胆小的同学则小心翼翼地问道：“那么烧谁的屁股呢？总不能烧我们自己的吧！”

伯纳德拍了拍提问者的肩膀，狡黠地说：“放心吧，怎么可能烧我们自己的呢？我还没傻到那种程度，我们去找 A 连的人。”

大家一听是找 A 连的人，顿时来了兴致。伯纳德先让一个人前去 A 连侦察情况，剩下的人准备“烧屁股”的工具。不一会儿，侦察的人回来了，说 A 连的人目前都在宿舍里，没法下手。

这个消息如同一盆凉水浇在众人头上，让大家觉得非常扫兴。伯纳德看到大家失落的样子，脑海中灵光一闪，说：“有了，我们连不是有个喜欢打小报告的家伙吗？我们就去警告警告他。”

伯纳德的提议立即获得了大家的认可，他们找到那个喜欢打小报告的同学，一边紧紧地围着他，一边坏笑着拿出火柴。那人一看到他们拿出火柴，立刻明白他们要干什么了，央求道：“求你们了，别烧我，我不会告诉老师的。”

伯纳德从嘴角露出一丝微笑，说道：“别怕，有什么好紧张的，只是玩一玩。别怕啊……”说完他向周围的人点头示意了一下。大伙蜂拥而上，压胳膊的压胳膊，绑腿的绑腿，把那人结结实实地摁在了地上。

接着，伯纳德又示意拿火柴的人，火柴点燃了喜欢打小报告的人的衣服下摆，那人被炽烈的火焰烧得在地上不断地扭动着屁股。大伙见状都哈哈大笑起来。过了一会儿，伯纳德见火候差不多了，忙挥手让大家把火扑灭。但那个同学的屁股已经被烧烂了，大家不得不送他去了医务室。

当事人因为害怕遭到报复，没敢告诉老师，但老师还是从其他学员那里知道了事情的真相。这时已经放了寒假，伯纳德回了老家，完全不知道这件事在学校引起了轩然大波。学校认为此事影响恶劣，对学校的声誉会产生极大的损害，于是通知伯纳德的父母，让他们赶快到学校来一趟。

伯纳德的母亲莫德知道此事的后果，赶紧和丈夫带着伯纳德来到桑赫斯特皇家军事学院。见到院长后，莫德让伯纳德向院长忏悔，并保证以后不会再发生此类事情。为了维护学校的名誉以及伯纳德的未来，院长最终低调地处理了这件事，同意不开除伯纳德，但是取消原来让伯纳德成为掌旗军士的任命。

开学后，学校在公告栏上贴出告示，上面有受到处罚的学员的名字，但没有伯纳德的名字，只是在告示的最后简单地写着：一等兵伯纳德被降为普通学员，留校察看 6 个月，视情况决定其去留。毕业前夕，学校安排了一些优秀的学员进入部队，伯纳德落选了。幸运的是，他虽然需要留校察看 6 个月，但是他的档案里并没有负面材料。

不过，降级一事在学校里传得沸沸扬扬，这使伯纳德的自尊心受到了很大伤害。那些平时就看不惯他的人一直在等着看他的笑话，现在机会终于来了。他在连队里受到了排挤，连长不留情面地对他呼来喝去，教官们也对他投以白眼。有个教官还刻薄地对他说："你这个废物，英国陆军不欢迎你。"这句话深深地刺痛了伯纳德的心。

在伯纳德最失意的时候，来自苏格兰燧发枪兵团的教官福布斯少校，仍然像往常一样关心他。伯纳德视少校为自己的知心好友，向他倾诉了自己的痛苦与烦恼。福布斯少校劝他振作起来，机会的大门仍然会向他敞开；同时也告诫他日后一定要注意自己的一言一行，决不能再犯类似的错误。福布斯少校还拍着他的肩膀鼓励他说："我相信你将来一定能够成就大事。每个人都会经历挫折，但是不要被挫折打倒，跌倒了我们就重新站起来，加油！”

在福布斯少校的鼓励下，伯纳德顽强不屈的精神开始发挥作用。在桑赫斯特皇家军事学院的最后6个月里，他全身心地扑在学习上。窘迫的经济加上古怪的性格，使他自动远离了学院里多姿多彩的社交活动。晚餐、舞会、旅行，他都不感兴趣；抽烟、喝酒、绯闻也与他绝缘。

毕业前夕，部分出于经济上的原因，伯纳德希望能到印度服役。当时，在英国本土和大部分殖民地服役的陆军少尉，每天的薪水是5先令3便士，中尉为6先令6便士，但每天仅伙食费就需要4先令。因此，年轻的军官根本无法靠薪水来维持生计。而到印度服役，待遇远远高于英国本土，军官们除了薪水之外，还有一笔额外的津贴，所以这样的好差事自然人人都争取，竞争也就十分激烈。

报名的人非常多，但在桑赫斯特皇家军事学院只招收36人。为此，伯纳德得更加刻苦努力。

考试成绩出来后，伯纳德刚好是第36名，他非常兴奋，想到快要进入部队，想到自己可以挣钱，想到可以脱离母亲的掌控，他的喜悦之情溢于言表，没想到公布的名单上并没有他的名字。

伯纳德的心情跌落到了谷底。有个同学看到他那伤心的样子，告诉了他事情的真相，原来他的名额被8名驻印军官的儿子替代了。伯纳德非常生气，但现实的残酷并不是他能改变的，绝望中他想到了皇家沃里克郡团。这个团目前正在招收基层军官，而且该团的第1营也在印度。他如同抓住了救命稻草一般，向皇家沃里克郡团报了名。

伯纳德很喜欢这个团的帽徽，而且他听别人说这个团的生活开支不大。更让他心动的是，这个团有两个营，其中一个就驻在印度，因此，进入该团说不定可以间接实现他去印度服役的目的。

1908年9月19日，年仅21岁的伯纳德被皇家沃里克郡团录用了，和他一起被录用的还有其他3个同学。

成为职业军人

进入皇家沃里克郡团后，伯纳德发现这里和学校完全不一样，一切都是陌生、新奇的。按照规定，新来的军官需要和团里的老军官们会面。经过简短的交流，团长副官对伯纳德的印象非常好，不仅和他聊得很愉快，还亲自带他在营区转了一圈。

由于在学校里养成的特立独行的个性，伯纳德在皇家沃里克郡团仍和以往一样，发表的观点和行为总是有别于众人。在战友们眼里，他非常另类，很多人都说他是一个怪人，这主要表现在他言行粗鲁、漠视上司，同时又远离烟酒、不好女色。这使他跟大部分人的关系都很疏远，幸运的是，他得到了团长副官麦克唐纳的赏识，两人建立了终生的友谊。

为了争取去印度服役，伯纳德还抽时间学习了两门印度土著语言。

功夫不负有心人，伯纳德进入皇家沃里克郡团的第一年年末，团里为了充实驻印第1营的兵力，打算派一些年轻军官前往印度。伯纳德得知这个消息后非常兴奋，经过一番争取，他终于如愿以偿。

出发的日子到了，伯纳德站在运兵船上，盯着一望无际的大海，内心波涛汹涌。“印度，我来了！”他趴在船舷上高声喊道。

到了印度后，伯纳德与营长见了面，营长问：“你叫什么名字？”

“伯纳德·劳·蒙哥马利。”伯纳德敬了个军礼，高声答道。

“哦，蒙哥马利？蒙哥马利，你会不会喝酒？”营长问。

“报告营长，我不会喝酒。”蒙哥马利挺起胸脯高声回答。

“不会喝酒？我们这里每个人都会喝，以后好好学吧！那烟呢？”营长再次问。

“也不会抽烟。”

“啊……”营长上下打量着蒙哥马利，眼神就像看到怪物一般，“就这样吧！大老远来了，你也累了，去吃点饭休息吧！”营长朝蒙哥马利挥了挥手。

“是!”蒙哥马利敬了个礼，退出营长办公室。

蒙哥马利出来后，长长地吁了口气。这时，营长副官走了过来，将他带到军官食堂点餐后，便转身离开了。

在食堂门边的一张桌子旁，蒙哥马利看到了一个正在喝酒的军官。这个军官看到蒙哥马利后，打量了他一番，叫道：“喂，你是新来的吧，过来喝一杯!”

蒙哥马利摸了摸咕咕直叫的肚子，挠了挠头说：“我不会喝酒，我可以只吃饭吗?”

“不会喝酒?你是男人吗?是男人哪有不会喝酒的!”

一向以男子汉大丈夫自居的蒙哥马利火了，他走到这个军官面前，端起桌子上的酒杯一饮而尽。这是他生平第一次喝酒，辛辣的酒精把他的脸刺激得红如朝霞。军官看到他那通红的脸，不由得哈哈大笑起来。

这里的军官食堂每天供应三餐，早餐和午餐比较简单，晚餐则非常丰盛。在英国的所有部队里，军官晚餐一般是举办休闲聚会，所有人穿着深红色礼服，围坐在长长的餐桌旁。两名值星官①在两端面向而坐，直到最后一名就餐人员起身离去才能离开。蒙哥马利每周都要轮当一次值星官，这让他感到十分痛苦。有一次，两个老少校聊得十分起劲，一直到深夜都不愿离场，蒙哥马利在一旁哈欠连天，但他们仍然旁若无人地继续聊着，后来还是值星主官好心地让蒙哥马利先走，蒙哥马利才得以离开。

当时很多驻印军官都沉迷酒色，加上不适应这里炎热的天气，他们衰老得很快。这种现状让蒙哥马利深为担忧，他并不反对酒色，因为人都有正常的生理需求，但是，整天沉湎于酒精的军官，又怎么可能带出优秀的部队呢?其实这里的士兵素质还算不错，只是缺少能干的指挥官，无法得到有效的训练，这让蒙哥马利感到十分可惜。

皇家沃里克郡团第 1 营位于山区，交通十分不便，往来运输基本靠人力和马匹。蒙哥马利到来后，营里首先安排他学习运输知识，之后再

---

① 值星官：军队中各级值班员，在外均称为值星官。

视具体情况分配任务。很快，蒙哥马利便掌握了运输知识。

一天，主持考试的考官喝了些酒，双眼通红地盯着蒙哥马利，问道："我听说你很了解运输知识。我问你，骡子一天 24 个小时会排多少次大便?"

蒙哥马利虽然做了充分的准备，但还是没料到考官会问这样的问题。他低头沉思了一会儿，心里不断地盘算着：好像上午和下午各 3 次，晚上没有大便过。

蒙哥马利正在心里默算，考官不耐烦地再次问道："想好没?"

"想好了，6 次。"蒙哥马利装作自信的样子。

"不对，第一题答错，0 分。"考官面无表情地说。

"那么，正确答案是什么?"蒙哥马利问道。

"8 次!"

"先生，我认为 8 次还是 6 次并不重要。"

"不许无理，第二题。"考官撇了撇嘴。

之后的几道题，蒙哥马利都答对了，这次考试就这样顺利地通过了。为了更加熟练地掌握运输知识，蒙哥马利不仅认真了解运输工具，还将整个营的后勤条例都背了下来。

驻印英军的薪水还不错，但也仅能供蒙哥马利维持基本的生活水准，因为他没有任何其他收入，不可能像那些富有的同僚那样可以恣意消遣。所幸他一向生活简朴，并不觉得日子难过，反而有了更多的时间去钻研军事业务。机会总是留给有准备的人，他的努力没有白费，很快他就在同批军官中脱颖而出。

1910 年 4 月 1 日，蒙哥马利因表现出色，被提升为中尉。和平时期，军队不需要打仗，军人便将大量的精力投入运动之中，运动项目包括橄榄球、赛马、板球、足球和曲棍球等。起初蒙哥马利不愿参加这些活动，因为他觉得军人应该以军事为主，但时间一长，他也按捺不住了，开始参加各项比赛。

赛马是士兵非常喜欢的运动之一，也是一项受到广泛关注的比赛，因为人们都喜欢骑术精湛者，而骑手也可以通过观众的掌声来满足自己的虚荣心。但赛马不仅要靠骑手的技术，还要靠优良的马匹。蒙哥马利没有钱购买好马，于是买了一匹印度骑兵团的“战马”，这匹马并非纯种战马，而是印度骑兵团里的运输马匹。

大家见蒙哥马利趾高气扬地牵着这匹马训练，纷纷打趣道：“你对马不是很了解吗？怎么着，这匹马经过了改造？”

“没错，它会经过我的改造变成一匹良马，你们就等着瞧吧！”蒙哥马利笑着回答。

尽管蒙哥马利装作无所谓的样子，但他心里很明白这匹马目前还成不了赛马，毕竟没有受过专业训练。为了训练好这匹马，他每天把分内的事做完就牵着马开始训练。日子一天天地过去，在训练的欢声笑语中，蒙哥马利的骑术也一点点地进步着。

很快，赛马比赛再一次在营里举行，蒙哥马利骑着马站在起跑线上。发令枪响后，他策马向终点冲去，很快便超过了众骑士。然而天有不测风云，他意外地从马背上摔了下来。大家都以为他要放弃比赛，不料他却跃身再次坐到马背上，奋勇追赶。在追赶的过程中，他的马镫掉了，只好匍匐在马背上，双腿牢牢地夹紧马肚，俯在马的耳边轻声说：“我们一定要赢，你一定要证明给大家看。”

最终，蒙哥马利率先冲过了终点，全场响起了雷鸣般的掌声。当裁判宣布蒙哥马利为第一名时，蒙哥马利由于耗尽体力，从马背上摔了下来。这次比赛的胜利不仅让蒙哥马利证明了自己，更让士兵们打心底里佩服他。

1910 年 10 月，蒙哥马利所在的营换防到了孟买。孟买位于印度次大陆西岸，不仅是印度次大陆的大城市、印度的经济中心，还是印度次大陆最大的港口。1534 年，孟买被葡萄牙占领；1661 年，英国从葡萄牙手中接过了孟买。

蒙哥马利随部队迁到孟买后，发现这里的天气常年炎热、潮湿，容易使人产生怠惰情绪。这里的营房设施也很落后，一切都让人感到沮丧。年长的军官只关注具体事务，而年轻的军官则满脑子想着如何寻欢作乐。假如哪个军官说自己正在研究战争，一定会让人笑掉大牙。在军官食堂，从来没有人讨论军事问题。在这种环境下，要想真正学些东西，只能自己努力了。蒙哥马利没有像其他人那样得过且过，他每天都精力充沛，不是积极地投入工作，就是热情地与当地人交流。

营长副官托姆斯看到蒙哥马利的种种表现，心中十分赞赏。不过，慢慢地，他也看出了蒙哥马利倔强的性格，这让他既高兴又担忧。他高兴的是，蒙哥马利有自己的思想，不会刻板地按照上级的命令办事；担忧的是，蒙哥马利这种自由的个性，在强调纪律的部队中显得格格不入。

在孟买期间，蒙哥马利的业余活动也非常丰富，不仅和托姆斯参加了皇家快艇俱乐部，还用薪水购买了一辆摩托车。骑摩托车在他人看来有损绅士形象，但蒙哥马利全然不顾这些，每天兴高采烈地骑着摩托车四处转悠。部队的工作比较轻松，为了消磨时间，蒙哥马利还负责起了部队的体育活动。他组建了一支足球队，通过数次比赛，这支足球队获得了南印度“第一足球队”的称号。

有一次，德国皇储对孟买进行访问，打算在此逗留一个星期。德国访问团很快知道了蒙哥马利的“第一足球队”，于是礼貌地提出进行一场友谊赛。为了不让德国访问团尴尬，托姆斯找到蒙哥马利，要求他派较差的队员上场，并在球场上照顾一下“德国队”。

蒙哥马利表面上答应了托姆斯，暗地里却将球队的核心队员全派了上去。比赛开始后，蒙哥马利不断地用眼神打量面色铁青的托姆斯，原来“第一足球队”从比赛开始就疯狂进球，到比赛结束时，竟出现了42∶0的战绩。

事后，托姆斯恼怒地找到蒙哥马利，指责他为什么不听命令。蒙哥马利笑着回答：“我以为德国人很厉害，没想到他们这么不堪一击，我已经让队员们让着他们了。”托姆斯无奈地看着蒙哥马利，摇摇头走开了。

蒙哥马利不听命令的事并不止这一件。有一天，蒙哥马利和 2 名军官在酒馆喝酒，有一位客人喝多了，不小心把酒洒在他们的衣服上。蒙哥马利让这位客人道歉，结果这位客人不但不道歉，反而对他们破口大骂。蒙哥马利十分气愤，一把揪住对方的衣领。这时，对方的 5 个同伴冲过来，举起手中的酒瓶朝蒙哥马利的头部砸来。于是，蒙哥马利和2名军官狠狠地把这6个人揍了一顿。这件事对部队的影响非常大，蒙哥马利被营部关了禁闭。

1911年11月8日，蒙哥马利向营部递交休假报告。由于他工作表现出色，营部爽快地同意他休假半年。蒙哥马利踏上了回英国的运输舰，望着无边无际的大海，他回想自己刚来印度时激动的心情，眼睛不由得湿润了。

抵达英国后，蒙哥马利马不停蹄地往家赶，到家后才知道弟弟德斯蒙德因病去世了，而父亲由于晚年丧子，身体和精力都大不如前。母亲莫德依然严厉地掌控着这个家庭，但是蒙哥马利已经可以理解母亲，知道她操持这一大家子的不易。在回忆录中，他这样写道："在我很小的时候，她就令我害怕。而等长大之后，她不再行使她的权威，尊敬之情则慢慢代替了这份畏惧。从参军一直到母亲去世，我对她的敬意与日俱增。"

蒙哥马利和大多数年轻人一样，在外面的时候想念家，在家的时候又想念外面。半年后，他赶回了孟买。

幸运之事总是不期而至。刚回到孟买，蒙哥马利就得到了一份美差——补给官，因为先前那个补给官休假回家了。补给官是个肥差，可以暗中抽油水，为此很多人对蒙哥马利既羡慕又怀疑，但蒙哥马利不是贪小便宜的人，他用实际行动向大家证明了自己的廉洁。

又过了不到半年时间，蒙哥马利迎来了陆军通信专业考试。考试十分严格，主要是为了检测军官们对陆军通信的掌握情况。为了通过考试，蒙哥马利花费大量精力将《通信手册》全部背了下来。结果，他的成绩名列第一。

很快，一年的时间过去了，蒙哥马利所在的部队将调回英国。他在这里并不缺乏快乐，但是也厌倦了这里的生活。

对他来说，炎热的天气、简陋的设施都勉强可以忍受，但是他在这里待了3年，在军事方面毫无长进，即使继续待在这里，也不会有什么提高。这里的军官普遍观念陈腐、不知变通，除了传达上级指示以外，什么也不会。比如部队来到一个新的驻地，营长从来不考虑敌情、地形及其他因素，只会问："将军打算怎么进攻？"所以，离开对他来说是件好事，因为他一点也不喜欢如同一潭死水的生活。

1912 年圣诞节，皇家沃里克郡团第 1 营全部返回英国。1913 年 1 月 2 日，蒙哥马利升任皇家沃里克郡团第 1 营的助理副官，驻地位于福克斯通一带的肖恩克利夫。不久，蒙哥马利被派往步兵训练班学习，并顺利通过了射击考试。

这一年真可谓蒙哥马利的幸运之年，他不仅升了官，在运动场上也如鱼得水，加入了陆军曲棍球队，还学会了打网球。后来，他又攒钱买了一辆汽车，经常在军营内外的大道上疾驰而过。他向来喜欢新鲜、刺激的事物，一旦喜欢上了便不计代价。

蒙哥马利知道自己缺乏军事理论知识，他虽然发现了一些军事上的问题，但始终无法找到合理的解决方法。

就在这时，勒弗罗伊上尉来到了皇家沃里克郡团第 1 营，他是坎伯利参谋学院的毕业生，军事理论知识强过蒙哥马利。由于两人对军事都很感兴趣，他们很快就成了朋友，经常在一起讨论军事问题。对蒙哥马利来说，勒弗罗伊是个真正的良师益友，他向蒙哥马利表明了自己对战争和战略的理解，并说明应如何进一步研究军事理论。正是在勒弗罗伊的指点下，蒙哥马利第一次明确了自己前进的方向。

一天，在讨论军事战略问题时，勒弗罗伊问道："蒙哥马利，你觉得《战争论》这本书怎么样？"

《战争论》是军校的必修科目，但蒙哥马利根本没有用心读过这本书。他看了看勒弗罗伊，讪讪地说："我没怎么读过。哎，你觉得它怎么样？"

勒弗罗伊用疑惑的眼神打量了一下蒙哥马利，不知道蒙哥马利是真的没怎么读过，还是反过来考自己，半晌才回答道："我觉得这本书非常不错，可以说是军事著作史上最伟大的著作。它不是单纯地介绍战略战术，而是深入地分析战争的原理，可以说它将战争上升到了艺术阶段……"

蒙哥马利从来没有如此思考过，勒弗罗伊的话让他如醍醐灌顶。勒弗罗伊见蒙哥马利听得入了迷，便给他介绍了一些军事方面的书籍。他告诉蒙哥马利："战争不能凭空想象，更不能有理想主义。军事方面的知识浩如烟海，如果想在军事上有所发展，一定要多学习理论知识。不过理论毕竟是理论，实战经验更为重要。只有把理论和实战结合起来，才能成为一个合格的军人。"

就这样，在勒弗罗伊的指导下，蒙哥马利对军事有了崭新的认识。自此，他热衷于探索军事知识，而他的凌云壮志也正是从这个时期逐渐发酵。勒弗罗伊不愧为蒙哥马利的良师益友，只可惜天妒英才，他后来在第一次世界大战中不幸遇难。他的死让蒙哥马利十分痛心，后来蒙哥马利在回忆录中写道："这对我对军队都是极大的损失。"

第二章　第一次世界大战的洗礼

首次参战的“菜鸟”

时间很快来到了 1914 年。当这一年的夏季来临时，蒙哥马利一家又像往年一样，计划返回爱尔兰新公园团聚。然而，此时战争阴云密布，一触即发。

19 世纪末，以德国为首的新兴资本主义国家凭借第二次工业革命迅速兴起，希望重新瓜分世界，参与更多国际事务，然而此时亚非拉国家几乎已被以英、法为首的老牌帝国主义国家瓜分完毕。为了抢夺资源，新兴国家开始向老牌帝国叫板。不过，老牌帝国并不甘心放弃到手的利益，在这种情况下，不可避免地要爆发一场重新瓜分世界的帝国主义战争。

20 世纪初，东欧的巴尔干半岛成了新兴国家和老牌帝国角逐的战场。1914 年 6 月，奥匈帝国皇储斐迪南大公①检阅了波斯尼亚军事演习，演习的假想敌是塞尔维亚。这次演习不出意料地受到了塞尔维亚民族主义者的仇视，他们开始计划报复。6 月 28 日，斐迪南大公夫妇参加塞尔维亚国庆日时，在塞尔维亚首都萨拉热窝被塞尔维亚青年普林西普刺杀。

刺杀的消息很快传到了德国，德国怂恿奥匈帝国进攻塞尔维亚。7

---

① 斐迪南大公：奥匈帝国皇储，弗朗茨二世之孙，卡尔・路德维希大公长子，弗朗茨・约瑟夫一世之侄。皇帝独子、皇太子鲁道夫于 1889 年因精神病自杀后，他成为皇位继承人。

月 23 日，奥匈帝国在获得德国的无条件支持后向塞尔维亚发出了最后通牒，要求塞尔维亚拘捕凶手、镇压反奥活动和罢免反奥官员等。塞尔维亚基本同意了奥匈帝国的条件，但奥匈帝国显然醉翁之意不在酒，很快便将冲突迅速升级到了军事层面。7 月 28 日，奥匈帝国向塞尔维亚宣战，打响了第一次世界大战的第一枪。

奥匈帝国向塞尔维亚宣战后，作为塞尔维亚保护国的沙俄开始了全国总动员，接着法国也下令全国进入总动员。此时，德国露出了狡黠的微笑，借着与奥匈有同盟条约，向俄、法两国宣战。英国开始还保持着绅士风度，撮合大家在英国召开和平会议。但是，这个倡议遭到了以德国为首的新兴国家的否决。在德军攻击比利时时，英国终于撕下伪善的面纱，与沙俄、法国站在一边，向德国宣战。

一时间，整个欧洲大陆都被炮火覆盖，尽管德国还没有向英国宣战，但是出于防备德国闪击的心理，英国政府指示本土军队立即进入战备状态。蒙哥马利所在的皇家沃里克郡团很快进入一级战备，正在家中休假的蒙哥马利接到归队命令后，立刻收拾行装，于 7 月 29 日赶回了团里。他摩拳擦掌，决意通过战争实现自己的英雄梦。

英国海岸线漫长，为了固守海岸线，驻守肖恩克利夫的英军从各团抽调精干人员，组建一个混成营，防守施尔尼斯附近的雪壁岛。能力突出的蒙哥马利成为首选人员之一，他进入该营后成为营长副官，负责传达命令。该营被分成若干小队驻守全岛的每个要隘，而营部则位于雪壁岛中部的大教堂。

蒙哥马利见全岛戒备森严，四处都有明岗暗哨，心中十分兴奋。这是他第一次身处真正的战备状态，很有可能还会第一次体验真正的战争。

作为一名立志献身祖国的军人，他并不害怕战争，反而渴望在战争中经受磨炼，但是战争如果真的发生，难免造成伤亡，这是他不愿看到的。他判定这场战争不会持续很久。8 月 3 日，他到达雪壁岛后，给母亲写信说：

现代战争的时间一般不会太长，但一定残酷可怕。这次战争结束后，估计50年内都不会再发生战争了……很多人都觉得德国必然战败，我也是这么想的。塞尔维亚和巴尔干半岛国家的军队可能会进入奥地利严阵以待，意大利目前还保持中立。这样看来，德国将陷入孤军作战的境地……如果德国对我们几个国家发起挑战，一定不会有什么好下场。

当时施尔尼斯附近已经集中了很多战舰，水手们在舰上忙碌着。雪壁岛也进入了警戒状态，气氛十分紧张，空气中似乎弥漫着一股硝烟的味道。

蒙哥马利自以为掌握了军事知识，但成为营长副官后，他才发现自己懂的太少了。比如，军官佩剑要在动员令发出三天内交给兵工厂打磨，蒙哥马利对此十分不解，认为佩剑没有什么实际用途，战场上根本不可能用佩剑去攻击敌人；比如营长要求他把头发理短，但是他认为现在的头发不妨碍视线，没有剃掉的必要……

为了解除心中的疑惑，蒙哥马利特意向营长请教，营长告诉他佩剑的功能并不是杀敌，作为指挥官，如果连手中的指挥工具都锈迹斑斑，那么肯定无法服众，更何况闪亮的佩剑还可以让士兵们一眼就看到。而把头发理短，一方面是为了省去打理头发的时间，另一方面，如果受了伤可以得到及时处理。营长还告诉他打仗不需要带钱，因为一切物资都由上级配给，后来蒙哥马利还是带了10个金币，并且还真派上了用场。

8月4日，德国派兵驱逐了中立国比利时境内的法军，比利时被迫对德国宣战。考虑到比利时对英国的安全有着很大影响，英国也在同一天对德国宣战。战争随即在德法边境、比利时、卢森堡一带展开了。

8月6日，奥匈帝国正式向沙俄宣战，塞尔维亚正式向德国宣战，意大利则宣布保持中立。

这天一大早，一个义勇民兵团来到雪壁岛接防，混成营则准备返回肖恩克利夫。大家都在忙着打包、擦枪，眼前的景象使蒙哥马利意识到战争已然来临。在返回肖恩克利夫途中，混成营突然接到了就地解散的通知，下属连队全部返回原属各团报到。于是，蒙哥马利又回到了皇家沃里克郡团第 1 营，重新担任排长。8 月 7 日晚上，皇家沃里克郡团受命集结，准备开赴前线，但具体去哪里，大家都不知道。次日凌晨 2 点 30 分，他们登上一列火车，于下午 5 点抵达了目的地。

8 月 12 日，英国正式向奥匈帝国宣战，第一次世界大战全面爆发了。

8 月 22 日，蒙哥马利登上“加利多瓦亚”号运输舰，奔赴法国波罗尼港。他在舰上给父母写了一封信，到港后便把信投了出去。自此，他与父母中断了联系，因为连续作战，他根本没有时间写信，就算写了信也无法投寄。

英军不仅没有重炮兵，连运输部队都是依靠人力和马匹，甚至每千人才配有 2 挺机枪，即使如此，他们还是义无反顾地攻击打算包围法军的德军。不过，以绅士风度著称的英军在蒙斯附近只是象征性地牵制了一下德军，便“胜利”转移了。

第一次世界大战中在法国登陆的英国远征军

蒙哥马利所在的皇家沃里克郡团第 1 营本来也要参加这次战斗，后由于战场形势发生变化而取消了任务。之后，他们奉命随第 4 师前往勒卡托，在那里等候后续部队的到来。

8 月 26 日凌晨，皇家沃里克郡团第 1 营来到了奥库尔村。其时大雨倾盆，由于长途行军，很多士兵累得直接在村外的麦田里睡着了。为安全起见，营长埃尔金顿中校派出一支部队在前方的一块高地上负责警戒。第二天一大早，他们被追击的德军发现了。德军马上发动攻击，并很快占领了高地。埃尔金顿中校下令全营梯次展开，第 1 梯队两个连占领前沿阵地，第 2 梯队两个连部署在数百米以外的后方。蒙哥马利所在连被编入了第 1 梯队。

第 1 梯队的指挥官克里斯蒂少校毫无实战经验，在没有制订反攻计划及炮火准备的情况下，便率领部队向山头冲去。结果遭到德军密集火力的攻击，冲在最前面的几个士兵中弹倒下，其余士兵赶紧扑倒在地。蒙哥马利见状，本想向克里斯蒂建议先退回去再行计议，但他还没爬到克里斯蒂身边，克里斯蒂又下令冲锋。蒙哥马利无奈，只得挥舞着佩剑，率领全排士兵向山顶冲去。没想到他刚跑出几步远，便被自己的剑鞘绊倒了。等他站起身来，才发现身边的大部分士兵都阵亡了。他不禁冷汗直流。

早上 6 点，第 1 梯队终于攻占了山顶，但很快又在德军炮火的轰击下退了回来。第 1 梯队在上午 7 点 30 分又发动了一次进攻，结果仍然和之前一样，攻占山顶后很快又被迫退回。

皇家沃里克郡团第 1 营在这两次进攻中伤亡惨重，伤亡 200 余人。蒙哥马利所在连的连长身受重伤，于是指派蒙哥马利暂行指挥权。

下午 3 点，埃尔金顿中校带着第 2 梯队的两个连队撤往圣昆丁市。当时，第 1 梯队还没有完全撤出战斗，因此也没有接到撤退的命令。埃尔金顿中校抵达圣昆丁市后，在当地一位亲德市长的建议下，率部向德军投降了。

皇家沃里克郡团第 1 营彻底与陆军部失去了联系，蒙哥马利及第 1 梯队的所有成员都被列为失踪人员。英国陆军部的官员给蒙哥马利的父母发了一封电报说：

蒙哥马利主教：据报告，沃里克郡团的伯纳德·劳·蒙哥马利中尉现已失踪，本部深感遗憾。不过，这份报告并不代表蒙哥马利已经阵亡或负伤。以后若有进一步消息，将马上通知您。

亨利收到电报后十分担心，莫德更是整天以泪洗面。实际上，蒙哥马利已经在临时指挥官普尔少校的带领下，在8月28日夜里10点追上第4师的主力部队。随后，师部决定由普尔少校接任皇家沃里克郡团第1营的营长职务，并将该营的剩余人员编入汽车运输队。

看着大伙沮丧的脸，蒙哥马利心里不由得咒骂起无能的营长来。他说："我不知道我们打的是什么仗，这根本就不是战争，整个行动跟我学到的军事知识完全不一样！"

9月4日，与英军交战的德军因为还要围攻法军，开始向后方转移。英军误以为德军要逃走，便下令第1营追击。德军非常厌烦尾随的英军，于是在撤退的第10天停下来，就地构筑工事，静候英军攻击。

英军虽然缺乏现代军事思想，但是也没有傻到贸然攻击德军的地步，于是也就地构筑工事。就这样，两军面对面地僵持了一个多月。最后，英军决定打破僵局，召来其他地方的英军包围德军。但德军早就看穿了他们的企图，也针锋相对地抽调了几个师，对英军进行三面围攻。

双方交战后，英军遭受了很大的损失，但是由于士兵的顽强，以及法国八九月份连绵不断的大雨，德军停止了攻击。

9月上旬，英国远征军和法军转入反攻，英军渡过马恩河，攻击德第1集团军的左翼和背后。德军总参谋长赫尔穆特·冯·毛奇[①]害怕孤军深入，被切断退路，连忙下令全线撤退。英、法联军虽然居于主动，但要突破德军防线并不容易，双方在埃纳河一带陷入僵持。

为了增强进攻力量，英国远征军统帅约翰·弗伦奇[②]将军调集了所

---

① 赫尔穆特·冯·毛奇：普鲁士元帅和德意志帝国军队总参谋长，德国著名军事家、军事理论家。他重视铁路、电报等新技术在军事上的运用，在战争动员、军队编成、作战指挥、武器装备等方面多有建树。在战争指导上，他主张先敌动员、快速突破、分进合击、外线作战和速战速决。著有《毛奇全集》《毛奇军事著作》等。

② 约翰·弗伦奇：英国陆军元帅，伯爵。以镇压爱尔兰民族解放运动出名，在军事上以运用骑兵奔袭战术见长，重视炮兵的运用，强调给炮兵指挥官以最大的机断专行权。

有能用的部队，于是，蒙哥马利又从勒芒来到埃纳河前线。途中，他看到尸横遍野，武器、辎重四处散落着，被德军焚烧的仓库冒起阵阵浓烟……所有这些，都让他更深刻地体会到战争的残酷性。

双方继续僵持着，在此之前，英、法联军发起了数次进攻，但都因缺乏炮弹，无功而返。接替小毛奇的埃里希·冯·法金汉①将军要求西线德军采取守势，除非形势对己方有利，否则不要冒险进攻。双方都在等待时机，并想方设法策划下一步的行动。

不久，蒙哥马利所在连队的连长受了伤，上级任命蒙哥马利代理连长一职。蒙哥马利接到命令后非常兴奋，因为他的职务只是中尉，而连长通常由少校担任。为了让自己看起来更成熟，他留起了胡子，并决定只要战争不结束就不刮胡子。

英军的阵地满是泥泞，担任代理连长后，蒙哥马利常常查哨到很晚，为此浑身找不到一处干净的地方。尽管如此，他仍然十分高兴，毕竟他在指挥一个连。

这段时间，他收到了母亲寄来的包裹，并于 9 月 20 日回信表示感谢，然后讲述了自己在战场上的遭遇和感受：

截至目前，我好几次险些丢了性命，幸好上帝保佑，每次都能逢凶化吉。其中有两次，我身边的战友刚刚站起来就被打死了。据说，法国的 9 月天没有 3 日晴，这几天的天气十分糟糕。天气渐渐冷了，如果保暖衣物无法尽快送来，士兵们就要受冻。如果你能寄些御寒的衣服过来，我们将不胜感激。昨天晚上，大雨一直下个不停，战壕里都是水。为了让大家保持警觉，我不得不到各哨位进行巡查。有时还得在泥浆中匍匐前进，一不小心就会迷失方向。德军的战壕离我们只有几百米远，幸好我没有被德军的哨兵抓住。我的身上都是泥水，衣服全湿了，但回来后我倒头便睡，根本没有换衣服……

---

① 埃里希·冯·法金汉：德国军事家、陆军上将，1914—1916 年任德军总参谋长。

荣升旅参谋长

蒙哥马利的代理连长并没有做多久，10 月 13 日，从英国本土派来的一个退休上尉接手了连长的工作。蒙哥马利再次回到了排里，这时，伊珀尔战斗打响了。

伊珀尔是个拥有 2 万人口的比利时小镇，德军拿下安特卫普后，这个镇成了比利时唯一“幸存”的领土，坚守住伊珀尔，不仅对比利时来说是国家继续存在的象征，对英、法来说，也意义重大。一旦伊珀尔失陷，英、法联军的左翼将直接暴露在德军的威胁之下，因此，必须不惜一切代价坚守。围绕这个弹丸小镇，英、法联军与德军展开了血战。

蒙哥马利所在的营由普尔少校指挥，针对德军的作战特点，普尔少校有计划、有步骤地发布作战命令。蒙哥马利非常欣赏普尔少校，也认可他所发布的每一道命令。

普尔少校准备攻击德军驻守的梅特朗地区，他在攻击的第 1 梯队安排了 2 个连，让蒙哥马利所在的连负责梯队的左侧安全。

要攻击梅特朗，首先要拿下梅特朗前方的高地。普尔少校命令全营先拿下高地，然后再按计划发动梅特朗战斗。全营的 4 个连经过奋战，很快攻下了这块高地，之后普尔少校命令全营乘胜追击。而德军尽管初期作战不利，但是他们凭着后方有利的地形，使得追击的英军受到重创。

在攻击梅特朗一带的建筑物时，蒙哥马利身先士卒，头一个冲向建筑物外围的德军阵地。突然，他发现身边的壕沟里有一名德军士兵正用枪瞄准自己。危急关头，他来不及多想，立即举起佩剑扑了过去。他先是用脚狠狠地踢这个德军士兵的下腹，然后将剑架在其脖子上，成功抓获了自己人生中的第一个战俘。

战斗还在继续，蒙哥马利把战俘交给后方人员，然后带着全排与德军进行了肉搏战。英军虽然夺得了阵地，但也遭受了重创。为了尽快结束战斗，蒙哥马利所在的营继续攻击，然而德军的情况并非他们之前所预料的那样，更为强大的兵力正在不远处等着他们。

为了夺取建筑物，蒙哥马利让全排沿建筑物外围修筑了阵地。为了做到知己知彼，他决定利用雨幕跑到德军阵地观察己方阵地的情形。他悄悄地来到前沿阵地，没想到就在他起身时，一颗子弹从他的背后贯穿而过，虽然没有伤到骨头，但他的右肺被击穿了。他一头栽倒在地上，鲜血汩汩地从伤口往外涌。这是他第一次在战斗中受伤，他心里非常慌乱，但理性告诉他不能动。

一个士兵看到蒙哥马利受伤，赶紧跑过来替他包扎。还没等这个士兵动手，又是一声枪响，这个士兵的头部出现了一个硕大的弹孔。接着，德军的枪声密集地响了起来，但除了一发子弹击中蒙哥马利的腿部，其余的全都打在了倒在他身上死去的那个士兵身上。

天色渐渐黑了下来，受伤已有三四个小时的蒙哥马利昏了过去。天黑后，后方的士兵们来收拾己方阵亡人员的遗体，就在回去的路上，有个士兵发现蒙哥马利还有气息。幸运的是，团里急救站的担架兵正好路过这里，于是，士兵们七手八脚把蒙哥马利抬到了急救站。

医生见蒙哥马利失血过多，而急救站根本无法治疗，就让人挖了一个坑，准备把他埋了。很快，坑挖好了，医护人员抬起蒙哥马利，没想到他突然睁开眼，并张了张嘴。

“他还没有死，不能埋了他！”一个医护人员高声叫道。

“只是时间问题，已经没的治了。”一名医生回答。

“不行，毕竟还活着，或许他能坚持到后方大医院。”医护人员同情地盯着蒙哥马利。

“唉，那就送往后方吧！能不能活，就看他的运气了。”

就这样，蒙哥马利死里逃生，先是被抬上救护车，然后被送上开往后方的火车。刚上火车，他就因为失血过多而再次昏了过去。等醒来时，他已经躺在了伍尔维奇的赫伯特医院里。

正所谓“大难不死，必有后福”，蒙哥马利因为这次在战斗中的表现以及光荣负伤，于 1914 年 10 月 14 日被升为准上尉，并获得了卓越服务勋章。卓越服务勋章是当时英国颁发给军人的最高奖章，下层军官和士兵很难获得。

住院期间，蒙哥马利仔细思考了战争究竟是怎么一回事。数年后，他在回忆录中这样写道：“在医院期间，我进行了反思，得出一个结论，老话说得对，笔杆的力量远比佩剑更强大。出院后，我进了参谋部门。”

在蒙哥马利住院期间，伊珀尔战役以英军惨败而宣告结束，在梅特朗一战中，蒙哥马利所在的皇家沃里克郡团第 1 营共有 42 人为国捐躯。伊珀尔战役是英国在第一次世界大战中最惨烈的一仗，殉国的军人占到英军“一战”总死亡人数的 75% 。

住院两个月后，蒙哥马利总算痊愈了，出院后还得到了 3 个月的假期。由于肺部受伤，他呼吸还是有些困难。两个月后，急不可耐的蒙哥马利向陆军部请求再次返回战场，执意要求医院提前给他进行检查。经医院检查，他的身体恢复良好，“可以继续留任军职”。1915 年 2 月 5 日，陆军部同意蒙哥马利返回部队，但是限定他只能参加国内的军队。2 月 12 日，蒙哥马利来到驻防曼彻斯特的第 112 步兵旅，接手了原旅参谋长尼克松少校的职务。

旅参谋长一般由少校军官担任，但现在蒙哥马利只是准上尉，按规定无法担任这一职务。陆军部经过商议，决定再次提升蒙哥马利的军衔，让他成为正式上尉。就这样，蒙哥马利成了旅参谋长。

第 112 步兵旅建立于 1915 年 1 月，旅长叫麦肯齐，是一位退休被返聘的准将。麦肯齐心胸豁达、和蔼可亲，他非常欣赏蒙哥马利，把很多重要的工作交给他去做，给他一个尽情施展才华的舞台。

蒙哥马利发现部队没有像样的训练场，为了找到适宜的训练场地，他走遍了当地每一个角落，但仍然一无所获，于是向上级申请将旅部转移到北威尔士。就在他们搬到北威尔士约 4 个月后，陆军部把他们拆散并分派到其他师里。下属部队走后，蒙哥马利守着空荡荡的旅部，心里盘算着自己会被分派到什么地方。

就在蒙哥马利焦灼万分之际，陆军部下发了一个通知，第 112 步兵旅的编制得到恢复，但是改为第 105 步兵旅。没过几天，陆军部再次下发通知，第 105 步兵旅改为第 104 步兵旅，属第 35 师编制。有了“根”

后，第 104 步兵旅迎来了一批新兵。为了将这批新兵打造成一支优秀的队伍，蒙哥马利协助麦肯齐加紧了训练工作。

对军事的新认识

1915 年 6 月，蒙哥马利做了一次健康检查，结果表明他的身体已经完全康复，于是，他承担起了旅部的工作重任。8 月，第 35 师受命开赴索尔兹伯里平原，举行大规模的军事演习。蒙哥马利在这次演习中表现优异，受到了陆军部高级官员的赞扬。

1916 年 1 月，第 104 步兵旅奉命开赴法国。他们从南安普敦起程，搭乘“阿基米得斯”号轮船，由驱逐舰护航，向法国的勒阿弗尔驶去。抵达勒阿弗尔后，他们被编入了第 11 军。

在第 35 师，蒙哥马利有幸结识了第 106 旅的参谋长托姆斯。他们两人年纪相仿，很快就成了好朋友，常常聊到深夜。托姆斯得知蒙哥马利负过伤，打趣地问他要不要去凭吊那块生死之地。蒙哥马利一听也来了兴致，决意去看一看。

2 月 22 日，蒙哥马利和托姆斯一起来到梅特朗，发现自己受伤的地方已经被建成了军人墓地。蒙哥马利颇为伤感地打量着一块块墓碑，很多熟悉的名字和身影在他的脑海中一一浮现。

蒙哥马利想起那位为救自己而牺牲的战友，心情沉重地说：“生命如此脆弱，一颗小小的子弹便夺去了一个活生生的生命。”

为了打破沉闷的气氛，托姆斯打了蒙哥马利一拳，开玩笑地说：“你应该感谢自己，若不是长得丑，兴许上帝就把你留在身边了。”

蒙哥马利被托姆斯的话逗笑了，他说：“或许上帝留我一命，是想让我多杀几个敌人，好为战友们报仇。”

同年 3 月，蒙哥马利所在的旅开始进入作战区域，负责防守里奇堡一带。为了尽快消灭英、法联军，德军秘密调遣大批部队准备攻击这个地方。不久里奇堡战役便打响了，势如破竹的德军一举击溃了第 104 步兵旅的防线。这次战役使蒙哥马利知晓了德军的力量和战术，还总结出了双方的优缺点。

蒙哥马利对此次战役做了这样的记载：“战斗开始后，我们接到了对敌人战壕进行不间断攻击的命令。虽然我们准备充分，战斗人员意志高昂，但是敌人的准备也非常全面，使我们的行动遭到失败……”

与此同时，蒙哥马利在家信中这样写道：

我们的作战环境太差了，连续的大雨加上融化的积雪，导致战场上泥泞不堪，士兵们连走动都很困难。每天上午，我都要和旅长一起巡查阵地，午餐就在外面吃点简单的三明治。我整天忙个不停，每天不但需要在早上5点、上午10点和下午4点写3份报告发往师部，还要兼顾很多旅长的事务。

蒙哥马利虽然在家信中抱怨工作任务繁重，但他始终尽心尽力地完成旅长交代的任何事情。不过，他对旅长的一些做法持有异议，因为从当时的战争情况来看，旅长的作战思路很明显已经落伍了，这使蒙哥马利不得不挑起全旅的工作重担。他在给家人写信时说：“到目前为止，我承担了许多应该由将军亲自去处理的事情。”

由于蒙哥马利工作踏实认真，旅长麦肯齐向上级要求为他升职。蒙哥马利心里明白，虽然自己得到了旅长的提携，但是因为所在的部队并没有什么作战任务，晋升不过是一种美好的愿望罢了。然而就在4月份，陆军部下发了一道调令，只是调走的不是蒙哥马利，而是麦肯齐。

麦肯齐离开后，接替他的是较为年轻的桑迪兰兹。蒙哥马利对麦肯齐的离开有些难过，但因为新来的上司是一位思想活跃的新派长官，他的心情总算好了一些。桑迪兰兹时年40岁，他刚接手旅长职务就让蒙哥马利眼前一亮。

蒙哥马利的工作还是很忙，但每天都能从新任旅长那里学到新东西，这让他浑身充满了使不完的精力，而且他的生活和工作习惯也有了变化。他每天6点15分就起床，吃完早餐后，7点45分准时到战壕里视察部队。有时他是和旅长一起行动，但更多的时候是单独行动。下午

1 点他才回到旅部，与桑迪兰兹将军一起讨论战况。

读书时，蒙哥马利的写作能力很差，现在经过锻炼，他写出的报告条理清晰、逻辑严密，同时，他还能主动地提出自己的观点。为此，很多长官和手下都认为他是天生的写作人才。

在麦肯齐手下任职，蒙哥马利的天性得到了最大程度的发挥，但他真正认识到军官以及旅参谋长职务的意义，还是在桑迪兰兹手下。数年后，他说过这样一段话："我明白工程兵和炮兵的关系，是通过桑迪兰兹将军知晓的，这在后来的战争中得到了充分应用。"

血与肉堆积成的战场

随着战局的发展，德军兵锋直指法国的凡尔登要塞。凡尔登要塞是法国防御的核心，也是通向巴黎的最坚固阵地。

1916 年 2 月，德军调派大量部队与法军在凡尔登附近展开厮杀。在这场战争中，德军率先动用了窒息弹，这让法军猝不及防，死伤无数。为了夺占凡尔登，德军调动所有能调集的大炮，对凡尔登地区的三角地带进行了疯狂轰击。轰击一共持续了 10 多个小时，这个三角形地带中所有的森林、山头和工事均被轰平。没多久，德军便攻破了法军的第二道防线，占领了凡尔登要塞的重要据点——都奥蒙炮台。

为了挡住德军前进的步伐，法军司令部命令贝当①接任凡尔登地区指挥官。在接下来的一段时间，法军和德军展开了史无前例的决战。10 月至 12 月，法军为了挫败德军气焰，调集大批部队对凡尔登地区的德军进行反击。此役空前惨烈，法军和德军一共投入了近 200 万参战人员，双方损失了共计 70 多万人。最终，该战役以德军的战略失败而告终。在军事史上，凡尔登被称为"绞肉机"和"人间地狱"，攻守双方均付出了巨大的代价。

---

① 亨利·菲利浦·贝当：法国元帅、维希法国国家元首、总理，一生颇为坎坷，集民族英雄和叛徒于一身。

1916 年 7 月至 11 月，英、法联军与德军进行索姆河战役。索姆河（法国北部的河流）地段有德国修筑的“世界上最坚固和最完备的防御工事”之一。在这一战役中，最新武器——坦克第一次出现在战场上

为了减轻法军在凡尔登一线的压力，英国远征军总司令道格拉斯·黑格①将军决定在索姆河一带发动一次大规模的进攻战役。

索姆河是法国北部的一条河流，全长 245 千米，向西流入英吉利海峡。索姆河沿岸不仅有大量重要城镇，还有发达的畜牧业和种植业，是巴黎的重要屏障。

6 月 24 日，黑格将军下令发起进攻，英、法炮兵部队随即万炮齐发，德军狭窄的阵地几乎被爆炸产生的气浪翻了个底朝天。起初德军还偶尔回击一下，但很快就无声无息了。

7 月 1 日，经过 7 天的炮火准备后，英、法步兵向德军发起了进攻。为了让德军的后备役部队挺进至索姆河一带，英军在纳维沙佩尔地区进行了佯攻。但在战斗开始的第一天，英军就伤亡近 6 万人，其

---

① 道格拉斯·黑格：第一代黑格伯爵，“一战”期间欧洲战场的英军总司令，外号“屠夫”，因为他打仗有一个特点是“杀敌一万，自损八千”。但他依然是 20 世纪军事史上的重要战将，他的主要成就是成功地在大型陆上战役中组织、训练和供应了一支上百万人的军队。

中死亡人数高达1.9万人。面对如此严重的损失，黑格将军不仅没有反省，反而要求英军继续进攻。蒙哥马利所在的第104步兵旅在7月20日上午，也投入了这种毫无希望的攻击中。

战斗刚刚打响，第104步兵旅的2个突击连便冲进了德军的阵地，结果，德军稍稍向后撤了一点，便用密集的炮火将2个突击连覆盖。上午的攻击失败后，黑格将军在下午先是命令第104步兵旅接手第105步兵旅的阵地，然后又让第104旅再次组织大规模进攻。面对德军密集的炮火，第104步兵旅毫无抵抗能力，人员的损失让蒙哥马利不忍统计。

德军和英军的大炮此起彼伏地怒吼着，整个战场已经分不清白天与黑夜，到处都是刺眼的炮火和耀眼的照明弹。第104步兵旅从7月20日至27日损失了近千人，如此严重的损失相当于整个旅已被摧毁。但是黑格将军并没有意识到作战部队的困难，仍然命令部队不停歇地进攻。7月31日，第104步兵旅终于接到了撤离战场的命令，因为再不后撤，整个旅就会覆灭。

第104步兵旅撤到后方后，蒙哥马利原以为上级会给他们充裕的休整时间，可是4天后，上级再次命令他们返回前线。蒙哥马利和战友们心里一百个不愿意，但服从命令是军人的天职，他们只能忍气吞声地出发了。

出发前，蒙哥马利给家里写了一封信说：

我不知道司令部是怎么想的，我们的部队减员那么厉害，他们却只给了4天的休整时间。整个旅都存在着不满情绪，因为4天的时间大家根本没有得到充足的睡眠。唉，没办法，谁让我们是当兵的呢？上级让我们做什么，我们就做什么，我只希望这次能平安无事。

这年秋季，黑格将军又发动了几次进攻，其中以9月3日发动的第三次进攻规模最大。英军32个步兵师、法军26个步兵师同时发动进攻，结果伤亡惨重，而且只向德军阵地的纵深推进了几千米。

9 月 15 日，黑格将军首次将坦克投入战场。英军出动了 49 辆坦克，不过实际参战的只有 19 辆。英、法联军在坦克的协助下，如虎添翼，很快便攻占了德军第三道阵地的几个据点。但由于坦克数量过少，终究无法扭转战局。

11 月 18 日，黑格将军终于意识到索姆河战役继续进行下去已经没有意义了，而且英、法联军伤亡达到了 100 万人，其中英军伤亡达 45 万人，而更为讽刺的是，德军的阵地依然稳如泰山。大半年的战争，除了重创、牵制了德军的兵力以外，英、法联军没有取得任何进展。与此同时，法军在凡尔登一线也止步不前，双方的战线和开战前几乎没有什么两样。

在这一战中，黑格将军因为葬送了大量士兵的性命，被称为“索姆河屠夫”。

这期间，蒙哥马利又几次与死神擦肩而过。7 月 23 日，他和一位军官外出侦察，不料被德军发现了行踪，向他们发射了 4 发炮弹。蒙哥马利当时正在观察德军阵地，听到附近传来尖锐的炮弹声，喊了声“卧倒”就趴在地上。结果，他安然无恙，而同行的军官却被弹片击中了脑袋。3 天后，蒙哥马利在安排一个营撤退时，又被德军的狙击手盯上了。幸运的是，德军狙击手射出的子弹仅仅擦破了他的手掌。还有一次，蒙哥马利跟随桑迪兰兹一起查看阵地，没想到德军的一发炮弹就在他们身边爆炸了。蒙哥马利被气浪掀倒，爬起来后问桑迪兰兹：“将军，有没有受伤?”

“哈哈，德军打得太准了，不过我得好好批评他们，要想炸死人，那得让炮弹离人远一些呀!”

“嗯，离人远一些?”蒙哥马利有些不解。

“是的，要远一些。这种炮弹是高爆炸弹，它的弹片是斜向上飞的，所以离爆炸点越近反而越安全。”

“哦，原来是这样!”蒙哥马利点了点头。

事后，蒙哥马利又给家里写了封信，他在信中这样叙述道：

或许是上帝保佑，近段时间我实在是太幸运了，好几次都差点被死神带走。不过，我相信死神还不敢接纳我，因为战争还需要我，我的战友也还需要我……

1917 年 1 月 18 日，因为第 35 师师长回国休假，第 104 步兵旅旅长桑迪兰兹将军暂代师长一职。

4 天后，蒙哥马利也由于卓越的表现，被派到第 18 军担任第 33 师二级参谋，军衔还是上尉。当时，德军在西线的攻势放缓了。后来，在英、法联军的攻击下，德军无奈地把部队撤到兴登堡防线进行战略防御。可是，英、法联军决意以命换命，在这年春季展开了对兴登堡防线的攻势——阿拉斯战役。

战役开始后，司令部让第 33 师进攻德军防线的左翼，但战势并不乐观。第一天他们突破了德军的第一道防线，但是部队损失也极为严重，而在接下来的数日，战线几乎停滞了。蒙哥马利所在的战线尽管僵持着，但是负责其他方向的第 7 军运气更差，德军数次深入他们的腹地。为了加强第 7 军的防御，司令部命令第 33 师前去增援，然而他们的行动尚未正式展开，又一道命令传来，将他们调往第 3 军的右翼。

攻击再次开始了，德军的阵地如同铁铸一般，英军几乎没有什么收获。到 4 月 27 日，蒙哥马利所在的师虽然推进了 2 千米，但是部队伤亡 3000 余人。

蒙哥马利见损失如此惨重，不由得开始思考究竟是哪里出了问题，但他始终没有找到问题所在，只是冥冥中觉得让士兵像送死一样去突击德军阵地，是个莫大的错误。

蒙哥马利认为，上级的一切行动都是为了得到荣耀，全然不在乎士兵的生命。不过，尽管蒙哥马利把上级归为“漠视生命的人”，但是他始终没有把第 2 集团军的赫伯特 · 普卢默①军长算进去，因为他发自内

---

① 赫伯特 · 普卢默：梅希尼斯的普卢默子爵，英国陆军元帅。参加过第二次伊珀尔战役、阿图瓦战役、索姆河会战、梅西讷山脊战役和第三次伊珀尔战役。他谨慎而富有才干，是一位细致周密的筹划者。

心地敬佩这位将军，虽然他们从来没有见过面。

战事的不顺让蒙哥马利心烦意乱，不过他并没有放弃钻研参谋业务。勤奋的学习终于使他再次得到了升职的机会，这年 7 月，他被派到第 9 军担任二级参谋。

升职后，蒙哥马利给家里写了一封信：

第 9 军二级参谋共有 3 人，我成为其中之一，能担任这个职务令我非常高兴。因为军二级参谋一般由少校担任，而我只是个上尉。有时军一级参谋不在，事情就由军二级参谋负责，虽然另外两位军二级参谋资历比我深，可是很多时候上级总是把事情交给我做。我想，在整个英国陆军中，我是年纪最小的军二级参谋，也是唯一一个不是从参谋学院毕业的。

显然，蒙哥马利得到这个职位是因为能力得到了他人的认可。他年纪虽不大，但有着大量的理论和实战经验，而且工作踏实认真。成为军二级参谋后，他信心倍增，内心甚至有些飘飘然。

第 9 军属于第 2 军团，司令员是赫伯特·普卢默。普卢默的战术和战略思想与黑格将军截然不同，他不采用全面突击战术，而是对敌人的战线进行渐进式侵吞。普卢默一系列的战术动作让蒙哥马利大开眼界，因为这是他从未接触过的战法。普卢默主张对目标进行浅近攻击，反对一上来就猛冲猛打，全面开战；强调炮兵对步兵的支持及协同作战；认为部队应根据作战任务进行针对性训练……跟随普卢默的这段时间，蒙哥马利努力学习战略战术，为日后领兵作战打下了良好的基础。

为了击溃正面的德军，黑格将军在 7 月 31 日发动了强大的突击行动。但是，由于德军变换了新的防御战术，英军的攻击失败了。

8 月底，黑格对击溃德军失去了信心，把指挥权交给了普卢默。普卢默接过指挥权后，为了让部队得到充分的休息，也为了有时间制订攻击计划，决定让部队先休整 3 个星期。

9 月初，普卢默要求各军进行攻击前和攻击时的准备工作。当时蒙哥马利主抓部队的训练工作，报告便由他主笔。几天后，报告写好了，共有60多页，其中包括40页的附件和12幅地图。报告的主要内容为：加强特种部队的训练，加强相关情报的运用，加强后勤运输安全……部队进攻时，后续部队需要以弹幕进行掩护；突进时部队要交替进行，以应对德军随时进行的反突击；前进部队务必与后方保持联系，随时与侦察机进行联络……

这份报告是蒙哥马利极具典范的一篇佳作，内容几乎全是普卢默思想的体现。这份报告下发给部队后，每支部队都认真地进行了准备。普卢默检查完部队的准备工作后，下令部队立即展开攻击行动。9月20日、26日和10月4日，英军连续发动了三次突击，攻破了德军的防线。三次行动的胜利，大大鼓舞了盟军的士气，也让德军知道英军还有出色的指挥员。

因为这一阶段的攻击目标是伊珀尔以西地区，所以人们将这次战役命名为“伊珀尔之战的三个回合”。蒙哥马利因表现出色，深受上级青睐，很快被提升为第9军一级参谋，但军衔还是上尉。没过多久，普卢默接到上级命令前往意大利任职，黑格将军又继续指挥部队。为了扩大之前的战果，黑格将军决定再次发动较大规模的战役——帕斯前德山战役。由于黑格将军能力不足，加上德军吸取了先前失败的教训，这次战役最终演变为一场苦战，联军阵亡人数达到12万之多。

此战结束后，英国战时首相劳合·乔治[①]悲伤地表示，此战“和索姆河、凡尔登的战斗，可以说是战史上最残忍、最无益和最血腥的战斗”。他认为黑格是个无能的将军，因此一心想着削弱黑格的权力甚至撤换黑格，但英王乔治五世[②]和其他军政要人都不同意，劳合·乔治无可奈何，只得继续忍受黑格在前线瞎指挥。

---

① 劳合·乔治：英国自由党领袖，“一战”期间任军需大臣、陆军大臣等职。1916年出任首相，战后继续担任首相。1919年出席并操纵巴黎和会，是巴黎和会“三巨头”之一，签署了《凡尔赛和约》。

② 乔治五世：爱德华七世和亚历山德拉皇后的次子，英国国王及印度皇帝，温莎王朝的开创者，现任英女王伊丽莎白二世的祖父，别名“水手国王”。“一战”期间，为安抚民心，他舍弃了自己的德国姓氏，将王室改称“温莎”。

数年后，蒙哥马利在回忆录中这样写道：

战役开始时，我就认为此役凶多吉少，因为前次战役的胜利让大家都盲目乐观。最终，我们尝到了失败的痛楚，巨大的伤亡数字让我不忍查看。那些深受陆军司令部信任的将军，只是一群拿人命开玩笑的人，他们根本就是视人命如草芥。

在战斗中成长

战争极其残酷，但又不得不继续进行下去。1917 年 11 月 7 日（俄历 10 月 25 日），俄国“十月革命”爆发，苏维埃政府宣布退出战争。德国看到东线压力变小，便把多数兵力集结在西线，意欲击溃英国与法国。

美国虽然已经于 1917 年 4 月 6 日对德宣战，但抵达欧洲的美军数量依然很少，对整个战局产生不了什么影响。

1918 年春季，德军发动了春季战役。此时，英、法联军的主要任务是阻挡德军的脚步，为反攻争取时间。为了加强防备，英军指挥部命令第 9 军将防御阵地交给兄弟部队，下属部队调入后方充当军团预备队，军部划归第 5 军团。

不久，第 9 军军部又接到命令，让其赶赴蒙地地耶构筑防线。很快，防线修建完成，总长约 8000 千米，一共用掉了近 2 万吨铁丝网。

1918 年 4 月，协约国军总司令部正式成立，法国的福煦①元帅成为总司令，黑格将军与法军总司令贝当元帅、美军总司令约翰·潘兴②将军成为福煦麾下的三大主将，开始对德决战。

由于察觉到德军准备发动战役，联军开始调整防务，在 4 月 3 日让第 9 军接手了第 2 军团的澳大利亚部队阵线。

---

① 斐迪南·福煦：法国元帅，“一战”最后几个月的协约国军总司令，公认的引导协约国获胜的最主要领导人。

② 约翰·潘兴：美国陆军特级上将，又称“铁锤将军”“黑桃杰克”。

4 月 9 日，德国展开了强大的突击行动，一举深入联军防线约 64 千米。德军司令部认为，只要再加强攻势，联军一定会被赶下海。为了达到这个目的，德军不惜动用了杀伤力极大的毒气弹。

第 9 军在德军突击初期，后撤到了坎米尔山岭一带。在这里，第 9 军和其他兄弟部队构筑了防线，决定不再后撤。从 4 月 11 日到 20 日，联军苦苦支撑，最终以难以想象的损失挡住了德军的脚步。德军暂停进攻，休整了几个星期后再次卷土而来。这一次，德军用 3000 多门大炮猛轰联军防线，致使联军两个军一下子失去了战斗力。第 9 军陷入了艰难的血战之中，部队损失严重，不得不在 6 月 19 日将阵地交给其他部队，撤往后方。

在这一阶段的战斗中，蒙哥马利因为对战势把握准确、战术老练，再次得到上级的赏识，于 7 月 16 日被升为准中校，派到第 47 师担任一级参谋。第 47 师属于第 3 军序列，是英军的预备队。

蒙哥马利来到第 47 师后，整理了先前数次战斗的经验和教训，发现了两个非常重要的问题，这两个问题对他的将来产生了很大影响。

一是高级将领与中下层军官和士兵缺少接触。蒙哥马利自打进入部队后，还从未见过英军总司令，包括黑格和弗伦奇。就算是集团军的高级指挥员，他也只看见过两次。这种情况并非只发生在顶层，就连高级参谋们也很少与团部及其以下部队接触。蒙哥马利认为，高级指挥员如果不了解部队，肯定无法很好地指挥部队。

二是高级将领不在乎士兵的生命。蒙哥马利发现，绝大部分高级指挥员都是漠视生命的人。那些所谓的“善战将军”，都是拼命将士兵往战场上送的人，其中最典型的就是黑格将军。当然，普卢默将军不是这样的人。

第 47 师师长戈林奇是英军中资历很深的少将，但由于性格古怪，不会处理人际关系，一直没能成为军长。8 年前在印度时，戈林奇就是蒙哥马利所在旅的旅长。

戈林奇很赏识蒙哥马利，觉得这个年轻人和自己很像，尤其是在军事思想和战术方面。为此，戈林奇将蒙哥马利看作心腹，不仅把整个师的行政事务交给他处理，还让他执行一些重要的军事决策。蒙哥马利对戈林奇很是感恩，他没有辜负戈林奇的信任，进入第 47 师没多久便制订出了第一份防御计划。这份防御计划非常简洁，从全师的角度讲述防御策略、责任以及被攻击时该采取何种行动；在预警方面，他规定了各旅所要使用的代号和呼叫信号等。

随着大批美军陆续抵达欧洲战场，协约国的兵力大大增强。8 月初，协约国军总司令福煦元帅下达了总攻命令。各部队也都根据自身情况制订了详细的作战计划。8 月 18 日，蒙哥马利向第 47 师发出指示，要求部队按计划加强演练，随时准备发起进攻。

此前，英军总司令黑格将军认为德军已经无力实行大规模反击，要求各军团准备全力突击。但蒙哥马利对此持保留态度，认为在没有绝对把握的情况下，行事应保持谨慎。尽管他也渴望胜利，但决不会存侥幸心理，拿士兵的生命去冒险。所以，他没有采纳黑格把骑兵放在前线后方旷野独自行动的主张，而是把 10 辆坦克留着用来扫荡残敌。这也使有的人认为他魄力不够，是个胆小鬼。但事实证明，他这种稳妥的作风在战争中很有效果。

8 月 22 日，第 47 师按照指示展开了攻击快活谷的行动。由于进攻部队不善夜战，缺乏相应的协同，这次行动没有达到既定目标。8 月 24 日，蒙哥马利吸取教训，做足战前准备工作，终于顺利完成了任务。

到了 9 月，联军司令部命令第 47 师前往圣波尔。9 月 30 日，第 47 师被划入第 5 军团第 13 军，次日又被划入第 11 军，军长为黑京中将。由于暂时没有作战任务，蒙哥马利开始研究怎样改进作战指挥、如何提高作战效率等问题。经过研究，他发现如果要提高作战效率，首先需要获得及时而准确的情报。这对指挥作战有着重要意义，指挥官可以根据实际情况随时对部队进行调整。

两个月后，蒙哥马利把自己的研究结果整理成文件下发到各部队，这份文件的名字为《从 1918 年 8 月至 9 月的战斗中获得的教训》。

为了加强部队的战斗力，蒙哥马利和军指挥部准备对部队进行为期两周的训练。训练的内容包括两个方面，一是军事装备应用和体能训练，接受训练的人员不仅包括士兵，还包括中层指挥员和文职军官；二是通信设备应用，接受训练的是通信人员。

蒙哥马利凭借掌握的陆军通信方面的知识，设计出了一套通信系统。为了验证这套系统，他让通信军官先把设备带到所在部队，然后再把相关信息发送回来。由于通信设备非常笨重，蒙哥马利要求这些军官先试用便携设备。尽管他设计的设备性能不佳，还经常出现机械故障，但这个系统却成了第二次世界大战中通信系统的雏形。

此时，德军及其盟友已是强弩之末，第一次世界大战马上就要结束了。1918 年 9 月 29 日，保加利亚率先投降，德军开始向德国境内退却。10 月 27 日，联军收复了法国北部的重要城市——里尔市，并举行了入城的检阅礼。蒙哥马利跟随戈林奇将军走在第 47 师最前面，行至城内广场时，他们下马和第 11 军军长黑京将军、第 5 军团司令伯德伍将军、里尔市市长和英国军需部部长温斯顿 · 丘吉尔站在一起检阅部队。此时没有人会想到，20 多年后，蒙哥马利和丘吉尔会成为英国抵抗德国的代表性人物。

由于战势不顺等原因，德国及其盟友国国内开始了一波又一波的反战运动。德军保罗 · 冯 · 兴登堡[①]元帅在 9 月时向德国议会提出“结束战争”，但德军司令部没有同意，妄想用海军与英国进行决战。10 月 25 日，德军司令部要求基尔港的德国远洋舰队出海迎击英军，如果失败就“光荣地沉没”。结果，基尔港的 8 万水兵拒不执行这一任务，随即发动起义，成立了德国第一个工兵代表苏维埃。革命的浪潮很快席卷德国，到 11 月 8 日，几乎所有德国的大城市都发生了武装起义，建立了工兵代表苏维埃。11 月 9 日，德皇威廉二世[②]被迫退位，逃亡荷兰。11 月 11 日，德国新政府向英、法等协约国求和，第一次世界大战就此结束。

第一次世界大战给多国带来了灾难。协约国和同盟国军人及平民大

---

① 保罗 · 冯 · 兴登堡：德国陆军元帅。“一战”爆发后曾任东线第 8 集团军司令、东线司令、德军总参谋长。1925 年当选为魏玛（德意志）共和国总统。

② 德皇威廉二世：末代德意志皇帝、普鲁士国王以及霍亨索伦家族首领。

约死亡 5500 万人，其中，协约国军人占 36% 、平民占 20% ，而同盟国军人和平民各占 22% 。不过，多数平民的死亡并非直接因为战争，而是因为西班牙的大流感。

蒙哥马利在第一次世界大战中并没有立下多大的战功，但是战争对他的影响非常大，可以说这一时期是他成长的探索期，而他也很好地抓住了这个机会。他和许多年轻军官一样，有着不怕牺牲的精神，同时也有着自己独特的个性，那就是能对战争进行研究、分析和总结。更重要的是，他是从基层一直晋升到一级参谋，不仅具有军事理论知识，还拥有实际作战经验。这些都为他日后的军事生涯打下了坚实的基础。

第三章　难以预测的命运

一分耕耘一分收获

第一次世界大战结束了，协约国沉浸在欢乐的海洋中，人们纷纷走上街头，用尽全身力气跳着、叫着、笑着，虽然人群中不乏抽泣声，但那分明是喜悦的泪水。反观同盟国，尤其是德国，尽管换了新政府，但因为法国极力要求严惩德国，在《凡尔赛和约》里加了众多苛刻条款，致使德国政府和民众憋了一肚子怨气，也为第二次世界大战埋下了祸根。

《凡尔赛和约》认为德国是发动战争的罪魁祸首，对德国进行了严厉的制裁，使得德国失去了 13% 的土地和 12% 的人口。尽管德国不被允许拥有超过 10 万人的陆军，不被允许拥有空军，但由于战争不是在德国本土进行，它的工业体系并未受到多大的损伤，再度崛起只是时间问题。

大战结束后，蒙哥马利意识到要想在军事领域有所发展，必须全心全意地研究它，弄清它的全部奥秘。他已决定将军人作为自己毕生的职业，同时他也明白，若想得到更好的发展，一定要进入参谋学院深造。

英国坎伯利参谋学院于 1919 年开学时，蒙哥马利没有成为第一期学员，他暗下决心一定要成为第二期学员。第二期学业为一年，于 1920 年 1 月开学。蒙哥马利满以为自己会被录用，但学员名单下发后，上面却没有他的名字。他有些失望，但执着的他并没有就此放弃。

机会很快来了，一个偶然的机会，蒙哥马利认识了英国驻德总司令

1919 年 6 月 28 日，《凡尔赛和约》在法国巴黎签订。图为美国总统威尔逊（前左二）与法国总理克里孟梭（前左三）步入凡尔赛宫会场

威廉·罗伯逊[①]爵士。蒙哥马利知道罗伯逊是从士兵一路升上来的，很乐意为年轻人提供发展的机会。两人打完几局网球后，浑身是汗的罗伯逊爵士示意先休息一下。

蒙哥马利看准机会，走过去打招呼："将军您好，与您一起打球是我的荣幸。"

"哈哈，还是年轻人好啊，都不知道什么是累!"罗伯逊点了点头，笑道。

"您还很年轻啊，一点也看不出岁数。"蒙哥马利言不由衷地讨好着。

"唉，老啦！你是在陆军部工作的吧?"罗伯逊问。

"是的，军一级参谋，军衔是准少校。"

---

① 威廉·罗伯逊：英国陆军中唯一从士兵到元帅的军人，绰号"快活人"。"一战"期间任英国远征军参谋长、帝国总参谋长。1919—1920 年间任莱茵地区英国占领军司令。

“你当参谋几年了?”

“4 年多了。”

“参谋工作是一种很好的历练性职务。对了，你就读的学校是坎伯利参谋学院吗?”

“不是，我没有读过参谋学院。”蒙哥马利有些不好意思。

“是吗? 没读过参谋学院，就成了军一级参谋，很厉害嘛! 你应该去读读参谋学院，毕竟那里是专业的。反正现在军队也没有什么战事，你就去学学呗!”

“进入参谋学院是有条件的，我现在的能力还达不到要求!”

“年轻人，别这么想! 我觉得你能力不错，完全有资格入学!”

“我已经落选两次了……”蒙哥马利垂头丧气地说。

“我就问你一件事，你想不想入学?”

“当然想了，可我不认识学院的领导，他们根本注意不到我……”

没过多久，蒙哥马利便收到了坎伯利参谋学院寄来的入学通知书，要求他于 1920 年 1 月到学院报到。在蒙哥马利前往军校前，皇家燧发枪团第 17 营因为营长刚刚退休，士兵们状态不稳定，急需一名能力突出且经验丰富的军官接任营长。蒙哥马利承担了这一重任，并很快控制住了局面。

数年后，该营副营长，后来成为国会议员的查普曼回忆道：

> 老营长走后，一个名叫蒙哥马利的年轻人接替了他的工作。我们不知道这个蒙哥马利是何方神圣，只知道他受过伤，并且是参谋部的人。那个时候，我不相信他能使我们营振作起来，然而这个家伙却让我吃了一惊。因为他通过操练和体育运动，让我们营恢复了生机，让很多抱有情绪的士兵开始积极起来。不过，部队的重新振作并没有挽救我们，到 11 月份，我们接到了部队被裁减的消息。

1920 年 1 月 22 日，蒙哥马利离开部队进入坎伯利参谋学院。他本以为可以在这里学到很多军事知识，但现实很快给他当头浇了一盆凉水。原来，学院的老师们所讲的都是一些过时的东西，对于第一次世界大战所昭示的未来军事方向，没有丝毫的涉及。

由于蒙哥马利对老师们的授课存在负面情绪，同学们都认为他是一个自以为是、目空一切、固执己见的人。一天，参谋学院的内部刊物上刊登了这样一篇短文：假如封住参谋学院二楼浴缸的残破处需要 10 卡车水泥，那么在剧作家康格里夫的亲自监督下，需要多少乐团才能压制住蒙哥马利一刻不停的嘴？另外，在这份刊物的“我们想知道答案”版面，还有一则更为嘲讽的话题：只要谈到军事，蒙哥马利是否可以保持 2 分钟的沉默？

蒙哥马利对这些挖苦毫不在乎、一笑了之，有时还感到十分兴奋，因为这表明他受到了很大的关注。他对学院的教学虽然很失望，但对学院本身还是有着很大的信心。1920 年 12 月，蒙哥马利即将从学院毕业，尽管成绩还未发下来，但是他自认为考得非常不错。不久，他接到命令，毕业后前往第 17 步兵旅担任旅参谋长。

临别之际，蒙哥马利收到了一份评价：“将来的你，会是一个非传统性的、有创造性的、想象力过人的人。虽然你有些固执，有些刚愎自用，但是这恰好证明你不是墨守成规的人。”

蒙哥马利离开学校到第 17 步兵旅后，被派到爱尔兰维持秩序。12 月 11 日，爱尔兰南部科克市中心遭到叛乱人员纵火，之后整个爱尔兰南部开始戒严。

第一次世界大战结束后，爱尔兰见英国忙于分赃，实力大减，暗中谋求脱离殖民统治，抵抗势力爱尔兰共和军和新芬党蓬勃发展。蒙哥马利家族在爱尔兰拥有大片土地，尽管大部分已经收归政府所有，但是瘦死的骆驼比马大，资产仍然不少。一旦爱尔兰独立或分裂，蒙哥马利家族难免会受到影响。

刚开始，那些衣衫褴褛的农民和市民反叛者并没有引起英国政府的重视，认为他们不过是小鱼小虾，成不了气候。然而，形势的发展大大出乎政府的意料，由于爱尔兰共和军和新芬党有着广泛的群众基础，同时采取袭击、暗杀等游击战术，使得前去镇压叛乱的英军十分被动，屡次战败。

面对爱尔兰的独立浪潮，英国政府内部也出现了不同意见，有人主张同意爱尔兰自治，但以陆军大臣丘吉尔为首的强硬派则坚决要求镇压起义。首相劳合·乔治既不想让爱尔兰独立，又不想过于得罪愤怒的爱尔兰人，于是提出了“爱尔兰政府改良法”，建议将爱尔兰分为南、北两部，分别授予自治权。

爱尔兰人民自然不肯就范，反抗更加激烈了。他们到处打击英军，绑架、暗杀英国军官。1920 年 11 月 21 日，11 名英国情报军官惨遭爱尔兰共和军杀害，蒙哥马利的堂兄豪休·蒙哥马利中校也不幸丧生。事后，英军立刻实施了报复，于当天下午在克鲁克公园足球场开枪扫射无辜平民，造成 70 余人伤亡。同一天晚上，3 名爱尔兰共和军军官在都柏林监狱被枪杀。这一天被称为“血腥的星期天”。

蒙哥马利来到爱尔兰时，南部地区已经宣布戒严，到处都是荷枪实弹的英国士兵，气氛十分紧张。蒙哥马利倒也不反对爱尔兰闹独立，但一想到堂兄的死，内心就十分愤怒。他和堂兄关系很好，即使在法国前线枪林弹雨的危险日子里，他们也保持着联系。现在来到堂兄惨死的地方，他的内心不由得燃起了复仇的怒火。

第 17 步兵旅的旅长是希金森准将，他曾经在法国指挥作战，与蒙哥马利关系不错。蒙哥马利上任后，马上在城里设立了情报机构，将军队部署在最有利的位置，同时下达了一系列指示。为了帮助初到爱尔兰的军官尽快熟悉部队情况，他还把这些指示装订成册，下发给各级军官，里面的内容涉及作战、巡逻、通信、运输、密码、军法等多方面，一目了然。

尽管旅部事务繁忙，但蒙哥马利仍然以一贯的热忱投入到工作中。不管是对自己还是下属，他都从严要求，有时部下难免会抱怨。元旦那天，他还命令苏格兰的一支“快速纵队”到某地执行任务，引起了官兵们的不满，因为他们有庆祝新年的传统，但面对铁面无私的蒙哥马利，他们只能服从命令。

大家都没有把爱尔兰共和军放在眼里，蒙哥马利也认为他们不堪一击，因为相比装备精良、训练有素的英军，他们根本称不上是军队。然而，爱尔兰共和军却让英军吃尽了苦头，因为他们打游击战，神出鬼没，又有群众掩护，使得英军每次出击都无功而返，搞得整个队伍士气低落、军心涣散。

为了对付叛军，蒙哥马利苦想对策，但几个月后，他发现一切都是徒劳，绞尽脑汁拟定的剿灭计划成了一张废纸，因为他们根本不知道敌人在哪里。他心里十分烦躁，经过仔细分析，他终于明白这场战争是打不赢的，而且毫无意义，既然如此，还有什么打下去的必要呢？

与此同时，在伦敦，人们对政府关于爱尔兰的政策越来越不满，力主镇压的丘吉尔已经离职，要求谈判的呼声越来越高，劳合·乔治的分治主张得到了更多的支持者。

1921 年 7 月，英国与爱尔兰终于达成了停火协议。10 月，双方正式谈判。劳合·乔治在谈判中用尽各种手段，迫使新芬党代表接受了各项条款。根据条款的规定，爱尔兰被分割为南、北两部，各属于英国的一个自治领①。但是，爱尔兰人民和新芬党内的激进派都拒绝接受这个结果，并把签订条约的爱尔兰温和派代表人物阿瑟·格里菲斯和迈克尔·柯林斯视为叛徒，爱尔兰共和军又重启战端。

蒙哥马利对于军事的热情远远超过了政治，但他对形势的发展变化看得还是很清楚的：

> 以前我认为清除动乱，动用武力是唯一的解决办法。现在我发现，使用武力纵然可以达到平叛的目的，可是一旦我们的军队撤离，叛军又会卷土重来。因此，我们建立爱尔兰人自己的军队，让他们去与叛军作战。现在，爱尔兰方面已经有了政府军，并且做得很好……

蒙哥马利态度的转变表明他已经学会了重新考虑自己的意见，并能

---

① 自治领是大英帝国殖民地制度下一个特殊的国家体制，是殖民地步向独立的最后一步，除内政自治，自治领有自己的贸易政策，有限的外交政策自主，也有自己的军队，但只有英国政府才有宣战权。

根据事态的发展来修正计划。后来，事态果然朝着他预测的方向发展。1922 年 1 月，爱尔兰省政府成立了，这是一个自治性质的政府，它与英国签订条约后，南部的英军开始撤离。两年多的折腾令大家心力交瘁，都盼望着尽快离开这个是非之地。

后来在回忆录中，蒙哥马利对英军在爱尔兰进行的镇压运动评价并不高。他说：

从许多方面来说这场战争远比 1918 年结束的大战还糟糕，它演变成了一项杀人活动，到最后军人们对杀人已十分熟练，甚至熟于防守。但是这样一场战争对军官和士兵们有百害而无一利，会有损于他们的正派作风和骑士精神，因而战争的结束让我很高兴。

1922 年 5 月 19 日，蒙哥马利随所属部队离开了爱尔兰，几天后，他被调往第 8 步兵旅任旅参谋长。

第 8 步兵旅是一支纪律性和战斗力都较强的部队，驻扎在普利茅斯。旅长霍朗德准将上任刚一年，曾是一名出色的参谋军官，“一战”前当过连长，这是他第二次出任主官，真正指挥一支部队。霍朗德很欣赏蒙哥马利的军事才能，但对他过于固执自信，有时甚至不把上级放在眼里的作风，颇有微词。加上他在新职位上迫切需要树立威信，蒙哥马利抢了他的风头，难免令他反感。因此，尽管他放手让蒙哥马利处理一些事情，但两人的关系并不亲密，当然，他们在工作中还算比较融洽，蒙哥马利从霍朗德那里学到了不少经验，能力得到了进一步提高，不到一年，便被调往自卫部队第 49 师任二级参谋。这个师没有一级参谋，因此，蒙哥马利成了事实上的一级参谋。

最让蒙哥马利感到幸运的是，师长查尔斯·哈林顿也刚刚调来不久，这使他有了充分施展才能的空间。在自卫部队第 49 师期间，蒙哥马利于 1923 年 7 月再次编印了指导性材料——《供西区部队和第 49 师使用的战术教材》。在这份材料的前言中，他写下了这样的话：该教材可供军官训练和晋级考试使用。

尽管类似的教材在军队里还有很多，但蒙哥马利认为其他教材都有缺陷，因为它们通常只是指导作战的基本原则，而没有根据这些原则进行针对性的指导训练。另外，蒙哥马利认为军官也必须进行训练，因为作为部队的指挥者，如果自己都不清楚训练的情况，肯定也带不好部队。

蒙哥马利在写给好友李德·哈特[①]的信里说：

我们很多部队都在做徒劳无功的事情，他们虽然常常进行大规模训练，但往往只针对士兵，很多军官的能力非常低下……要知道，任何部队的训练，只有先把军官们训练好了，士兵们的能力才能得到体现。否则，就像一只羊领导一群狼一样，根本就是白费工夫。

由于“一战”已经结束，部队大量裁员，很多军官对前途感到迷茫，蒙哥马利为此想到了一个办法：让优秀的军官去参谋学院进修。他在给陆军部提交的报告中这样写道：“部队很多军官都对未来不抱信心，与其让他们日复一日地数着日子过，倒不如将他们送到参谋学院去学习，这样不仅能让他们对未来产生信心，更能让他们得到一定的锻炼。”

1923 年，蒙哥马利筹备开办参谋学院预备班，目的是培养年轻的军官。

当时的军官队伍中，才能平庸者基本都被撤了职，但这主要是针对下层军官，高级军官中仍有不少人凭借资历和关系稳如泰山。这样一来，年轻军官的升迁途径很不顺畅，进入参谋学院就成了谋求晋升的一条捷径，蒙哥马利本人就是一个典型的案例。他深深理解年轻军官对未来的憧憬，开办这个函授性质的预备班，正是受到同情心和热心的驱使。到了约克，他把预备班又搬了过来，并加以改进，不仅每周亲自召开战术讲座，而且不厌其烦地辅导青年军官。一时间，这个考前培训班

---

① 李德·哈特：英国军事理论家、战略家，在军事理论上较早倡议“机械化制胜论”，强调坦克和机械化部队在战争中将起决定性作用。

热闹非凡，很多人报名参加。

就在这期间，蒙哥马利结识了弗朗西斯·德·甘冈少尉。甘冈比他小 13 岁，同样十分健谈，而且他们对军事的理解也颇为相近。蒙哥马利对甘冈很有好感，两人时常在课堂、餐厅或者其他公开场合轮流发表演讲。面对职务高于自己、经历丰富又能说会道的蒙哥马利，甘冈表现得十分自信。偶尔他们也会因某个问题而发生激烈的争论，但这并不影响他们之间的友谊。

为了把自己的经验传授给年轻军官，蒙哥马利特意编了一部教材，这部教材无论是对部队的部署还是对战略战术来说，都具有很高的价值。蒙哥马利认为，一城一池的得失并不重要，只要大战略还存在，就不能计较蝇头小利；在追击敌人的过程中，如果能歼灭就尽量不要击溃……蒙哥马利的观点得到了很多军官的认可，他们视蒙哥马利为最优秀的老师。

每年暑假，英军都要举行野营演习。为了让第 49 师一鸣惊人，蒙哥马利着手撰写了大量讲演稿，准备在 1923 年冬天亲自在沙盘上训练指挥官。对此，他说：“我之所以做大量的准备，只是为了让军官能仔细地盯着沙盘，而不用为了写笔记而分神。我撰写的教材与陆军部下发的训练要求并无冲突，只是对其进行了补充，不能当成教科书。”

但蒙哥马利撰写的教材还是引起了陆军部的注意。他们给所有部队下发了一道命令，规定部队训练不能使用一切个人撰写的材料。这使蒙哥马利的热情受到了很大打击。他在这个教材上花费了很大精力，如今却因陆军部的一句话就不能用了，这使他内心多少有些怨气。从演习的地方回到驻地后，他心情十分郁闷。一天，他和甘冈去打高尔夫球，因为心中有气，他使劲挥动球杆，球在空中划出一道长长的弧线，飞出很远。正在对面山坡上打球的一个准将看见了他的举动，用锐利的目光瞪着他。蒙哥马利见状，不以为意地撇了撇嘴，低声骂道：“混蛋！饭桶！”

不过，气归气，命令还是要服从的。过了一段时间，蒙哥马利的气慢慢消了。他写信给李德·哈特表示了自己的无奈：

我认真思考后，也认为陆军部的做法是正确的。即使需要颁印这种册子，也应该由参谋本部负责编撰，如果每个师都自编一个，势必造成混乱。既然参谋本部认为没有必要，我们也就不用自编的小册子了。

1924 年，仍在探索部队训练的蒙哥马利在《陆军季刊》上发表了一篇名为“对地区自卫部队中新任副官的建议”的文章。这篇文章尽管没有署上蒙哥马利的名字，但是蒙哥马利对自己的文章能发表在军事杂志上感到十分兴奋，于是开始大量地往军事杂志投稿。

1925 年 1 月，蒙哥马利又在皇家沃里克郡团的杂志《羚羊》上发表了一篇研究战术史的文章——《现代步兵战术的演进》。他在文章的前言部分讲述了自己写作的动机：

这篇文章对读者具有教导性，并且是具有军事价值的。这项写作工作并不容易，因为《羚羊》的读者上至将军下到士兵，涉及人员很广。我决定连续撰写几篇有关过去大概 500 年来我们现代步兵战术的演进和发展的文章。对于这个题目，每个人都应该会有兴趣，无论是士兵还是将军，编辑也会高兴……

《羚羊》一向以刊登团内报道以及娱乐花边新闻为主，从来不登枯燥的军事论文，这一次蒙哥马利倒挺幸运。他在文章开头旗帜鲜明地亮出了自己的观点：

有史以来，从古罗马的密集队形开始，战术上的基本法则始终保持不变。这个法则就是：要想成功，必须在准备实施决定性打击之处，占据绝对优势。

这篇文章引起了不小的轰动，从餐厅到营房，人们议论纷纷。他的观点有的人同意，有的人反对，有的人持保留意见，但不管怎样，他算是名声大噪了。对此，蒙哥马利不禁有些得意。接着，他又在各类军事杂志上连续发表了若干关于战略战术的文章。

同年 3 月，上级为了考察蒙哥马利训练部队的能力，让他前往皇家沃里克郡团第 1 营任 A 连连长。蒙哥马利上任后，很快制订了约半年的训练计划表。在计划表的前言中，他这样写道："训练的目的，是让每一个军官以及士兵都能知晓每一种作战，而且还能根据不同情况做出不同反应。"

很快，蒙哥马利便开始了大胆的训练改革。他认为，战争的最后胜负取决于步兵，而步兵与炮兵、工兵、坦克兵、空军的协同作战能力，是其中的关键因素。基于此，他制订了 A 连的春训计划，内容包括：利用地形地物、战地通信、射击命令、战斗队形、排战术、巡逻侦察、夜间战斗、进攻、退却、防御、陆空协同、野战筑城、坦克支援等。

在蒙哥马利的努力下，A 连很快成了营里的模范连。团长和旅长在观看模拟演习后，不禁对蒙哥马利刮目相看。蒙哥马利的名声渐渐传开了，其他部队听说后，纷纷前来取经。

1925 年 7 月 26 日，陆军部提升了蒙哥马利的军衔，使他成为正式少校。两天后，即 7 月 28 日，坎伯利参谋学院召开了一次参谋会议，讨论年底一名准中校教官任期满后，由谁来接替工作。会议最后决定由蒙哥马利来接手，任期 3 年。

坎伯利参谋学院在蒙哥马利心目中占有非常重要的地位，不仅因为他曾经在这里学习过，还因为这所学院是英国最著名的参谋学院。他接到聘任通知书后，内心狂喜不已，但表面上仍一副波澜不惊的样子。

1926 年 1 月，蒙哥马利正式到坎伯利参谋学院上任。在学院里，他结交了一个让他崇拜不已的人——资深教官、研究室主任艾伦·布鲁克①上校。布鲁克非常年轻，只比蒙哥马利大 3 岁，是转移炮兵弹幕的

① 艾伦·布鲁克：英国陆军元帅，"二战"时帝国总参谋长。他最大的功绩就是协调了英、美盟军的战略，阻止了丘吉尔的瞎指挥。

专家，“一战”期间曾荣获两枚优异服务勋章。蒙哥马利自从遇见他之后，猛然发觉自己需要学的东西还有很多。布鲁克能力过人，常常不满意手下所做的事情，蒙哥马利与他相处时不得不小心翼翼。实际上，布鲁克非常赏识蒙哥马利，认为他前途无量。他们两人的友谊，对蒙哥马利最后成长为第二次世界大战中最杰出的将帅之一，具有非凡的意义。

蒙哥马利深知自己与布鲁克的差距，为此竭尽全力地想把一切事情做好。他很快成了沙盘高手，还成了极具想象力的战术研究者。他的每次演讲都能很好地阐明要点，提出解决问题的办法，因此深受听众的欢迎。这确实有些出人意料，蒙哥马利一向性格孤僻，但他似乎天生善于向别人传授知识。他总能牢牢抓住问题的实质，而且善于用简洁明了的语言来说明复杂的问题。他讲课时总是注视着学生，很少看讲稿。别人也许会不同意他的观点，但几乎不会误解他的意思。

唯一的爱情

在坎伯利参谋学院任教期间，蒙哥马利完成了人生中的一件大事——与贝蒂·卡弗结婚。对此，蒙哥马利在回忆录中这样写道：“我必须要转而谈一下比我军事生涯更重要的问题，那就是我短暂的 10 年婚姻生活。”

一直以来，由于不擅长社交活动，蒙哥马利一心扑在军事研究上，以致到 38 岁时仍是单身，为此很多同事开玩笑地说他的另一半就是部队。在参谋学院，蒙哥马利有句格言：“陆军和天主教一样，你要对它虔诚就必须保持单身，因为你无法做到既是好丈夫又是好军人。”尽管他从未表明自己打算孤独终老，但潜意识里已经抱定了单身的信念。他对女人一点也不感兴趣，事实上，他认识的女人也确实寥寥无几。他讨厌社交生活和宴会，几乎全副身心扑在工作上，从早到晚，一年四季，总是如此。对于蒙哥马利的单身问题，他的妹妹温莎说：“有舞会活动时，他也是一个人静静地坐在那里，我认为他根本就不喜欢女人。”

1925 年春天，蒙哥马利和皇家沃里克郡团第 1 营营长麦克唐纳中校相约到法国布里特尼海岸的迪纳德旅游。谁也没有料到，这次旅游彻底改变了蒙哥马利的认知，也彻底改变了他的生活——他遇见了爱情。

游玩期间，蒙哥马利认识了一位年龄不到 20 岁的美丽少女——贝蒂·安德森。贝蒂有一头漂亮的金发，大大的碧绿色眼睛映衬着白皙的皮肤，这让蒙哥马利产生了自己遇到了仙女的错觉。

蒙哥马利被贝蒂迷住了，他把积攒了 38 年的爱全部倾泄到她的身上，就像是变了一个人。贝蒂也被蒙哥马利的爱感动了，他们时常相约一起散步。很多时候，他们会沿着环镇公路一直走到海边，一路上，蒙哥马利滔滔不绝地向贝蒂说着战争、战术等话题。

贝蒂不懂军事，只是对军队有些好奇而已，对那些专业而又枯燥的战术讲解毫无兴趣，因此，她常常借故离开或转移话题。遗憾的是，首次陷入爱河的蒙哥马利根本没有察觉，他的话题除了战争还是战争，除了军队还是军队。他很缺乏其他方面的知识，而且毫无幽默感。不管贝蒂是否喜欢，他总是滔滔不绝地说个没完。很快，贝蒂便对蒙哥马利失去了兴趣，但此时蒙哥马利已经被她迷得神魂颠倒，认定她就是自己的良配。

可以说，38 年来，从来没有过一个异性走进过蒙哥马利的内心世界，使他产生一种渴望拥其入怀的冲动。

蒙哥马利写信向贝蒂的父母表达自己对贝蒂的倾慕之心，并询问能否让他与贝蒂结婚。贝蒂的父母都是有教养的人，也知道女儿对蒙哥马利并无好感，于是委婉地回答："这个问题应该由贝蒂自己决定。"

蒙哥马利已经被爱情迷住了心窍，根本没有听出他们的言外之意。他找到贝蒂，向她表明了爱意。贝蒂很欣赏蒙哥马利，但欣赏并不等于爱情。她不想伤害他，于是选择了沉默。几个星期后，贝蒂便另结新欢了。不过，蒙哥马利还蒙在鼓里，仍一门心思地琢磨如何让贝蒂答应自己的求婚。

1926 年 1 月，在没有告知贝蒂的情况下，蒙哥马利坐车来到瑞士的伦科，当时贝蒂一家正在那里度假。蒙哥马利十分自信，他现在的军衔已经是正式少校，马上就要到参谋学院任职。这意味着他将很快晋升为荣誉中校，而且能够分配到住房。腾飞的事业冲昏了他的头脑，他认为贝蒂一定会因此对他刮目相看，从而接受他。

来到伦科后，蒙哥马利住进了安德森一家居住的旅馆。办完入住手续，他故意坐在大厅里，想要制造与贝蒂偶遇的假象。贝蒂发现他后，惊讶万分，但她很快镇定下来，和蒙哥马利随便聊了几句，便找了个借口离开了。

蒙哥马利没想到自己精心的安排只换来几句不冷不热的问候。他终于意识到，他与贝蒂不可能了，不管他做什么都是白费力气，因为贝蒂已经下定决心不和他结婚。

缘分这个东西很奇怪，很多时候你认为一个人是你的，但这个人却另选他人，而当你认为自己不可能再有爱情的时候，爱情却悄无声息地来到你的面前。

蒙哥马利和贝蒂的爱情结束了，但和她的父母相处得十分愉快。经过介绍，蒙哥马利认识了安德森家族里的其他人，包括贝蒂・卡弗。

巧合的是，蒙哥马利和贝蒂・卡弗的家庭背景竟有几分相似。贝蒂・卡弗原名贝蒂・霍巴特，祖籍爱尔兰，她的父亲罗伯特・霍巴特是个印度官员，已经去世。她的母亲也是爱尔兰人，并且是个虔诚的新教徒，对子女要求严格。她的两个哥哥和一个弟弟都是军人，而且哥哥帕特里克、弟弟斯坦利都曾在坎伯利参谋学院学习。

贝蒂・卡弗很少谈及自己的成长经历和感情生活，每当蒙哥马利提起相关的话题，她都轻描淡写地把话题转移开。这让蒙哥马利感到很不解。后来，他从安德森夫人口中得知，贝蒂・卡弗是个寡妇，她的丈夫瓦尔多・卡弗是著名的棉花大王之子，他们通过瓦尔多的妹妹艾莉森介绍，由相识到相爱，最终走进婚姻的殿堂。贝蒂・卡弗的父亲起初强烈反对这门婚事，因为他不能容许“职业家庭的人嫁为商人妇”，但在他们炽烈的爱情面前，一切世俗偏见都不得不让路。第一次世界大战爆发后，瓦尔多应征入伍，后来在加里波利半岛的战争中不幸牺牲，留下贝蒂・卡弗和两个幼子相依为命。

贝蒂・卡弗长相普通，但性格温和，人缘极好，为此很受周围人的喜欢。她与蒙哥马利同龄，是一名艺术家，精通油画、水彩画和雕塑。

在与贝蒂·卡弗短暂的相处时间里，蒙哥马利发现两人有很多共同点，而且很聊得来。不过，他当时并没有对贝蒂·卡弗产生什么感情，因为他还处于求婚失败的沮丧情绪中。

1926 年年底，参谋学院放假了，蒙哥马利邀请爱德华·克劳爵士一家前去瑞士的伦科度假。那里可是他被贝蒂·安德森拒绝的地方，不过他现在已经放下了贝蒂·安德森。而贝蒂·卡弗那娇小的身影则时常浮现在他的脑海里。他这次来到伦科，就是希望能在那里再次碰到她。

来到伦科后，蒙哥马利惊喜地发现，贝蒂·卡弗和她的两个儿子果然在那里。他兴奋得当天便向贝蒂·卡弗表明了心迹。尽管蒙哥马利相貌平平，性格古怪，行为拘谨，学识也不丰富，但贝蒂·卡弗从他的身上看到了一种与众不同的气质。她认为这位沉默寡言、貌不惊人的少校，日后一定会成长为一个伟大的军事家。因此，她毫不犹豫地接受了蒙哥马利。

他们的关系很快被大家知道了，但很多人都不看好他们。那些人认为蒙哥马利要长相没长相，要能力也没多大能力，贝蒂·卡弗之所以选择和他交往，只是为了排解孤寂和空虚。

但是，周围人对蒙哥马利的看法不仅没有改变贝蒂·卡弗的态度，反而让她更加坚信蒙哥马利是位“站在顶峰”的人物。数年后，贝蒂·卡弗写下了这样一段话：“女人是个敏感的、透明的空心体，需要男人将其创造力注入进去；女人的一切创造性成就，都是男人输入的创造力的反映和克隆。”

1927 年春，蒙哥马利和贝蒂·卡弗谈起了恋爱。贝蒂·卡弗的哥哥知道他们的关系后，督促贝蒂·卡弗尽快与蒙哥马利结婚，但贝蒂·卡弗不清楚蒙哥马利对自己的态度，因而双方都没有做进一步的表示。

这年 4 月，蒙哥马利和弟弟布莱恩，以及皇家沃里克郡团的 3 名少尉，结伴进行了一次别开生面的自行车旅行。这是蒙哥马利的主意，他想凭吊过去战斗过的地方，顺便向几个年轻人炫耀一番。当时他从东部陆军训练奖金中获得了一笔资助，因此不用自掏腰包。他们从多佛尔出发，开始了近500千米的征程。每到一个地方，蒙哥马利都会停下来讲述自己当年在该地的作战经历，然后向几个少尉提问，从而大大丰富他们的见识。

4月27日，为期一个星期的自行车旅行结束了，蒙哥马利再次返回坎伯利参谋学院。这个时候，很多人都以为他会向贝蒂·卡弗求婚，结果他却没有任何表示。

1927年复活节，贝蒂·卡弗约蒙哥马利去接她的两个儿子放学。接到孩子后，贝蒂·卡弗让他们先到别处去玩，然后对蒙哥马利说："最近我们接触有些频繁了，以后还是少来往吧！很多人都在对我们说三道四。"

"你管他们干什么！嘴长在他们身上，让他们说去！"蒙哥马利有些着急地说。

"不行，我们不能让大家瞧不起！"贝蒂·卡弗坚持道。

蒙哥马利见贝蒂·卡弗态度坚决，脱口而出："贝蒂，我爱你，嫁给我吧！"

贝蒂·卡弗一听就哭了，这句话她等得太久太久了。蒙哥马利见贝蒂·卡弗这样，先是手足无措，然后看到她眼带笑意地点头，他那颗惴惴不安的心终于放下了。

贝蒂·卡弗的两个儿子知道他们要订婚后，刚开始有些吃惊，随后便兴奋起来，因为他们在心里早就接受了蒙哥马利。

1927年6月25日，蒙哥马利和贝蒂·卡弗在《泰晤士报》上公布了他们结婚的消息。他们的结婚启事这样写道："坎伯利参谋学院的蒙哥马利中校与贝蒂·卡弗将于7月27日举行婚礼。"

7月27日，蒙哥马利和贝蒂·卡弗在奇斯维克教区教堂举行了婚礼。婚礼仪式刚结束，蒙哥马利便带着贝蒂·卡弗到外地进行蜜月旅行。白天，他们一起游山玩水，打高尔夫球；晚上，他们一起读书，听音乐，相拥而眠。蜜月的生活是甜蜜的，为了尽兴，他们又来到了瑞士。

蜜月结束后，蒙哥马利担起了照顾贝蒂·卡弗及其两个儿子的责任。新家庭建立后，两个孩子发现以前乱糟糟的家开始变得整洁和规律起来，整个家庭就像一座严谨的军营。面对生活的巨大变化，贝蒂·卡弗和两个儿子很快适应了下来，因为他们也不希望家里是个混乱的艺术工作室。每天早上，蒙哥马利会给两个儿子下达一天的事务安排，晚上回来后再进行检查。他没有让贝蒂·卡弗插手家务事，因为她需要专心搞艺术，他不想让她分心。

贝蒂·卡弗对于这样的安排非常满意，向往自由的她从来都懒得料理家务。表面上，蒙哥马利非常专制，贝蒂·卡弗处处让着他。可私下，蒙哥马利也会小心翼翼地照料贝蒂·卡弗，对她言听计从。有时贝蒂·卡弗虽然也会不满蒙哥马利的“军事统治”，但在别人面前，她总是给足蒙哥马利面子。有一天，蒙哥马利下班回到家，看见贝蒂·卡弗正和一帮女友在打桥牌，他马上大声地嚷嚷道：“不管是什么聚会，玩到下午 6 点已经足够了。各位，你们的丈夫在家等着你们呢。”这时，贝蒂·卡弗没有反驳一句，温顺地依从了。

完全相反的性格使他们的生活十分和谐，贝蒂·卡弗无拘无束的天性需要规律来约束，而蒙哥马利刻板自律的天性中也有着对自由的渴望。他们这种互补性格使得双方深深地被彼此吸引，欢快地过着相濡以沫、如胶似漆的日子。

蒙哥马利非常关心两个继子，时常带着他们四处游玩，锻炼身体。他们去军校骑马，到湖上划船，去附近的游泳池游泳，天气好的话则去树林里散步或骑自行车。蒙哥马利还给他们讲述自己当年的战斗经历和其他轶事。经过一段时间的相处，蒙哥马利和孩子们的感情不断加深。

贝蒂·卡弗是艺术圈的人，蒙哥马利对艺术不太感兴趣，也看不惯那些举止怪异的艺术家，但他有时也参加他们的聚会，只是听得多、说得少。这些艺术家对蒙哥马利比较友好，有的跟他关系还挺不错。“二战”期间，蒙哥马利偶尔兴致一来，还会邀请几个艺术家朋友到自己的指挥所相聚。

贝蒂·卡弗的哥哥帕特里克·霍巴特和蒙哥马利一样，都视军人为崇高的职业，而且性情古怪，但是，他们两人一见面就总是争吵，有时还故意忽视对方。直到“二战”爆发后，随着地位、心境等的变化，他们的关系才渐渐有了好转。

1927 年圣诞期间，蒙哥马利带着妻儿前往瑞士度假。一路上，贝蒂·卡弗毫无食欲，而且经常恶心呕吐。蒙哥马利见状十分担心，以为妻子生病了。贝蒂·卡弗见他那着急的模样，心里甜滋滋的，悄悄地对他说："亲爱的，我们很快就要有自己的宝宝了。"蒙哥马利听了，兴奋得像孩子似的跳起来。这以后，他小心翼翼地照顾着妻子，生怕出现一点意外。这一年，贝蒂已经 40 岁，作为一个高龄产妇，不能不处处小心。

1928 年 8 月 18 日，贝蒂·卡弗生下了一个健康的男婴，取名戴维·蒙哥马利。生下戴维后，贝蒂·卡弗的身体大不如前，为了减轻妻子的负担，蒙哥马利特意请了一位保姆来照顾戴维。

戴维出生后，蒙哥马利并没有因此而冷落两个继子，仍然像往常一样关心爱护他们。1928 年圣诞节前夕，他带着两个继子去伦科旅行，并想方设法让他们玩个痛快。多年后，两个继子回想起这段经历，依然对蒙哥马利充满感激。

1931 年，蒙哥马利成为皇家沃里克郡团第 1 营营长后，调防到巴勒斯坦。原本贝蒂·卡弗也想跟着一起去，但因为大儿子得了重病，她只得继续留在英国。同年 6 月，大儿子病好后入了学，贝蒂·卡弗才领着戴维来到了巴勒斯坦。利用假期，蒙哥马利带着她游遍了中东的名胜古迹，一如既往地呵护着她。理查德·奥康纳爵士当时恰好在蒙哥马利家中做客，他后来回忆说："那时蒙蒂（蒙哥马利的爱称）的妻子还在世，他们家每天早餐后的仪式很有意思。他让全体工作人员排好队，然后给每个人下达有关家务的命令，但他的妻子从不参加。"

贝蒂·卡弗非常喜欢巴勒斯坦，经常把自己印象最深的景色画下来。在她众多的作品里，有一幅最重要的代表作就是在这一时期画的——描绘当地人在耶路撒冷一所清真寺的阶梯前打水的水彩画。

人们一般认为艺术家在穿着方面会比较讲究，但贝蒂·卡弗的服装总是十分简洁朴素，没有一件是夸张、另类的。她为人随和、幽默，在巴勒斯坦和众多军官的眷属成了朋友。

贝蒂·卡弗时常和蒙哥马利开玩笑，逗得他哈哈大笑，不过她自己的笑点也很低，经常被蒙哥马利说的一些不怎么好笑的笑话逗乐。

蒙哥马利在回忆录中写了这样一件事：

我在埃及时，军官们都有很多业余爱好，其中一项就是养鸽子。有时大家看中了别人的鸽子，就会悄悄地偷走，我的很多鸽子就是这样消失的。一天，一名军需官吵吵嚷嚷说自己丢了一只鸽子，并指控是一名下士偷走的。这名下士当然不承认，两人为此大吵起来。最后，他们请我裁决。我知道鸽子的习性，如果放它们自由的话，它们就会径直飞回自己的住处。我让他们把鸽子关在营部，告诉他们第二天会放飞它，只要鸽子飞到谁家鸽房，那它就是谁的。这件事在全营引起了轰动，第二天大家都早早地过来看戏。鸽子放飞后，在空中转悠了几圈，竟然飞到了我的鸽房……我把这件事讲给贝蒂·卡弗听，没想到她竟然笑弯了腰。

蒙哥马利成为坎伯利参谋学院首席教官后，贝蒂·卡弗也在参谋学院住了一段时间。在这里，她除了照顾蒙哥马利，还时常招待他的学生们。当年的一位学生说："贝蒂·卡弗和蒙哥马利差不多，不仅年龄相仿，身高也差不多，看起来很有夫妻相。她常常面带微笑，似乎从来不知道忧愁是什么。她的衣着并不华丽，也没什么特色，但是整体给人一种非常舒服的感觉。她是一名艺术家，在油画、水彩画和雕塑行业有一定的名气。她非常随和，常常邀请我们一起吃晚餐。"

贝蒂·卡弗的性格很好，但她并不是什么都听蒙哥马利的，甚至在蒙哥马利面前还有一点随心所欲。比如她想去一个地方，蒙哥马利不让她去，她就会说"我的确想去呀"，结果蒙哥马利不仅答应了，还很高兴。

贝蒂·卡弗在坎伯利参谋学院生活期间画了很多画，蒙哥马利虽然不会画画，但有很高的鉴赏能力。一天，一位喜欢画画的友人来到他们家，贝蒂·卡弗让他挑选自己喜欢的画。这时，蒙哥马利向他推荐了一幅画有花和彩虹的画。友人不相信蒙哥马利的眼光，执意要自己挑选，结果他认为还是蒙哥马利推荐的那幅最好。

1935 年 5 月，参谋学院所在城镇奎达发生了大地震，蒙哥马利安排贝蒂·卡弗带着儿子戴维返回英国。这是他们婚后第二次分别，也是时间最长的一次，一共有 8 个月；上一次是蒙哥马利在巴勒斯坦服役时，中间隔了 5 个月。

回国以后，贝蒂·卡弗将戴维送进伦敦附近的一所预备学校，第二年年初又乘船回到奎达，陪伴蒙哥马利。小别之后带来的是重逢的喜悦，蒙哥马利又一次享受到了家庭的温馨。

这一年，他们的儿子戴维 8 岁，贝蒂·卡弗与前夫所生的两个儿子——约翰 24 岁，迪克 22 岁，都长成了英俊潇洒的男子汉。约翰在工兵训练结束后，考进剑桥大学，在那里结识了一位海军上将的女儿——20 岁的乔丝琳·特维迪，两人双双坠入爱河，但遭到了上将的反对。后来，蒙哥马利一家前往瑞士度假，约翰邀请乔丝琳一同前往，却遭到了拒绝，约翰十分扫兴，索性也不去了。贝蒂只得求助于蒙哥马利。蒙哥马利给乔丝琳的父亲休·特维迪写了一封信，说他对女儿管教不严，以致其如此任性。他还在信中开玩笑说："感谢上帝，我没有女儿，否则我一定对她们严加管教！"

乔丝琳的父亲没想到一个上校竟然如此不知天高地厚，用这样的语气跟一个上将说话！他气得马上回信狠狠训斥了蒙哥马利一顿，但在女儿的感情问题上，他还是显示出了自己的大度和开明。经过双方的协调，婚事最终确定下来。

1937 年，当蒙哥马利接手第 9 步兵旅旅长职务时，贝蒂·卡弗的身体越来越虚弱了。从北方旅游回来以后，蒙哥马利因为要主持一次例行的演习，不得不在 8 月底赶回第 9 步兵旅去。他决定让贝蒂·卡弗和戴维去新公园与他母亲同住，8 月下旬再前往滨海伯纳姆的一家旅馆居住，那里适合度假，而且离他的驻地很近。没想到这个安排成了他一生中最后悔的事情。

那年夏天，蒙哥马利在忙于部队演习的同时，也为搬迁新居做着各种准备。贝蒂·卡弗和戴维则按原计划前往滨海伯纳姆度假。就在这时，不幸悄悄地降临了。

一天，贝蒂·卡弗带着小儿子戴维在沙滩上游玩，突然感到脚上一阵疼痛。原来，她被一只虫子咬了一口。贝蒂·卡弗从来没有见过这种虫子，但她并没有将这件事放在心上。然而到了晚上，她的脚开始肿胀起来，并伴随着剧烈的疼痛。她赶紧让人去请医生，同时又让人去叫蒙哥马利。当蒙哥马利赶到时，贝蒂·卡弗已经被医生送到了当地医院。

由于是被小虫子咬的，大家都认为贝蒂·卡弗只是受了些感染，擦点消炎药，过几天就能好。蒙哥马利问明情况后，也认为是小事一桩，准备返回部队进行一场重要的军事演习。

很多年后，乔丝琳回忆道："贝蒂·卡弗受感染的前两个星期，蒙哥马利回来看过一次，由于贝蒂·卡弗的腿没有任何异常，他只待了一会儿就走了。"小儿子戴维回学校时，贝蒂·卡弗的病情已经发展到不能说话了，于是戴维留了一封信，央求乔丝琳读给母亲听。冥冥之中，10 岁的戴维似乎已经预感到，这是和母亲最后一次见面了。

乔丝琳照顾贝蒂·卡弗一段时间后，贝蒂·卡弗的表妹凯蒂·霍巴特前来代替了她。贝蒂·卡弗被病魔折磨得瘦骨嶙峋，枯黄的头发遮在苍白的脸上，让人不由得从心底升起一股怜爱之情。蒙哥马利忙完演习后，发现妻子竟然病成这样，计划送她到大城市治疗。但医生不允许他这样做，因为旅途的颠簸和劳累可能会要了贝蒂·卡弗的命。蒙哥马利无奈，只得接受了医生的建议。

在贝蒂·卡弗卧床这段时间，蒙哥马利时常为她读书，多数时候是《圣经》的内容。贝蒂·卡弗的病情在不断加重，每当疼痛难忍时，只能注射镇痛剂。慢慢地，她的神志开始不清醒，时常处于病危状态。一天，医生对蒙哥马利说："贝蒂·卡弗已经病入膏肓了，现在截肢还有一点希望，再晚恐怕就来不及了。"事态的发展完全出乎蒙哥马利的意料，他没想到妻子的病情会如此严重，现在既然还有一线希望，即使要截肢，他也只能同意了。不幸的是，贝蒂·卡弗的病情仍然继续恶化，毒素还在扩散。医生们已经尽力了，但是败血症已经使贝蒂·卡弗病入膏肓。蒙哥马利意识到妻子将离他而去。在最后的日子里，他常常把贝蒂·卡弗搂在怀里，轻声地为她朗读《圣经》，祈求上帝赐予他一个奇迹。

最终，蒙哥马利最不愿意看到的事发生了。1937年10月19日，贝蒂·卡弗再也无法坚持下去，躺在他的怀里闭上了双眼。经过尸检，医生说贝蒂·卡弗死于败血症。

贝蒂·卡弗死后，为她送葬的人只有4个，分别是蒙哥马利、蒙哥马利的参谋长、上尉参谋和司机。蒙哥马利没有将贝蒂·卡弗的死讯告诉亲属和儿子们，因为他想一个人静静地送别妻子。

葬礼结束后，蒙哥马利赶到儿子戴维的学校，告诉他这一噩耗。他本来担心戴维知道后会受不了，但戴维表现得很平静，似乎已经预料到了会有这么一天。当时贝蒂·卡弗的两个儿子正在印度服役，蒙哥马利回到朴次茅斯的住宅后，写信告诉了他们这个不幸的消息。

通知完一切该通知的人以后，蒙哥马利把自己关在屋子里，什么人都不见，他感到生活失去了光彩，看不到任何希望。贝蒂·卡弗的死使他仿佛掉进了黑暗的深渊。10年的婚姻生活，使他充分享受到了家庭的温馨和欢乐，以及爱与被爱的幸福。贝蒂·卡弗改变了他，他性格中的固执己见、气量狭小、离群索居、怀疑一切的倾向，都得到了一定程度的纠正。假如没有遇到贝蒂·卡弗，他绝不可能成长为后来那个头顶光环的陆军元帅。

经过一段时间痛苦的煎熬，蒙哥马利的心情终于稍微平复了一些，并写下了这一时期发生的事情：

整个房间里都是朋友和战友送来的漂亮鲜花和花圈，贝蒂·卡弗就这样静静地躺在被花包围的棺木里。在棺盖封闭前，我在她可爱的脸上吻了一下……举行葬礼的这天阳光明媚，仪式是由迪克·谢泼德神父主持的。当时，我努力控制自己的情绪，可是整个身体完全不听指挥，我知道那个时候的我已经崩溃了。

迪克·谢泼德神父真是一位好人，葬礼仪式结束后，只有他一个人留了下来。他先是做了一个家庭祷告，然后和我一起默默地跪在墓旁。我对他说："上帝为什么要折磨贝蒂·卡弗，她是多么好的一个人啊，想让她离世为什么不早点结束她的痛苦？迪克，你知道吗？我非常难受，每每想起以往的事，就会一个人落泪。但我必须极力忍受，现在我已独自回到这座空虚的大房子来定居。我极为寂寞和忧伤。我想，过一些时候我会恢复正常的。可是，现在我不可能。"迪克·谢泼德神父静静地听完我的絮叨，然后说上帝的处理方式我们难以猜测，一切都会好起来的。

他们的大儿子在数年后写下了这样一段文字：

继父和母亲的这段婚姻非常美满，他们相濡以沫地共处10年，作为儿子的我们得到了很大益处。母亲是一位容易紧张和激动的人，但是在严谨的继父的呵护下，她的生活充满了欢乐；同样，继父是一位比较刻板的人，但母亲天生的乐观和幽默，使得他得到了无穷的爱和绝对的支持。很多人都猜想，如果我母亲没有离去，那么继父的未来会怎样？对此，我没有想过，因为我有一个更有趣的猜想，那就是继父如果没有遇到我母亲，他的人生将会怎样？我认为继父由于性格原因，如果没有遇到母亲，一定会越来越孤僻。如果任其发展下去，他一定不适合担任高级指挥员职务，这样一来，国家就会缺少一名优秀的高级将领。

对于贝蒂·卡弗去世后的那段日子，蒙哥马利在回忆录中写道：

从戴维的学校回来后，我独自在家里待了很长时间。那个时候，我的精神完全垮了，一直在想上帝为何要如此惩罚我。我想不明白，整个人似乎坠入了黑暗的深渊中，漫无目的地抱怨、呼叫……一段时间后，我明白了上帝有自己的行为方式，我们普通人在无法理解时平静地接受即可，抱怨根本起不到任何作用。

之后，蒙哥马利给他的副旅长 F. W. 辛普森打电话说："辛普森，这段时间辛苦你了，明天一早把所有需要处理的文件放在我桌子上吧！我明天 9 点会在办公室。" 自此以后，蒙哥马利把所有精力都放在工作上，再也没有考虑过婚姻，也没有对女人动过情。他的爱情已经全部给了贝蒂·卡弗，并随着她一起埋进了坟墓。

贝蒂·卡弗的去世给小儿子戴维带来了很大影响。第二次世界大战爆发后，蒙哥马利不得不把年仅 11 岁的戴维安置在"假日儿童之家"。小小的戴维在那里孤独地生活几年后，蒙哥马利在 1942 年 8 月又把他安置在了欣德黑的雷诺兹少校夫妇家。雷诺兹少校是蒙哥马利的好友，也是戴维在欣德黑学校的校长，他们夫妇对戴维的照料可谓无微不至，使戴维再次感受到了家的温暖。

执掌皇家沃里克郡团第 1 营

1928 年，蒙哥马利的军衔再次得到提升，成为准中校。他开始考虑自己的去处。几经考虑，他决定回自己比较熟悉的皇家沃里克郡团第 1 营，他在那里有不少老朋友，工作开展起来会比较顺利。1929 年 2 月，他回到了皇沃里克郡团第 1 营本部连。同年夏天，他被借调到陆军部协助编写新版的步兵教范。

蒙哥马利对此并不陌生。1920 年版的步兵教范主要由李德·哈特负责。当时，李德·哈特曾与他讨论过相关问题，并采纳了他关于夜战的观点，认为"大规模的夜战是不可能的，甚至十分危险"。

蒙哥马利接手这项工作后，决心把这本教范编写成一本供步兵军官阅读的内容广泛的作战论著，但教范编写委员会坚持要把教范编成一本有关战术的手册。双方坚持己见，始终未能取得一致意见，最后，蒙哥马利干脆提出：他愿意在不领任何津贴的情况下独立完成编写工作；委员会解散后，他负责将委员会所提意见一并纳入手册。陆军部同意了。后来，蒙哥马利耍了点手段，在最后一稿彻底删除了以前委员会所作的修改。这本书出版后颇受好评，蒙哥马利也因此名声大噪。

教范编写完成后，蒙哥马利重新回到了皇家沃里克郡团第 1 营。几个星期后，他被任命为托姆斯中校的副手。托姆斯中校年底将前往陆军部工作，很多人认为蒙哥马利会接手营长的工作。

为了展示自身的才能，蒙哥马利竭尽全力，指导全营工作。1931 年，他顺利地接手营长职务，此时离他初次进入皇家沃里克郡团第 1 营已经过了 20 多年。

不久，皇家沃里克郡团第 1 营接到命令，准备轮调到巴勒斯坦，负责该地区的警备任务。

巴勒斯坦是基督教、犹太教、伊斯兰教三教圣地，当时是英国的属地。蒙哥马利作为一名主教之子，对宗教一向虔诚。他向部队发布文告时，便经常说“全能的上帝与我们同在”之类的话。他很高兴能够前往圣地执行任务。临行前，他向父亲告别，亨利主教听说儿子要去圣地戍防，心里也非常高兴，反复嘱咐道：“不管做什么，你都要把上帝摆在首位。”蒙哥马利看见父亲那颤巍巍的样子，心里产生了一种不祥的预感，他想，今日一别也许以后再也见不到父亲了。

很快，皇家沃里克郡团第 1 营起程了，他们乘坐运兵舰抵达埃及塞得港，休整一番后，搭乘火车开赴耶路撒冷。

抵达巴勒斯坦后，蒙哥马利发现他在这里的职务较高，成了事实上的英军驻巴勒斯坦最高指挥官，因为英军驻埃及和巴勒斯坦的基地在开罗，总指挥是约翰·伯内特·斯图尔特将军。蒙哥马利不但要负责管理驻巴勒斯坦的所有英军部队，而且还要维持与驻叙利亚、外约旦和黎巴嫩的军队的友好关系。这使他第一次体会到担任高层主官的责任与权力，也使他彻底失去了对参谋职务的兴趣。后来有几次担任高级参谋的机会，他都果断地拒绝了。

不久，蒙哥马利所在的皇家沃里克郡团第 1 营又接到命令，移防到埃及亚历山大港。1932 年 1 月 1 日，蒙哥马利凭借在巴勒斯坦的出色表现，被提升为准上校。负责考核蒙哥马利的是斯图尔特将军，他在递交陆军部的考核报告中这样写道：

> 蒙哥马利中校在巴勒斯坦的工作相当出色，他是一个有才能、有魄力的优秀军官。凭着现有的才能，他应当升任高职，但是他必须在反应能力、忍耐和审慎等方面下功夫，提升自己。本人很赏识他的才能，故提出这一善意的建议。

斯图尔特将军的评价还算中肯。蒙哥马利一向坚持自己的意见，但也很乐意接受别人的批评。这次也是如此，他把这份报告抄了一份留存，整整保存了40多年。

蒙哥马利在巴勒斯坦拥有最高指挥官的一切权力，但换防到埃及后，他的权力大大缩小了，这也使他有大量的时间来训练部队。为了将训练精细化，他要求每个连队在训练前向他提交训练计划表，只要计划表通过了，连长就可以把连队带到任何地方去训练。

为了加强士兵们在夜间的行动能力，以及在黑暗中使用各类轻武器和火炮的能力，蒙哥马利要求连队必须进行夜间训练，而且每次训练不得少于两天两夜。为了检查部队是否按规定训练，他常常悄悄来到连队，这使各连队都不敢有任何欺瞒、隐报等行为。

连队训练完毕后，蒙哥马利又进行了全营训练。有一次，他要将部队拉到沙漠里去训练，当时天空乌云密布，旅部没有同意。蒙哥马利十分气愤，和旅部大吵一番后仍让部队按计划行事。旅部见蒙哥马利一意孤行，便要求运输部队不要给蒙哥马利提供运输工具。但蒙哥马利仍没有放弃，他要求全营徒步奔赴沙漠，两天后，他们终于抵达了目的地。

为了提高士兵们的训练积极性，每次训练完毕，蒙哥马利都会举行业余竞赛活动，并规定竞赛最优秀者可以获得两天的休假。由于蒙哥马利的训练方法新颖，训练后还有可能获得假期，士兵们都对训练抱有很大的热情。

不久，蒙哥马利所在的军部准备进行大规模的沙漠演习，以检验部队的战斗力。

在这次演习中，蒙哥马利被陆军部任命为“旅长”，由斯图尔特将军和旅长担任裁判。演习开始后，蒙哥马利打破以往的沙漠作战方式，将战斗安排在夜间。当他让部队发动攻击时，参谋长提醒他夜间发动攻击，务必先搞清楚“敌人”的方位。于是，蒙哥马利让参谋长负责情报工作。参谋长动用关系，派飞机到“敌人”上空拍了些照片。搞清楚“敌人”方位后，蒙哥马利率领部队利用夜色悄悄包围了他们……最终，演习以蒙哥马利所属部队大获全胜而告终。从此，夜战成了他的拿手好戏。“二战”期间，他多次成功地实施了夜战，尤其是在北非，他把“隆美尔①的月夜”变成了“蒙哥马利的月夜”。

隆美尔画像

蒙哥马利对军事业务的自信，导致他或多或少听不进他人的意见。旅长是炮兵出身，不熟悉步兵业务，每次讨论步兵问题时，蒙哥马利都

① 隆美尔：即埃尔温·隆美尔，纳粹德国的陆军元帅，著名军事家、战术家、理论家，绰号“沙漠之狐”“帝国之鹰”。

会和他发生争执。另外，为了提高工作效率，蒙哥马利常常包办全营事务，这在很多人看来是专横和霸道的表现。

数年后，尼尔·霍尔迪奇中尉回忆道：“那个时候，蒙哥马利所属营的战斗力在全军是最强的，他们的士官也都具有战场的思维，连长们却显得庸碌无比，为此蒙哥马利只能将全营的军务都抓起来。由于副营长、副官等都没有什么能力，或者说在蒙哥马利面前没有自己的思想，以致整个营无人敢与蒙哥马利争论，全营官兵全都唯蒙哥马利马首是瞻。蒙哥马利专制般的做派，虽然提升了部队的战斗力，但是他本人没有很好的人缘。”

尽管人缘不好，但是蒙哥马利的工作能力仍然得到了大部分人的认可。因为他对军官和士兵比较爱护，富有同情心，也能理解他们的需求，包括生理上的。他自己平时偶尔会喝点酒，抽几根烟，兴头上来时也赌两把，仅仅是为了好玩。他的主要娱乐活动是打桥牌，而且水平还不错。

当部队准备调离埃及时，上级给蒙哥马利的评价是“毫无疑问，伯纳德·劳·蒙哥马利的工作非常出色，他理应担任更高的职务和军衔。他是个有才能的将领，虽然个人主义有些重，但那也是部属做出的工作让他不满意。蒙哥马利时刻为士兵们着想，将他们当作自己的孩子。他下达的一切命令，都是士兵所喜欢的。他应该去军事训练部门任职，在那里他一定可以让整个陆军部收益颇丰。”

斯图尔特将军看到这份报告后，在后面写上了自己的意见：“伯纳德·劳·蒙哥马利担任营长已经很长时间，是该让他担任更高职务的时候了。我推荐他去训练总监部门，任期一两年就好。”

虽然很多人为蒙哥马利推荐工作，但蒙哥马利不是很乐意，因为他有自己的想法。有个连长问他：“营长，为什么你一再拒绝别人的好意？机会稍纵即逝，过了这个村就没这个店了。”

蒙哥马利听后半开玩笑地说：“那些职位怎么可能满足我呢！如果上级强行将我调离，那么我立马就去陆军部大闹。你记好了，我一定会将我们营带到印度去，然后在那里升任准将，接着成为师长，最后成为帝国参谋总长！”其实，蒙哥马利内心的确是这么想的，正因为他有如此高远的目标，未来才会给他更多的机会，而他也才会拥有更大的舞台。

也就在这一年，蒙哥马利的家庭发生了一个重要变故。1932 年 11 月 25 日，他的父亲亨利主教去世了，享年 85 岁。这位一辈子献身于宗教事业的老人，在患病 3 个月后，平静而安详地离开了人世。也许是因为路途遥远或者其他原因，蒙哥马利的母亲一直没通知他，以致他过了很长一段时间才听到这个噩耗。父亲的死，使蒙哥马利受到了很大打击，他对父亲怀有无比崇敬的感情，在他心目中，父亲是一个圣贤，具有宽容、仁慈、博爱和奉献的美德，这么多年一直忍受着母亲的跋扈霸道。父亲是耶稣的化身，更是让他感到温暖的朋友，在他的成长道路上，一直给予他信心和力量。如今他只是一个中级军官，未来的将军、元帅职位在等着他，但他父亲永远看不到了！蒙哥马利陷入悲痛之中。当时还好有贝蒂在他身边安慰他、理解他，使他变得坚强起来，渐渐淡忘了心中的哀伤。

1933 年 12 月，皇家沃里克郡团第 1 营被调到印度西部的浦那。蒙哥马利兴高采烈地率领部队来到浦那，没想到迎接他们的却是冷冰冰的场面。原来，浦那地区的部队非常传统和保守，他们具有的唯一先进的思想是——大量的社交活动。浦那地区的指挥官们早就对蒙哥马利有所耳闻，知道皇家沃里克郡团第 1 营是个不懂礼仪、只懂战术训练的“麻烦”部队，因而从内心深处排斥他们。

浦那地区司令乔治·哲弗雷斯将军热衷于制式操练，他参与撰写的第一部步兵训练指导书中大量运用了这种观点。但蒙哥马利在撰写第三部步兵训练指导书时完全抛弃了这种观点，强调战术训练的重要性。由于两部训练指导书在内容上存在对立，蒙哥马利和哲弗雷斯进行了长时间的争论。

有一次，哲弗雷斯检查蒙哥马利所属营的军务。蒙哥马利陪同他走到部队侧面，刚要喊出“敬礼”的口令，没想到哲弗雷斯率先开了口：“蒙哥马利，你应当站在部队的前面。”

蒙哥马利愣了一下，随即听从命令走到部队前方，哲弗雷斯随即让全营表演制式操。由于蒙哥马利很少让部队演练制式操，大家顿时乱作一团，不知如何是好。所幸蒙哥马利头脑灵活，马上发出命令："全营听令，分成 4 个纵队，随我来。"整个营这才理出了头绪，跟在蒙哥马利后面演练熟悉的战术。

哲弗雷斯这次显然是有意羞辱蒙哥马利，让蒙哥马利以后好好服从命令，但蒙哥马利并不理会他，在很多事情上仍与他唱反调。

浦那地区指挥部要求皇家沃里克郡团第 1 营在周末携带武器进入教堂，因为在 1857 年的这一天印度发生了暴动，而当时进教堂的英国军人都没有带枪。自那以后，驻印英军周末在教堂阅兵或参加祷告，都必须携带武器，以防发生意外事件。但是，取枪、交枪手续烦琐，还要签字，蒙哥马利觉得太麻烦，但他又不能不服从命令，于是就在每个周末派出一些士兵，荷枪实弹地守在教堂外，以防止指挥部所谓的"第二次暴动"。

哲弗雷斯非常生气，但又拿蒙哥马利没有办法，所以后来蒙哥马利提出休假时，他立即签字同意了。蒙哥马利休假后，浦那地区指挥部的人长长松了一口气，他们早就希望"不安分"的蒙哥马利离开，哪怕只离开几个月。

坎伯利参谋学院的首席教官

这次休假，蒙哥马利计划去远东旅行，他将从孟买出发，途经科伦坡、新加坡、香港、上海，最后到达日本停留两周。1934 年 3 月，他来到了香港，正玩得尽兴之际，突然接到了驻印陆军司令部发来的一份电报，原来他被驻印陆军司令部推荐担任坎伯利参谋学院的首席教官。

蒙哥马利接到电报后并不怎么高兴。他想，自己已经有了在参谋学院任教的经验，如果再担任教官，那么等任期结束自己就已经 49 岁了，恐怕实现不了自己的梦想——指挥一个旅、指挥一个师……

英国本土陆军部接到印度陆军司令部的推荐电报后，于 3 月 19 日做出了回复，内容大致为："对于你们的推荐，我们经过研究，一致同意。不过，一切将由伯纳德·劳·蒙哥马利自己决定。如果他不愿意，那么明年他可能被任命为参谋。"

蒙哥马利看到陆军部的电报后，心想：虽然担任坎伯利参谋学院的教官会浪费 3 年时间，但是如果继续在印度担任营长，1 年后还是得回国任参谋，反而可能浪费更多的时间。

经过反复权衡，蒙哥马利回电表示同意接受坎伯利参谋学院的教官职务。3 个月后，蒙哥马利成为坎伯利参谋学院的首席教官，此时他仍对自己的选择心存疑虑，但不久驻印的皇家沃里克郡团第 1 营传来的消息，让他暗自庆幸自己的选择。

原来，蒙哥马利常常夸赞皇家沃里克郡团第 1 营的射击水平，但有一次由其他营进行验靶时，却被查出全营射击水准非常差。那么，蒙哥马利担任营长时为什么没有发现呢？这是因为连长们知道蒙哥马利看重射击成绩，为了避免受到责骂，他们在每次射击比赛时偷偷改写了射击成绩。这件事对皇家沃里克郡团第 1 营影响很大，不过蒙哥马利已经离开了，这个罪责只能由继任的营长承担。

蒙哥马利一到坎伯利参谋学院就遭到了其他教官的冷眼相待，因为他在报到时穿着上校军服，而其他教官都是中校军衔，这不能不让别人怀疑他是在炫耀和示威。不少人暗中议论说："伯纳德·劳·蒙哥马利真是个爱显摆的人，他应该在报到前就把上校军服脱下。"

不过，这种不满在蒙哥马利讲完一堂课后便消失了，因为他的授课方式新奇，与死板的教科书式讲法截然不同，学员们都被他深深地吸引住了。起初，蒙哥马利被院长安排担任二年级的首席教官，之后很快便被安排到一年级负责教授指挥技术和参谋业务。

他讲课时总是先让学生等几分钟，他先看看笔记，然后才走上讲台将自己的见解流利、清晰地传达给学生。学生们都很喜欢上他的课，认为他在传授知识和激发学生的学习热情上很有自己的一套。

达德利·沃德将军曾经是蒙哥马利的学生，他说："那时我们都觉得很荣幸，能够听到像他这样知识渊博的人向我们讲授军事领域中较高深的知识。后来我们能取得一定的功绩，在一定程度上要归功于他的教导。”

这段时间，蒙哥马利对战略和国际关系也比较关注。1936 年，他在上课时针对世界形势说了这样的话：“只要德国重新武装好，并且了解到我们完全没有做好准备，战争就会爆发。”

坎伯利参谋学院的院长盖伊・威廉斯少将对蒙哥马利推崇备至。1935 年 4 月，他在写给陆军部的机密报告中赞扬蒙哥马利说：“他博览群书，富有作战经验，具有坚强的性格，并能严格要求自己的行为和工作，是一位优秀的训练人才和颇有说服力的教官！因此，我推荐他早日担任常备部队的旅长或晋升准将参谋。”

这份报告引起了陆军部的重视。与此同时，还有一些将军也纷纷向陆军部推荐蒙哥马利。这说明蒙哥马利的战术风格已经基本成熟，并引起了陆军高层的重视。

蒙哥马利在教学上非常严谨，对待努力和不努力的学员有着全然不同的态度。对于自己欣赏的学生，他常常倾尽全力教习，希望他们将来能够出人头地。甘冈曾经在埃及的沙漠演习中担任蒙哥马利的参谋长，蒙哥马利一直对他念念不忘，并想方设法让他进入坎伯利参谋学院。1934 年，甘冈终于如愿以偿地进入参谋学院。蒙哥马利在写给他的信中说：“我帮助别人是有原则的，不会帮助那些只考虑自身利益的人，因为他们不配军人这个称谓……我相信自己的眼光，我认为你将来一定会有很好的发展。如果你发展不好，那么就是你不努力的结果，这样我也没有办法了。”由于蒙哥马利的提携，甘冈很快成长起来，并在后来的“二战”中成为蒙哥马利最优秀的参谋长。

蒙哥马利甚至为了班上一个表现出众的学生的提前晋升问题，专门跑了一趟作战部。这个人就是达德利・沃德，他后来晋升至军团司令。沃德对蒙哥马利的关照一直铭记在心，感激不已。

在坎伯利参谋学院，蒙哥马利和学员们的关系非常融洽。有一次，有个学员要请他吃饭，蒙哥马利当着大家的面说：“你们请我吃饭，我非常荣幸，可是你们这么多人，一人请我吃一次，我哪有那么多时间啊！所以，大家如果真想聚聚，不如一起到我家来，我请你们。”

蒙哥马利经常戴着一顶老旧的白色遮阳帽，这顶帽子被学员们戏称为“站长帽”。不过，玩笑归玩笑，学员们还是非常喜欢这顶帽子的，因为每当有聚会活动时，这顶白色帽子便会到处晃来晃去。

有一天，一个学员终于憋不住了，问道：“老师，我可以向您请教一个问题吗?”

“可以，什么事?”蒙哥马利问。

“您别误会，我没有别的意思，我只是想说您的帽子有些落伍了。当然，我并不介意您继续戴着它，但您没有考虑过换一顶吗?”

“帽子是一种佩饰，它能反映一个人的性格。我就像我的这顶帽子，虽然看起来有些过时，但非常实用。”

后来在“二战”中，他也总是戴着一顶特别的军帽，帽子上别着一枚英军的军徽，一枚坦克兵的徽章，由此显示了他的与众不同，同时也表明了他对坦克兵的重视。

参谋学院所在地是一座山城，海拔近 2000 米。从山上往下看，视野非常开阔，景色也很美丽。蒙哥马利在教学过程中发现沙盘并不能满足实际作战要求，于是就把学员们拉到山城外的大平原上搞实地演练。演练时，他发现自己犯了一个认知上的错误，那就是曾经以为空军在战争中起不了什么作用。他曾经表示，飞机除了能够快速而安全地从一个地方到达另一个地方之外，一点作用也没有。而且可供降落的场地并不多，彼此间也离得很远。驾驶员和观测员对战争毫无了解，不可能提供多大的帮助。

然而，随着时间的推移，他逐渐改变了对空中力量的认识，深刻体会到陆空协同作战的重要性。他之所以改变看法，得益于 1936 年 7 月开始的西班牙内战。当时，希特勒和墨索里尼为打击进步的共和军力量，公然出兵干涉，德国为此专门组建了拥有空军、坦克兵、装甲兵和其他技术兵种的“康多尔”军团，空军在这次战争中大显身手。蒙哥马利因此大受启发，要求学员们学习炮兵、工兵、装甲兵和空军等兵种

希特勒，奥地利裔德国人，德意志第三帝国元首、总理，纳粹党党魁，第二次世界大战的发动者之一，他给世界人民带来了惨重的灾难

的联合运用，这些教学内容受到了学员们的热烈欢迎。

1935 年 5 月 31 日，参谋学院所在的城镇奎达突然发生了一件大事——地震。地震强度很大，发生得也很突然，一夜之间便夺去了 3 万人的生命。为了防止震后霍乱等传染病的发生和流行瘟疫的蔓延，驻地部队进行了全城封锁。

在奎达救援期间，蒙哥马利和院长谈到未来的战争，院长对蒙哥马利的观点推崇备至，开始有意向陆军部推荐蒙哥马利。

实际上，陆军部已经收到了很多关于蒙哥马利的正面评价，并认为蒙哥马利可以担任旅长职务。不久，陆军部在召开的人事委员会议上，通过了一项决议：一旦某支部队的步兵旅旅长出现空缺，立即任命蒙哥马利前去担任。

蒙哥马利对陆军部的这一决定并不知情，他还想着自己很有可能会

墨索里尼，意大利国家法西斯党党魁、法西斯独裁者，第二次世界大战的元凶之一

在参谋学院的首席教官职位上退休。在他担任首席教官的第3年，即1937年2月20日，陆军部下发了一个通知，任命蒙哥马利为朴次茅斯第9步兵旅旅长。

蒙哥马利接到任命后，内心狂喜不已，他知道一旦正式接任旅长，他的军衔立即就会升为准将。不过，他的薪水也将减少一半，当然，他对此并不在乎，因为一半的薪水也足够他生活了。

1937年5月20日，蒙哥马利给7年没有联系的李德·哈特写了一封信，希望能和他在伦敦见一面，探讨一下步兵部队等问题。

哈特是搞军事新闻出身，从来没有担任过军队中尉以上职务，但他不但能影响贝利沙的军事决策，还能影响其对部队人事方面的任免。前参谋总长的下台就是莱斯利·贝利沙[①]受他影响的结果，而接替者戈特[②]尽管只担任过旅级部队的指挥员，但是因为和哈特关系较好，得以长期稳坐总参谋长之位。5 月底，蒙哥马利来到伦敦，尽管没有见到哈特，但是因为还有两个月的长假，他决定四处游玩一番，于是驾车游览了兰开夏北部湖区，并顺道拜访了一些老朋友。

不断上升的职位

1937 年 8 月 5 日，蒙哥马利来到朴次茅斯，正式担任第 9 步兵旅旅长。第 9 步兵旅下辖 4 个营，隶属于南方军区第 3 师。南方军区司令员是曾经担任英国驻埃及总司令的伯内特·斯图尔特将军，他对蒙哥马利较为欣赏。

8 月下旬，第 9 步兵旅准备在索尔兹伯里平原进行军事演习，演习计划已由蒙哥马利的前任雷克斯旅长拟定完成。蒙哥马利看了计划书后，连连摇头，对参谋长辛普森少校说："这个演习计划一天需要进行三项演习，根本行不通。我认为我们只要进行四次大演习即可，每次演习需要有三天夜间活动，拿回去再改吧！"

不久，辛普森根据蒙哥马利的意见，重新制订了演习计划。这一次，蒙哥马利表示赞同，并下令抓紧实施。演习很快顺利结束。为了考察第 9 步兵旅的演习成果，师部命令第 9 步兵旅和第 7 步兵旅搞一次对抗演习。

为公平起见，演习裁判由师长亲自担任，按计划，部队会在野外待两天两夜。第 9 步兵旅接到的任务是攻占由第 7 步兵旅防守的索尔兹伯里平原上的一块高地，高地下面是一大片开阔地，这对进攻方来说是非常不利的地形，强行突击只会遭受严重损失。

---

① 莱斯利·贝利沙：英国陆军大臣，倚重李德·哈特的意见，试图对陆军进行人事等方面的广泛改革，放宽士兵晋升为军官的规定，加速老军官的退休和擢升新进，结果招致多方不满。

② 戈特：即戈特子爵，英国陆军元帅。在"一战"中表现英勇，人称"老虎戈特"，战后曾任坎伯利参谋学院院长。1937—1939 年任帝国总参谋长。

这次演习引起了陆军高层的注意，帝国总参谋长戈特、南方军区司令斯图尔特和南方军区的大批高级军官都赶来观看。

蒙哥马利让参谋长辛普森制订一个突击计划。辛普森按照教科书上的指导，打算在正面发动三处佯攻，其中一处佯攻的后方安插主要的强攻部队。辛普森对这个计划非常自信，但蒙哥马利看后直接否定了。他说："攻击计划太死板了，肯定会被第 7 步兵旅料到，而他们一定也会按此进行布防。我们需要发动让第 7 步兵旅预想不到的攻击，打他们个措手不及。"

随后，蒙哥马利把自己的计划告诉了辛普森，但辛普森不同意发动侧面攻击，认为部队在展开前一定会被第 7 步兵旅发觉。蒙哥马利笑着说："放心吧！你尽管照此执行，我有办法让他们发现不了。"

对抗演习正式开始了，很多人都认为蒙哥马利会在日出后实施行动，没想到蒙哥马利却下达了部队在午夜行动的命令，在太阳出来前，他们悄然来到一个非常有利的阵地。

白天十分平静，到了晚上，下起了瓢泼大雨。蒙哥马利担心第 7 步兵旅会先发制人，于是在防御阵地前放置了大量障碍物和明暗哨兵。或许是第 7 步兵旅无心偷袭，又或许第 7 步兵旅对防守的高地充满信心，这一夜平安无事。次日，天刚蒙蒙亮，蒙哥马利便命令所有部队强行对高地进行突击。就在他们直扑高地时，师长下达了命令——演习到此为止。

师长之所以停止演习，是因为他认为第 7 步兵旅已经失败，没有必要再浪费时间。通过这次演习，蒙哥马利的名字为高级长官们所熟知，这为他日后升职打下了坚实的基础。在秋季的述职报告中，南部军区司令部和第 3 师师部对蒙哥马利的评价都很高，还向陆军部提议升他为正式少将。

1938 年 7 月，南方军区准备进行一场由陆、海、空三军共同参与的登陆作战演习，蒙哥马利的第 9 步兵旅被指定参加。

演习以反入侵为目的，因为德国的举动已经越来越明显，战争爆发的可能性正在增加。德军积极扩军备战，希特勒上蹿下跳，外交和军事手段并施，而反观英国，谋求"和平"的声音仍大行其道，至于军队的针对性演习，则几乎没有。这次三军联合演习，说明英国政府开始重视备战了。

此次演习计划由驻朴次茅斯的海军司令部和蒙哥马利旅部共同制订。为了让演习更接近实战，蒙哥马利身边的参谋人员一共用掉了3万多张稿纸。演习计划搞好后，蒙哥马利对观察员们说："演习是为了探索在海上如何拦截敌人、部队如何登陆、舰船如何提供火力支援以及空中如何进行配合等。"

按照计划，陆军的2个军由第9步兵旅的3个营扮演，海面力量包括1艘战列舰、2艘巡洋舰、1艘航空母舰以及1个支队的驱逐舰，整个演习指挥部名为"陆海空联合指挥部"。蒙哥马利作为"陆海空联合指挥部"的指挥官，在演习开始后还要亲自指挥陆地战。

7月6日凌晨，陆海空联合演习正式开始，各部队先乘坐运输舰，然后换乘小登陆艇在达特茅斯附近登陆。

在第12海军航空母舰"剑鱼"式轰炸机，以及各种舰艇上的火炮支援下，第9步兵旅进展顺利，稳步向内陆挺进。下午突然下起了倾盆大雨，海面上狂风巨浪，参加演习的海军担心被吹上岸，演习还没结束就跑了，将第9步兵旅的官兵们晾在那里，淋成了落汤鸡。后来，海军为了弥补自己的过错，将靠近达特茅斯的皇家海军学院的学员全部赶出来，让登陆部队在校内扎营。

参谋总长戈特和新任南方军区司令阿奇博尔德·韦维尔①观看了这次演习。尽管演习比以往更贴近实战、更有想象力，韦维尔却给予了负面评价。他说："什么陆海空联合大演习，我不知道你们是从什么垃圾场捡到的登陆艇，它能安全开到对面海峡就不错了。还有，军队在登陆时竟然坐在没有敞开的小艇里，这和200多年前的登陆战有什么区别?"

韦维尔对演习虽然持否定态度，但他对蒙哥马利本人十分欣赏。他

---

① 阿奇博尔德·韦维尔：英国陆军元帅，因在非洲以5万兵力大破意军30万、俘敌13万而闻名，但后来因丘吉尔的瞎指挥而败于隆美尔，转任东南亚战区司令后又因战备不足而败给日本南方军寺内寿一部。

说："演习虽然十分落后，但蒙哥马利是我见过的最出色的指挥官之一。我有些奇怪，对于这样有能力的指挥官，为什么一些高级将领却不看好他？"

演习结束后，陆军部又要求蒙哥马利带着第 9 步兵旅进行秘密的毒气试验。在第一次世界大战期间，参战双方都曾使用毒气，并给对方造成了重大伤亡。很快，毒气试验结束了，蒙哥马利向陆军部提交了一份详细的试验报告，大致内容为：

如果士兵穿上某种防护装具，如眼罩、袖口侦测器等，并随身携带防毒油膏，便没有遭受感染的危险。如果部队训练有素，同时适当地散开，就很少有感染的可能。利用飞机对部队喷洒毒气所产生的效果，远没有飞机本身所冒的危险大，因为它必须飞得很低。在前线与敌人处于胶着状态的部队，危险更小；在较易受伤害的后方地区，大家又可以穿上防护装具，而不致影响部队的战斗力。

陆军部对蒙哥马利提交的报告非常满意，韦维尔也给予了高度赞扬，他说："蒙哥马利准将是我们所拥有的头脑最清楚的军官之一，是一个卓越的军队训练者。他无论干什么，都表现得十分积极，他今年在毒气试验中所做的工作具有很高的水平。"

蒙哥马利的能力可谓有目共睹，但由于个人原因，他一度使自己处于不利位置，受到很多人的指责。有一次，一家银行准备举办展销会，蒙哥马利考虑到部队需要为军官们提供福利，于是就将部队的足球场出租给银行。起初，银行准备出 1000 英镑的场地费，经过协商，最终以 1500 英镑成交。这件事传出去后，市长不同意展销会在足球场举办。但是合同已签，蒙哥马利只好找到市长，提出愿意拿出 500 英镑支持政府的某个项目，前提是政府同意展销会在足球场举办。

市长同意了。展销会结束后，剩余的 1000 英镑被当作福利发给了部队。然而，这事不知道被谁上告了陆军部，陆军部指责蒙哥马利违反部队条例，责令他交出 1500 英镑，否则将追查到底。但钱已经被花掉了，为了证明自己没有私吞钱财，蒙哥马利只好把所有的收据都上交了。陆军部虽然没有追查下去，但蒙哥马利的名誉已经受到了损害。

在此之前，因为驻军福利的事情，南部军区司令韦维尔一直对陆军部有所不满，现在他见蒙哥马利敢于打破陆军部的规定，为部队谋福利，自然坚定地表示支持。于是，陆军部与南方军区之间唇枪舌剑，为这事打起了笔墨官司，但一直没争出个所以然来，事情最终不了了之。

1938 年 10 月，陆军部下发通知，将蒙哥马利的军衔提升为少将，并任命他为巴勒斯坦北部的总指挥。根据陆军部的指示，蒙哥马利需要把分散在巴勒斯坦北部的各支部队整合起来，组建成第 8 师。

蒙哥马利曾于 1934 年在巴勒斯坦驻防过，当时这个地区还很太平，一个营的兵力完全够用，现在该地区却出现了动荡。主要有两个原因：一是英国当局每年允许一定数量的犹太人移民巴勒斯坦，但当地的阿拉伯人担心这些犹太人会危及他们的生存；二是希特勒的反犹太主义，使很多犹太人纷纷从欧洲逃往巴勒斯坦，大大超过了英国规定的数量。这样一来，阿拉伯人和犹太人之间，以及他们和英国政府之间的矛盾愈演愈烈，涌现了许多秘密武装团体，到处搞破坏活动。

鉴于巴勒斯坦的紧张局势，蒙哥马利决定把戴维托付给朋友代为照顾，自己于 1938 年 10 月 28 日前往巴勒斯坦。也正是从这个时候起，一直到 1948 年，父子俩几乎没有一起生活过。

蒙哥马利来到巴勒斯坦后，很快组建了第 8 师，并将司令部设在海法。他借鉴爱尔兰战争的经验，把自己负责的区域划分为几个地段，每个地段安排一个指挥官。与此同时，他还建立了良好的情报系统，并加强与警察的合作。一切准备就绪后，他在没有发出任何警告的情况下，在夜间派兵包围了那些骚乱多发地区，没收了所有私藏的武器，逮捕了嫌疑分子，并雷厉风行地处理了一批人。

很快，动乱被平息下去了，蒙哥马利很好地完成了使命。不久，陆军部下发通知，由蒙哥马利接任第 3 师师长。蒙哥马利得知任命后非常高兴，因为第 3 师称得上是英军的王牌部队，而且下辖部队还包括第 9 步兵旅。

蒙哥马利知道，一旦战争来临，第 3 师肯定会首先开赴战场，这是他多年来梦寐以求的事情，可以将他数年来研究的军事理论应用到战争中去。但是，陆军部为什么会选中他呢？蒙哥马利百思不得其解，后来他才知道，这一切都是韦维尔的功劳。

韦维尔这样说道："在陆军部委员会议上，当提议谁来担任第 3 师师长时，我立刻想到了蒙哥马利。于是，我建议让蒙哥马利来担任，没想到这个提议立即得到了大家的认可。就这样，蒙哥马利成了第 3 师师长。我个人非常欣赏蒙哥马利，尽管他的思想和作风有些特立独行，不过我并不担心，因为我知道如何控制他。"

5 月，正当蒙哥马利准备上任时，他的身体意外地出现了问题——四肢乏力、高烧、呕吐、头疼。半个月过去，蒙哥马利的病情一点也没有好转的迹象，反而越来越严重，连走路的力气都没有了。他在海法的军队医院住了十几天，但没有什么起色。

蒙哥马利做了胸肺部检查，医生发现他的左肺中部有结核感染现象，伴有肋膜炎症状。接着，驻巴勒斯坦的英军首席军医顾问马什中校又为蒙哥马利做了一次检查，他在诊断报告上写道："据一般病状，加上 X 光的结果，极有感染肺结核菌的可能。"他建议蒙哥马利回国治疗。因为不能坐火车，蒙哥马利将由飞机直接送到塞得港，然后再乘坐轮船。当他被抬上担架时，几乎无法动弹，连痰都咳不出来了。上船时，大家都认为蒙哥马利没有希望了，然而，奇迹发生了，他活了下来。当轮船驶抵英国海港时，他竟然像正常人一样走下轮船。稍后，他来到伦敦的米尔班克医院，经过 3 天的全面检查，医生说他什么病也没有，肺部找不到阴影。检查期间，蒙哥马利的妹妹温莎前来看望他，知道他身体无恙后，两人高兴地在伦敦游玩了一段时间。

不久，蒙哥马利来到陆军部，告知自己已痊愈，询问什么时候可以到第 3 师上任。谁知陆军部告诉他，由于战事紧张，第 3 师已经有了新任师长。蒙哥马利于是要求返回第 8 师，但陆军部仍然不同意，说那里已经有了新任指挥官，让他等待任命。蒙哥马利没有耐心等待，一连10天缠着陆军部，要求给自己任务。陆军部被蒙哥马利纠缠得没有办法，这时，南方军区司令员艾伦·布鲁克将军建议把现任第3师师长调任百慕大总督。1939年8月28日，陆军部接受了布鲁克将军的提议，蒙哥马利顺利地成为第3师师长。

第四章 “二战”初期的挫折

可笑的“静坐战”

蒙哥马利注定要登上战争的舞台。1938 年至 1939 年，欧洲已是一片山雨欲来风满楼的形势。

第一次世界大战结束后，由于对战后的凡尔赛－华盛顿体系不满，德国政界、军界以及普通民众都沉浸在复仇的情绪中。

1921 年，协约国向德国开出了 2260 亿德国马克的天价赔偿金，尽管后来又削减为 1320 亿，但这对经济濒临崩溃的德国来说仍然是不可承受之重担，除了加印货币之外，别无他法。1922 年年底，由于德国疯狂地超发货币，德国人民的存款在通货膨胀中变得一文不值，全国陷入饥荒之中，德国马克甚至变成了供孩子玩耍的玩具。

在困境之中，德国分裂成了社会主义阵营和民族主义阵营，双方都认为只有自己的理念才能拯救德国。1923 年年底，在埃里希·冯·鲁登道夫[①]的支持下，民族主义阵营的成员希特勒发动了“啤酒馆暴动”，结果失败了。希特勒被投进了监狱，并在监狱里写就了《我的奋斗》一书，这本书对当时的德国社会产生了很大影响。生活的剧变使德国人民极度厌恶《凡尔赛和约》，极端的民族主义思潮开始在德国迅速蔓延。

---

① 埃里希·冯·鲁登道夫：德国陆军将领。1908 年任陆军总参谋部处长，1913 年调任步兵团团长。1914 年“一战”爆发后，调往东线任第 8 集团军参谋长，从此成为兴登堡将军的得力副手。

到1928年，德国经济总产值才接近“一战”前的水平。1929年，美国爆发了大规模的经济危机，并波及欧洲。1930年，为了支付战争赔偿款，德国再次超发货币，过度的通货膨胀使德国的经济彻底崩溃了，即使100亿马克也无法买到一片面包。在这种情况下，唯有奋起抗争，才能打破《凡尔赛和约》的枷锁。那么，谁能担当这一重任呢？就在这一年，纳粹党经选举成为德国国会第二大党。1933年，希特勒上台担任德国总理。

希特勒上台后，利用民众的“复仇”情绪，大肆鼓吹“大德意志民族主义”，使得整个国家都投入到战争准备之中。1935年3月，希特勒撕毁《凡尔赛和约》，重新实行义务兵役制，将和平时期的德国陆军人数扩充到50万。1936年3月，希特勒看到英、法两国面临着经济、政治等问题，乘机派兵进入莱茵非军事区。1938年3月，希特勒一声令下，德军长驱直入，兵不血刃地占领了奥地利。英、法、美等国随即把驻奥使馆改为驻维也纳领事馆，这等于默许了德国对奥地利的吞并。只有苏联看不过眼，强烈谴责德国的侵略行径，并建议召开国际会议讨论各国联合起来对付希特勒，但西方国家全都保持沉默。

德国吞并奥地利后，经济、军事实力都大大增强，这使希特勒更加疯狂地实施其侵略计划。

1938年9月15日，英国首相张伯伦①来到德国慕尼黑与希特勒会面。在9月18日的会议上，法国总理爱德华·达拉第②力图使英国相信希特勒是个讲信用的人，在得到捷克斯洛伐克的德意志人居住地后，他绝不会再寻求其他非德意志人居住的领土。张伯伦则说：“如果捷克斯洛伐克政府接受现在向他们提出的建议并确定不会同时发生军事政变的话，英王陛下政府准备参加拟议中的保证。”达拉第的一句话把英国推

---

① 张伯伦：即亚瑟·内维尔·张伯伦，英国首相，20世纪30年代绥靖政策的代表人物，因在“二战”前夕对纳粹德国实行绥靖政策而饱受谴责。

② 爱德华·达拉第：法国政治家、总理，激进社会党领袖，历任殖民、公共工程、外交、国防等部部长，1938年代表法国和希特勒签署《慕尼黑协定》，1940年被维希政府逮捕，1942年受审，1945年释放后任国民议会议员。

进了世界大战，而张伯伦的一句话又使捷克斯洛伐克掉进了民族苦难的深渊。

9 月 30 日，在英国、法国、苏联三国的逼迫下，捷克把有争议的边界领土——苏台德地区割让给了德国。

1939 年 3 月 10 日，布拉格的捷克中央政府解散了亲德的斯洛伐克地方政府，并逮捕了一批追随纳粹德国的分裂主义分子。希特勒以此为借口，向捷克派出大军。

3 月 15 日凌晨 2 点，年迈的捷克总统埃米尔・哈查①面对德国大军压境，加上赫尔曼・戈林②和约阿希姆・冯・里宾特洛甫③外长的催促，突然心脏病发作，昏了过去。醒来后，他被迫签署了《德捷协定》。随后，希特勒下令武装占领捷克全境，并成立了临时“元首总部”。

1939 年上半年，德国与意大利、日本缔结友好条约，成立“轴心国”集团。1939 年 4 月底，德国废除《波德互不侵犯条约》，并积极准备“闪击波兰”行动计划。

此时，英、法两国仍不相信德国会入侵波兰，但是为了稳住波兰，英国首先和波兰签订了互助协议。随后，法国也与波兰签订了类似的协议。8 月 23 日，为了顺利实施入侵波兰的计划，德国与苏联秘密签署了《苏德互不侵犯条约》。这个条约实际上不是什么和平条约，而是苏、德两国瓜分波兰的协议。那么，苏联为什么会同意德国侵略波兰呢？这需要追溯到第一次世界大战结束后的历史。

自从列宁领导的布尔什维克推翻沙俄政权，建立全球首个社会主义国家后，整个西方资本主义社会大为惊恐，生怕共产主义运动在自己的

---

① 埃米尔・哈查：捷克斯洛伐克第一共和国最后一任总统，未经“一战”就把祖国从地图上抹掉，死于“二战”后期。

② 赫尔曼・戈林：纳粹德国的政军要角，历任德国空军司令、“盖世太保”首长、“四年计划”负责人、国会议长、冲锋队总指挥、经济部部长、普鲁士邦总理等跨及党政军三部门的诸多重要职务，曾被希特勒指定为接班人。

③ 约阿希姆・冯・里宾特洛甫：曾在希特勒政府中任驻英国大使和外交部部长等职，直接参与了“闪击波兰”、入侵捷克斯洛伐克和苏联的战争，1946 年 10 月被纽伦堡国际军事法庭判处绞刑。

国家爆发，为此，他们进行了一系列针对苏联的仇视行动，而刚刚建国的波兰就在这样的大背景下，与苏联进行了一场战争。那个时候，由于国内还存在大量反动势力，分身乏术的苏联政府不得不与波兰签订了耻辱协议——《里加和约》。在和约中，苏联将西乌克兰和西白俄罗斯以及立陶宛的一部分划给波兰。但苏联政府始终难以咽下这口气，现在机会来了，当德国提出和苏联瓜分波兰时，苏联赶紧点头同意。在《苏德互不侵犯条约》的附属条约中，德国答应和苏联重新划分东欧。

1939 年 9 月 1 日，就在蒙哥马利担任第 3 师师长的第三天，德军“闪击波兰”的行动开始了。这天凌晨，德军及其附庸国斯洛伐克的傀儡军出动大规模的机械化兵团，分南、西、北三路入侵波兰。德军先以大量机群攻击波兰军事设施和重点民用设施，然后以装甲部队和摩托化部队开路，每天以五六十千米的速度向波兰的行政中心华沙推进。第二次世界大战的欧洲战事就此拉开了序幕。

波兰遭到德国的蹂躏，战争随之打破洲际界限，演变成一场全球性的战争。9 月 3 日，英、法两国要求德军从波兰撤军未果后，英国于上午 11 点向德国宣战，法国也于下午 5 点向德国宣战。

宣战后，英国随即进行了全国动员，要求各部队抓紧时间进行实战演练，做好随时参加欧洲大陆战争的准备。蒙哥马利接到命令后，马上进行了全师大演练，在开赴法国前，他们打了 10 万发步枪子弹，每名士兵还扔了 3 枚手榴弹。有人认为这纯粹是浪费弹药，但蒙哥马利反驳道：“在演练中浪费一些弹药没什么不好，我可不想因为节约这点弹药，就让士兵们在战场上用生命去换!”

实际上，英国对于这场新的大战，准备严重不足。“一战”以后，英国由于连年的经济危机，国力衰退不少，而且国内和平主义思潮泛滥，政府也认为至少 100 年内不会发生大战，一点也没有加强军备的紧迫感。到 1932 年，政府终于开始讨论重整军备，但也没有什么实际行动。

英国对德宣战后，按照惯例，战时派遣出国的英国陆军总司令一般是奥尔德肖特指挥部的司令。奥尔德肖特是英国最大的军事训练中心，现任指挥部司令为陆军最卓越的将领之一迪克将军，由他出任远征军总司令可谓众望所归，但不久又有人说海外部队监察长艾恩赛德将军将出任此职。然而，出乎所有人意料的是，这两个人都落选了，陆军大臣霍尔·贝利沙最终选择了原帝国总参谋长戈特。远征军正、副参谋长则分别由原作战与情报长官波纳尔少将、地方部队长官布朗里格少将担任。

不过，在远征军军长的任命上，霍尔·贝利沙倒是做出了正确的选择。第 1 军军长约翰·迪尔将军和第 2 军军长艾伦·布鲁克将军，无疑都是堪当重任的将才。

蒙哥马利认为，以戈特的能力来说，他并不适合担任英国远征军总司令。诚然，戈特有很多优点，他性格开朗，待人诚恳、热情，做事光明正大、大公无私，曾被视为团级军官的典范。他对军队了如指掌，从军人的服装靴子到战地上的分队战术，无不知晓。但是，他此前担任过的最高职务也只是指挥一个步兵旅。另外，他对部队的行政和后勤也不够重视，而在现代化战争中，它们都是非常重要的。

戈特在指挥上显然也不够老到。他把总司令部设在哈伯克附近，下属部门的司令部则分别设在面积达 130 平方千米的 13 个村庄里。这给通信联络造成了很大不便，有时想要下达命令都非常困难。雪上加霜的是，英国对德宣战后，法国盟友要求保持无线电静默，而英军的报务员缺乏经验，也几乎没有接触过高功率的无线电接收机。这就使远征军的内部通信非常差劲，更别提外部通信了。

德军则恰恰相反，不仅装备先进、训练有素，而且指挥系统非常健全、高效。对此，蒙哥马利无可奈何地说："并非德国人高我们一等，只是他们的战争机器比我们更有效。"

9 月 29 日清晨，蒙哥马利在接到全师开赴法国的命令后，带着全体官兵乘坐火车来到南安普敦，接着登上运兵舰，驶向法国。在运兵舰上，蒙哥马利激动万分，这样的情景他是第二次经历了，第一次是在 1914 年第一次世界大战刚刚爆发时。那时他也是坐着军舰赶赴欧洲大陆参战，主要的敌人同样是德国。不同的是，那时他只是一个小小的中尉，而现在他已经是一名少将师长，指挥着英军最精良的部队。

由于英、法两军想将“祸水东引”，让德军进攻苏联，因此没有对入侵波兰的德军采取行动。蒙哥马利来到法国后，依照陆军部的命令，和法军一起待在坚固的工事里。他们这一待就是半年多，直到1940年5月10日才正式与德军交战。英、法两国的这一举动被德国戏称为“静坐战”，被其他国家嘲笑为“假战”。希特勒看到英、法两军的“可笑”行为后，加紧了在欧洲侵略的步伐，这让英、法两军在未来付出了惨重的代价。

而从英军方面来看，远征军的“静坐战”是不得已而为之，因为他们根本没有能力对抗装备精良的德军。英国远征军的通信系统非常差，旅及以下部队基本上没有反坦克武器，而少量的坦克根本不足以发动一次有规模的战役。此外，英军的后勤运输也十分差劲，很多物资要靠征用民间车辆才能运抵港口。更为关键的是，英国远征军的指挥系统还处于“一战”时的水平，根本驾驭不了一场大规模的战争。对此，蒙哥马利在回忆录中写道：

1939年9月的英国陆军根本不适合在欧洲战场上打一场高水平的战争。……野战军的通讯系统不完善，没有后勤支援，没有设立高级指挥机构。所有这些都是在总动员时临时凑起来的，运输能力很差，临动员时靠向民间企业征用车辆才得以完成……我师的反坦克装备有发射两磅炮弹的炮。步兵的反坦克武器是0. 8英寸口径的步枪。还有一些安装在小推车上发射1磅炮弹的小炮，是急急忙忙从法国买来的，其中有一部分分发到各步兵营。除了这些以外，我师炮兵有一定数量发射25磅炮弹的大炮，是打算用来发射实心炮弹打坦克的……在法国某地有一个直属总司令指挥的陆军坦克旅，但我本人在整个冬天或那年5月的作战中从未见过该旅的坦克参战。而我们是发明坦克的国家，并早在1916年就首先使用于战斗中。

蒙哥马利指挥的第3师在英国远征军第2军的编制内，他和军长艾伦·布鲁克中将关系很好，对战争的想法也极为相似。他们都不同意戈特总指挥对德军的看法，认为德军虽然强大，但是并非无懈可击。只要巧妙部署部队，有效利用马其诺防线[①]，再任命能力突出的指挥官负责，完全可以击溃嚣张的德军。

然而，他们的建议没有引起英国陆军部的重视，戈特根本不加理会。蒙哥马利无奈，只得尽心尽力地做好本职工作，自10月以后的5个月里，他一共组织了5次大规模的演习。第一次演习开始于10月30日，为期4天，包括夜间汽车输送、昼间行军、在民用公路设置路障，以及模拟实战情况下各级指挥部的指令传送。戈特派了布鲁克等几个军官前来参观。布鲁克对蒙哥马利的表现印象深刻，同时指出了需要改进之处。蒙哥马利虚心地听取了意见。他认为布鲁克具有真正的统帅风范，而且一直对他颇为照顾，可以说，他是发自内心地敬重布鲁克。

11月18日，陆军大臣霍尔·贝利沙前来视察第3师。事前，戈特已经指示各部队作息如常，不举行阅兵仪式。结果，他们来到第3师营地时，发现路旁站满了列队欢迎的官兵。戈特十分生气，事后宣称一定要处分蒙哥马利。

霍尔·贝利沙对部队的训练计划感到不满，说远征军构筑工事的进展太慢，因为法军构筑同样的工事只需要3天时间——实际上，这只不过是法军总司令甘末林[②]将军吹牛罢了。戈特一直对霍尔·贝利沙心怀不满，这次他决定不忍了，于是联合因没有当成远征军总司令而怨气冲天的艾恩赛德，针对这事大做文章，迫使霍尔·贝利沙辞职了。

1940年1月，蒙哥马利冒着严寒，进行了两次全师规模的演习。演习的目的，一是考验部队的机动能力，通过汽车运输快速夺取并固守某河川阵地，然后等待援军；二是检验部队的反击能力，空军与步炮兵配合对敌人发动反击，迫使敌人撤退到某个地点。后来的事实证明，蒙

---

① 马其诺防线：法国在“一战”后为防德军入侵，在其东北边境地区构筑的筑垒配系。以法国陆军部部长安德烈·马其诺的姓氏命名。

② 甘末林：即莫里斯·居斯塔夫·甘末林，法国一级上将，“二战”期间任陆军总司令，兼英国远征军指挥。他是法国统治集团投降政策的拥护者之一，因而对1940年法国的失败负有责任。

哥马利的先见之明大大减少了第 3 师的损失。同年 3 月，他又进行了两次演习，着重训练部队的夜间行动能力。每次演习完毕，他都会总结经验教训，找出其中存在的问题，进行详细讲评。

法国对英国远征军接连不断的演习感到不满，因为甘末林等法军将领始终坚持要在比利时而不是在法国与德军开战。同时，他们也担心英军跨越北部平原，使用道路、桥梁、河川，不仅会破坏各种设施，而且会制造紧张气氛，于是想方设法阻挠英军演习。幸亏布鲁克从中协调，蒙哥马利的演习计划才得以顺利进行。

凭借坚固的马其诺防线，英、法两军的总指挥部都认为德军不会在西线发动进攻，因而士兵的散漫行为在两军中随处可见。蒙哥马利曾经去过法军的一个旅，发现有些法军士兵竟然悄悄跑到居民点去寻欢作乐。他心里明白，这样的情况肯定也存在于英国远征军里。有一次，他对布鲁克提及自己的所见所闻，出乎他意料的是，布鲁克对此早已知晓。布鲁克说：“你说的这些情况非常普遍，仅凭你我二人根本无力解决……我十分清楚，假如德军发起突然袭击，那么我们肯定抵挡不住。”

频频失利的英国远征军

很快，波兰便被德、苏两国瓜分完毕，纳粹德国随即又将剑锋指向荷兰和比利时。

1940 年 5 月 10 日凌晨，德军对荷兰和比利时发动攻势。英国远征军获知消息后，命令第 2 军东进到卢万一带，在那里阻击势不可当的德军。

蒙哥马利所在的第 3 师充当先锋，第 4 师、第 50 师紧随其后，朝着预定地点疾速驰去。当天夜里（5 月 10 日），赶到卢万地区的蒙哥马利发现，比利时第 10 师还驻扎在这里，周边还没有出现德军。但让他感到恼火的是，比利时第 10 师毫无应战准备，多数士兵还在悠闲地睡大觉。

蒙哥马利找到比利时第 10 师师长，让他将阵地换防给自己。但是，比利时第 10 师师长严词拒绝了他，说自己奉命驻守卢万，没有国王的命令，他一步也不会后撤。蒙哥马利见他态度坚决，只得向布鲁克求助。布鲁克了解情况后，认为事关重大，马上驱车赶到比利时首都布鲁塞尔，向比利时国王利奥波德三世①提出换防要求，但自信的利奥波德三世坚决拒绝。

布鲁克向远征军总司令戈特报告了此事。戈特接到电话后，不知出于什么目的，让布鲁克把第 3 师安插在英国远征军第 1 军的左翼。第 1 军的阵地本来就很狭小，再让第 3 师挤进来可以说毫无意义。蒙哥马利看完电报后，一把将电报撕了个粉碎。这时，德军加强了对布鲁塞尔的攻势，比利时军队抵挡不住，纷纷溃逃。

卢万是进入布鲁塞尔的必经之地，如果盟军能成功守住卢万一带的高地，那么德军进攻布鲁塞尔的难度便会大大增加。但让蒙哥马利感到沮丧的是，比利时军队的装备太差，难以抵挡德军的攻势。他思忖一番后，决定耍个小手段，让远征军司令部不得不变更命令。他找到比利时第 10 师师长，讨好般地说："将军您好，我们英军的防御阵地实际上并不是德军将要攻击的正面，考虑到您的防区将面临较大压力，我想把我的第 3 师部署在您的后方。您放心，我们只当预备队，并且完全接受您的指挥。"

比利时第 10 师师长听到蒙哥马利这样说，立即答应下来。戈特将军得知这个消息后，立即责问布鲁克究竟发生了什么事。布鲁克表示自己也不清楚是怎么回事，但是保证一定会弄清楚。实际上，布鲁克一听到消息就明白是怎么回事了。凭借对蒙哥马利的了解，他知道这件事肯定是蒙哥马利偷偷做的。

见到蒙哥马利后，布鲁克笑着说："告诉我吧，你在搞什么鬼?"

蒙哥马利也笑了起来，拿着作战地图说："将军您看，比利时第 10 师的防线重要吧！我的意思呢，是想取而代之!"

---

① 利奥波德三世：比利时国王，即位后奉行独立的外交政策，"二战"期间任比利时军队最高统帅。德军入侵比利时后下令被围困部队投降，1945 年后因复位问题引起争议和叛乱，被迫让位于儿子博杜安。

布鲁克看了一眼地图，指着蒙哥马利说：“你啊，比利时第10师真可怜，你果然是它的预备队……”

英国远征军司令部见“木已成舟”，加上德军先头部队已经逼近卢万地区，只得默认了蒙哥马利的行为。5月12日，德军展开了对英军两翼的比利时和法国军队的攻击。仅仅几个小时，比利时第10师和德军互轰一阵后，便受不了德军的炮火，全师向后撤离。蒙哥马利则指挥着部队严密防备。

此时，英国远征军的左翼——比利时第10师的防区已由蒙哥马利接手，但右翼的法军被德军击溃了。目前英国远征军成了孤军，如果德军两翼部队继续推进并会合，那么英国远征军就会被包围。

蒙哥马利内心十分着急，但他只是一名师长，根本没有能力改变大局。他现在能做的就是全力守住阵地，等待上级的进一步指示。在前线打得如火如荼的时候，他每天都会深入基层，听取一线军官们对于战争的看法，然后针对这些军官提出的意见，随时调整部署。

尽管战事紧急，但蒙哥马利仍然会在晚餐后上床睡觉，这个时候任何人都不能打扰他。假如有人吵到了他，一定会被他骂个半死。

德军攻击第3师后，有个参谋在蒙哥马利睡觉时要求会见。蒙哥马利的副官告诉他：“师长正在睡觉，不允许任何人打扰。”

但参谋不理睬副官，要求马上见到蒙哥马利。副官无奈，只得让他进去。参谋走进去，推了推睡意正浓的蒙哥马利，说：“师长，德军正在攻击，请问我们该怎么办？”

被吵醒的蒙哥马利非常生气，大吼道：“谁让你进来的，给我滚出去！德军攻击你们，你们就不能反击吗？为这点破事来烦我，要你这个参谋何用！”骂完后，他将身体转了过去，继续睡觉。参谋满腹委屈地退了出来。

德军向卢万车站进攻后，第3师前沿部队因准备充分，很快把德军打了回去。次日，德军的攻击暂时停止了，但第3师面临的形势仍非常危险，因为负责右翼防御的法军已经溃逃。为了不让部队被“包饺子”，蒙哥马利决定撤离阵地。当天下午，第3师在阵地上施放了大量烟幕弹，然后撤离阵地。

与此同时，英国远征军的兄弟部队也在进行大撤退行动，蒙哥马利的第 3 师被要求殿后。5 月 18 日，大撤退行动使第 1 军出现了大混乱，为了给第 1 军减负，第 2 军接管了第 1 军第 1 师，该师师长是哈罗德·亚历山大①少将。一个最佳组合就这样形成了，日后的帝国总参谋长（布鲁克）、中东总司令（亚历山大）和第 8 集团军司令（蒙哥马利），率领眼前这支败军全身而退，为后来彻底消灭德国法西斯保留了一批有生力量。

当天晚上，远征军副总参谋长向戈特建议将英军撤往敦刻尔克，然后再从那里撤回英国本土。敦刻尔克是法国北部的重要港口，拥有 7 个供大型船只停泊的深水泊位，4 个干船坞以及长 8 千米的码头，大型船只可以自由进出，还修建了完善的防波堤和凸式码头，足以抵御英吉利海峡的狂风大浪。若能有效利用这个港口，完全可以让 30 万英、法联军在短短几天内，携带全部装备安全从这里撤离。

现在讨论撤离这个问题正是时候。德军攻破阿登山区以后，进军神速，第 1、第 2 装甲师分别抵达了亚眠和阿布维尔，其余德军则迅速向东北面的蒙特勒和埃塔普勒前进。而且德军还控制了靠近英吉利海峡的海岸。实际上，英国远征军已经被包围了。

戈特同意了这一建议，但英国首相丘吉尔和法国方面为了解救身处困境的法军，要求英国远征军对德军的侧翼展开反突击。

5 月 21 日，英国远征军的第 5 师、第 50 师和第 1 皇家坦克团对德军侧翼展开了攻击。由于双方实力相差过于悬殊，行动很快失败了。这次反攻击，除了第 50 师有所建树，俘虏了 400 多名德军外，其余各师都遭受了重大损失。

为了重振国内信心，英国所有的报纸只说第 50 师赢得了胜利，丝毫没有提及其他部队的失败。值得肯定的是，第 50 师的胜利对整个战

---

① 哈罗德·亚历山大：英国陆军元帅。“二战”期间历任师长、军长、中东战区总司令、北非战区盟军最高副司令兼第 18 集团军群司令、地中海战区盟军最高副司令兼第 15 集团军群司令和地中海战区盟军最高司令。

事虽然起不到根本性的影响，但打破了德军“所向披靡”的神话，也给所有盟军打了一支自信剂。

形势变得越来越严峻，德军第1、第2装甲师等已冲到英吉利海峡附近，从三个方向将整个英国远征军包围。为了跳出德军的包围圈，远征军司令部准备向南突围，与索姆河附近的法军主力会合。

5月24日，第3师第8步兵旅在一次战斗中缴获了德军的一份机密文件，从中知道德军计划对英国远征军的北部进行迂回，彻底把英军困住。

蒙哥马利认为事态严重，于是立即向布鲁克报告此事。布鲁克面色沉重地来到远征军司令部，看见戈特正在喃喃自语：“完了，我们完了。法军和比利时军队已被击溃，我们成了真正的孤军。”

这时，布鲁克把手中的“炸弹”递了过去。戈特漫不经心地接过来，只看了一眼便如木头人般呆住了。他对时局虽然感到失望，但还是知道这份文件的分量，知道目前唯一能做的事情就是能撤多少军队回国就撤多少。在5月25日这天，戈特终于做了平生最聪明的一件事：停止原计划的一切行动，全军向敦刻尔克后撤。他没有与盟军研究，也没有与英国政府商量，他只知道这是正确的，也是唯一的措施。

5月26日傍晚，英国海军部下令执行“发电机”行动——赶赴敦刻尔克把英国远征军接回国。

敦刻尔克大撤退

为了更快地撤回远征军，英国政府要求海军部出动大量船只，老百姓则积极救援自己的军队。前线的败退使英国人民纷纷指责政府的无能，英国人民奋不顾身地参加了营救行动。

这就使开往敦刻尔克的航道上出现了这样一幅奇怪的画面：船队中不仅有军舰、政府征用的大型商船，还有数不清的民间船只。这些民间船只既没有接到过政府的通知，也没有登记过，他们之所以参与营救行动，只是听说军队被困在敦刻尔克。这些船只由于没有组织，只能凭借先辈征服海洋的精神，蜂拥着朝炮声隆隆的对岸驶去。

终于，负责殿后的蒙哥马利接到了撤退命令，他随即下令全师朝敦刻尔克开去。在撤退的过程中，由于后勤出现困难，所有队伍只能获得以往一半的补给。为了不让士兵们饿肚子，蒙哥马利全然不顾部队纪律，命令军需官向沿途的村庄“借”物资。这样一来，其他部队看到第 3 师出现了这样的景象：兴高采烈的士兵们哼着小曲，赶着成群的菜牛前进。不久，蒙哥马利看到有一列弹药车被抛弃在毁坏的铁道上，于是下令士兵们尽可能地搜集弹药。后来，布鲁克知道第 3 师的行为后，不但没有批评蒙哥马利，反而让其他师也向第 3 师学习。

尽管是在撤退，但蒙哥马利仍然按时吃饭、睡觉，以保持充足的精力。他总是表现得信心十足，并对部下开玩笑说：“我们正在参加一个与众不同的集会。”可以毫不夸张地说，他是英国陆军中最好的师长，他的第 3 师就是最好的师。他的自信影响着身边的每一个人，使大家内心的豪情被激发出来，对未来、对前途产生了美好的希望。

在英国远征军撤退的同时，德军西部的装甲部队和东部的 B 集团军群加紧了追击的步伐。出乎意料的是，关键时刻希特勒竟然下令装甲部队停止前进。这使英国远征军大大松了口气，但他们仍不敢掉以轻心，因为德国 B 集团军群依然如恶狼般紧随在后。

为了阻挡德国 B 集团军群，英第 2 军奉命建起了阵地，这是英国远征军的最后一道防线。如果该防线无法守住，那么整个远征军便会面临全军覆没的危险。布鲁克深知责任重大，每天都反复地巡视防线。5 月 27 日，布鲁克发现担任第 2 军左翼防御的比利时军和法军消失了，整条防线顿时露出了一个硕大的缺口。

为了堵上这个缺口，布鲁克反复地斟酌手头的部队。当时，第 1、第 5 和第 50 师都处在对敌正面，无法调动，唯一可以调动的第 3 师则在右翼防线上。当布鲁克询问蒙哥马利能不能把部队调到左翼时，蒙哥马利看了看地图，沉思了一会儿说：“军长，没问题，您放心吧！”

蒙哥马利与第 5 师交接完阵地后，马上命令部队向正面的德军进行炮火攻击。双方炮击了几个小时，莫名其妙的德军以为英军准备进攻，赶紧全副武装地待在阵地里。蒙哥马利见德军乱了章法，赶紧让部队赶赴左翼。子夜时分，第 3 师抵达了预定地点，蒙哥马利一面让前沿部队对阵地前方实施火力侦察，一面让其他部队抓紧修筑工事。

天蒙蒙亮时，蒙哥马利见全师都已进入阵地，便给布鲁克打去电话：“军长，任务顺利完成，德军没有发动进攻的迹象。”

一夜不敢合眼的布鲁克听到这个消息，倒在床上长舒了一口气。他在日记中这样写道：“我交给第 3 师的任务几乎是不可能完成的，但蒙哥马利很好地完成了！”

然而，就在蒙哥马利堵住缺口的同时，一则消息又让整体防线形同虚设。原来，比利时军队之所以消失，是因为比利时投降了。由于防线漏洞百出，第 2 军只好朝着敦刻尔克桥头堡退却。5 月 29 日夜，第 3 师随第 2 军来到预定防线。现在远征军已经没有退路了，后面就是茫茫的大海。

“发电机”行动仍在进行之中，每天都有大批人员被送回英国本土。第二天夜里，布鲁克军长来到蒙哥马利师部，黯然神伤地拍了拍蒙哥马利的肩膀，说：“统帅部要求高级将领返回国内，我被安排在今晚。我实在不愿意抛下部队，可是作为军人，我又不能不服从命令……第 2 军就交给你了，你一定要把我的孩子们安全带回来，一定要！”

蒙哥马利看到布鲁克眼中闪动的泪花，不由得鼻子一酸，几乎掉下了眼泪。他行了个军礼，无比坚定地说：“请您放心，只要上帝不把我带走，我保证把第 2 军安全带回去！”

布鲁克掏出手帕拭了拭眼角，然后握住蒙哥马利的手，使劲地摇了几下，转身离开了。布鲁克是个自制力非常强的人，他能在蒙哥马利面前落泪，说明他没有把蒙哥马利当外人。

数年后，蒙哥马利在《通向领导的道路》中这样写道：“一个人在伤心至极时，总会找个僻静之处放声大哭。如果一个人选择了在你面前流泪，那么请珍惜这段友谊，因为他把你当成了自己人……布鲁克将军在我面前落泪，让我明白了我们之间的友谊究竟有多深……那个离别的场景在我脑海里至今历历在目，让我一生无法忘怀。”

蒙哥马利担任第 2 军军长后，参加了设在敦刻尔克海滩上的总司令部会议。当他赶到时，戈特将军和接手第 1 军的 M. G. H. 巴克中将正在等他。见到蒙哥马利后，戈特将军首先要求他在今天晚上加强他所在战线的巡逻，然后向他们宣读了英国政府的最后指示：

为了掩护正在顺利进行的大规模撤退，你们要尽最大努力继续守卫现有防御带。每 3 个小时通过拉庞向我们报告一次。如果我们仍能保持联系，我们将下达命令，要你和你挑选的军官们返回英国。现在你就可以提名这个指挥官。如果通信中断，按照规定当你的有生力量不到 3 个师的时候，你要转交权力并且可以返回英国。这符合正确的军事程序，并且在此事上不要有个人判断左右你。从政治角度上讲，当你仅指挥一小部分军队时，敌人俘虏你是没有太大意义的。你所任命的军长要坚持与法国部队联合抵抗，并从敦刻尔克或海滩上撤退，但是当他判断不可能对德军造成一定损害的时候，他有权与法国高级指挥官磋商后向德军正式投降来避免不必要的屠戮。

根据这一指示，戈特命令蒙哥马利率第 2 军于 5 月 31 日先行撤退，第 1 军负责掩护。会议快结束时，戈特对巴克说："你们第 1 军负责殿后，万不得已时，可以投降。"

大家都走后，蒙哥马利走到戈特身旁，说："将军，我认为担任殿后任务的指挥员需要重新考虑!"

戈特看了看蒙哥马利，问："你有什么好建议吗?"

"我认为巴克中将不适合担任如此重要的职务，负责殿后的指挥员一定要具备冷静的头脑和理性的思维，第 2 军第 1 师师长亚历山大完全具备这些优点。我建议您让巴克中将回国，把第 1 军的指挥权交给亚历山大。"蒙哥马利了解戈特的性格，要想让他接受建议，说话一定要直截了当。

亚历山大本来是巴克的属下，负责指挥第 1 师。戈特虽然不具备什么雄才大略，但他头脑还算清醒，而且做事比较务实。他知道蒙哥马利也是为了挽救远征军的命运，因而虚心地接受了建议。就这样，巴克离开了第 1 军，于当晚起程回国。

5 月 31 日下午，亚历山大接过了第 1 军的指挥权，他下定决心，一定要把第 1 军全部带回英国。

近半个月以来，德军对敦刻尔克实施了猛烈的轰炸，船坞和码头都被炸毁，敦刻尔克大半个市区也被炸成了一片废墟。眼下只有一条由木桩木板搭建而成、不足 1200 米长、仅能供 8 人并排通行的东堤可供船只停泊。堤岸周围有一些木桩，但因水流较急，船只停靠时有一定危险。附近海岸线没有港口设施和防波堤，离海岸不远处倒是有一条与岸平行的深水航道，与敦刻尔克港区航道相连，但这条航道水流湍急，暗礁密布，航行比较危险。

蒙哥马利从总司令部回来后，马上召开了师长级的会议，让他们做好第二天晚上登船撤退的准备。他的撤退计划是：炮兵和空军在德军逼近时负责阻击，借着夜色的掩护，第 3 师、第 4 师撤退到海岸沙丘，通过用运输车辆临时搭建的简易码头登船。

5 月 31 日上午，蒙哥马利派出 3 个师的全部工兵，全力抢建码头。当天天气十分恶劣，工兵进展缓慢，但蒙哥马利仍然保持乐观。下午 2 点半，他下达了最后一道书面命令，并指定一名军官负责登船的指挥工作。晚上 8 点半，蒙哥马利与亚历山大见了面。戈特在一个半小时前已经乘驱逐舰离开，亚历山大向他保证一定将第 1 军全部撤回国内，决不投降。

德军的飞机对海面进行了轰炸，幸运的是，他们的火炮没有达到射程，因而对英军白天的撤退影响甚小。然而，到晚上 11 点，码头被炸毁了，而且由于退潮，想要从海滩撤退已经不可能了。蒙哥马利无奈，只得让官兵们返回港内登船。他们必须赶在 6 月 1 日拂晓进入敦刻尔克附近的环形防御区内。蒙哥马利站在沙丘上亲自指挥，看着一辆辆运输车和一队队士兵陆续从自己身边经过，他长长地松了一口气。

6 月 1 日中午之前，第 2 军全部撤退完毕，一共撤出 6.4 万人，几乎没有遭受什么损失。随后，蒙哥马利乘坐驱逐舰抵达多佛尔。

1940 年，法国敦刻尔克海岸，涉水前往救援舰船的英国士兵

现在轮到亚历山大一展身手了。第 2 军撤退完毕后，他一边让第 1 军脱离战斗，一边有序地撤退。他遇事一向沉着冷静，这次也不例外。他悠闲地坐在海滩上的帆布躺椅上，镇定地看着士兵们排队登船。即使德军飞机不时飞过来投下炸弹，他也毫不在意，时而啃着苹果，时而在沙滩上漫步。在他的影响下，大家的心情也开始轻松起来，有的士兵甚至坐在船尾钓起了鱼。与此同时，阵地上的部队则极力阻挡着德军，一

边还击一边后撤，一直战斗到登船的那一刻。这一天，亚历山大又撤出了6万多人。

6月2日，由于德军飞机的巨大威胁，加上英国空军已经倾其所有，英军决定改在夜间组织撤退工作。德国空军失去了目标，只得转而去空袭巴黎，并派出地面部队来阻止英军撤退。

夜幕降临了，无数大大小小的船只从英国出发，于午夜时分赶到敦刻尔克，从东堤接走了最后一批英国远征军。水手还吹起了英格兰风笛，召集掉队人员。这天晚上，又有2万余人顺利撤出。

6月3日早晨，亚历山大来到海滩巡视，对这次撤退非常满意。入夜后，他率领参谋人员登上驱逐舰，也撤回了英国。当天晚上共有2万余人撤到英国，其中绝大部分是法军。

敦刻尔克撤退结束后，远征军副参谋长布里奇曼写信给蒙哥马利说：“第1军参加敦刻尔克最后撤退的全体人员，都应该好好地感谢你，因为正是你的提议，让亚历山大留在那里。”

敦刻尔克大撤退始于5月26日，结束于6月4日，历时9天。最后一共撤出33万多人，包括英军约21.5万人、法军约9万人、比利时军约3.3万人。英国、法国、比利时和荷兰一共出动各种舰船861艘，其中包括渔船、客轮、游艇和救生艇等小型船只。在短短9天内，这支临时拼凑起来的“舰队”冒着德军地空火力的猛烈轰击，帮助近34万大军逃出死地，为日后反攻德军保存了大量的有生力量，创造了“二战”史上的一个奇迹。而产生这一奇迹的主要原因有：

一是天气。撤退期间，敦刻尔克地区阴雨绵绵，在大雾、小雨以及弥漫的硝烟影响下，德国空军难以展开行动，仅在5月27日、5月29日下午和6月1日进行了大规模空袭，其他时间几乎没有怎么出动。另外，敦刻尔克的沙滩非常松软，使得德军飞机投下的炸弹的弹片难以有效散飞，杀伤力大大减弱。与此同时，向来风大浪高的英吉利海峡在这几天居然风平浪静，使英国很多内河船只得以参加救援行动，真可谓有如神助。

二是撤退部队的英勇抗击及严格的组织纪律。为了掩护主力撤退，后卫部队尤其是法第 1 军，尽管自己可能无法脱身，但依然拼死战斗，奋力抵挡德军的进攻。英国空军也竭尽所能地打击前来袭击的德机，有的飞行员一天就出动三四次。另外，撤退的队伍在等待上船和登船的时候，秩序井然，严格遵守纪律，从而使整个撤退工作非常顺利。

三是德军的指挥失误。5 月 24 日，海因茨 · 古德里安①向希特勒请求率领坦克群发起强攻，给予英、法联军最后一击。但敦刻尔克港区地势低洼，河渠纵横，并不适合坦克作战，希特勒正犹豫之际，空军司令戈林元帅主动请缨，要用空军消灭英、法残余部队。希特勒也觉得这个方案比较可行，于是点头同意了。结果，德军错过了包围封锁敦刻尔克的机会，等到希特勒醒悟过来，赶紧派古德里安出击时已经来不及了。

撤退工作结束后，英国首相丘吉尔在下议院发表演讲说："我们必须非常小心，不要把这次撤退视为一种胜利，战争不是靠撤退来取胜的。……德国人拼命想击沉海面上数千艘满载战士的船只，但他们被击退了，他们遭到了挫败，而我们撤出了远征军……"

确实，敦刻尔克大撤退不是一场战役，而是一种被逼无奈的逃亡之举，但正是这次大逃亡，为日后彻底消灭德国法西斯奠定了基础。有的军人也许会认为，战斗到底，乃至死亡，才能算是一个真正的军人，撤退是无能、懦弱的表现。然而，有的时候，退却正是为了更好地前进，争取更大的胜利。

在这次大撤退中，蒙哥马利适时抓住了这个宝贵的机会，得以在世人面前精彩亮相，他的表现证明他是个堪当重任的优秀指挥官，只要有适当的机会，他必将脱颖而出。

---

① 海因茨 · 古德里安：德国陆军大将，"闪击战"的创始人，"装甲战""坦克战"的倡导者，被称为"德军装甲兵之父"。他原本担任第 2 装甲集团军总司令，由于在 1941 年莫斯科战役中惨遭失败，被恼羞成怒的希特勒解除了职务。

争取丘吉尔的支持

从敦刻尔克撤回英国后，蒙哥马利没有耽搁一点时间，径直跑到陆军部要求面见总参谋长约翰·迪尔[①]。

正在签文件的迪尔看到气喘吁吁的蒙哥马利，问道：“怎么了，有什么事吗？”

蒙哥马利稳定了一下自己的情绪，回道：“这次真是危险，还好有上帝保佑！”

“是啊，这是我国1000多年来首次面临被入侵的危机！”迪尔沉重地说。

“呵……”蒙哥马利的嘴角露出了轻蔑的笑意。

“你……你笑什么？”

“没什么，我只是觉得我们的人民太乐观了，他们太相信部队，太相信那些愚蠢的将领了。”

“你这是什么意思？把话说清楚！”迪尔恼火道。

“难道您没有发现，我们的很多部队正在被不中用的人指挥吗？”蒙哥马利说。

迪尔一时无言以对，没有人比他更明白军队的事务——整个英军的指挥系统非常杂乱，军官中有很多不称职的指挥员，但这样的情况不是短时间内能改变的。

蒙哥马利继续说道：“我参加了很多次军事会议，十分清楚一些指挥官并不具备指挥军队的能力。如果想打胜仗，一定要让这些人退休。”

迪尔无奈地摇了摇头，说：“现在是非常时期，不管怎样，你都不应该在这个时候说这些话！”

“我认为我没有说错，何况现在也没有别人。”蒙哥马利说。

---

① 约翰·迪尔：英国陆军元帅，“二战”期间历任英国远征军第1军军长、帝国副总参谋长、总参谋长，曾多次随同丘吉尔参加盟国首脑会议，参与研讨并制定战略方针。

迪尔没有再说话，只是摆了摆手，示意蒙哥马利出去。蒙哥马利见迪尔面色沉重，叹了一口气，转身离开了。

第二天，迪尔给蒙哥马利写了一封信，内容大致为：这件事你不要管，也不要再谈论了，我们陆军部会处理的。

蒙哥马利看完信后，认为迪尔过于小心了。但没过多久，他发现陆军部展开了行动——很多不称职的高级指挥员陆续下台。蒙哥马利非常高兴，因为这说明军队的最高层还没有那么腐朽。

这次欧洲战场的大撤退，使英军损失了大量装备。经过清查，迪尔发现即使把整个英国的重型装备凑齐，也只有一个师的规模。蒙哥马利也知道事态的严重性，为了恢复部队的战斗力，他要求陆军部整编第3师。

迪尔接受了蒙哥马利的意见，给军需部门下达指示，第3师可以优先使用任何装备。在迪尔的计划中，等第3师恢复实力后，需要再次开赴欧洲战场。

为了重整旗鼓，英国陆军部再次筹建了远征军司令部，并任命布鲁克担任总司令。蒙哥马利获悉后，非常高兴地给布鲁克写了一封信，祝贺他升任总司令。

经过半个月的精心准备，蒙哥马利在6月15日左右完成了再赴欧洲大陆的准备。可是，仅仅过了一个星期，新上任的法国总理贝当便在6月22日与德国签订了停战协议，向德国投降了。为了羞辱法国，德国把签字仪式安排在贡比涅森林的福熙车厢里，这是第一次世界大战时德国向法国签署投降书的地方。为了出口恶气，希特勒还亲自参加了这次投降仪式。

法国投降后，整个欧洲大陆似乎已是德国的囊中之物，跨越海峡入侵英国只是时间问题了。整个英国都陷入了惊慌之中，他们知道自己被孤立了。为了防止德军入侵，英国陆军部取消了再次进入欧洲大陆的计划，把兵力全部投入海岸防御中。

蒙哥马利的第3师接到命令，负责据守英国南海岸的一片重要海滩。6月末，蒙哥马利带着部队来到防区。当地人看到有大量部队进

1940年6月，德国侵略军占领法国首都巴黎

驻，以为德军很快就要入侵，一时人心惶惶。为了安抚居民，蒙哥马利先是让部队进入战备，然后下令各部队接管防区的行政工作。同时，他还下发通知：每天下午5点，海滩、海岸附近广场、空旷的公共娱乐场所等不允许任何人进入，直至次日凌晨5点；官兵的亲属立即离开防区，不允许再行探望；防区内的妇女、儿童和学校尽可能地离开、搬离。

蒙哥马利的通知本是为了安定人心，没想到居民们却误认为德军马上就会入侵，更加惶恐不安。

不久，英国政府在全国开展了安全检查工作，丘吉尔来到第3师防区视察。原本第3师作为拳头力量，运动战是其拿手好戏，但是陆军部却安排他们固守海岸。为了让第3师获得更多的装备，也为了让第3师获得机动反击任务，蒙哥马利决定利用这次机会进行大规模的防御演习。

演习进行得非常顺利，入侵的假想敌刚冲到海滩，便被全部消灭了。丘吉尔看完演习，对第3师大加称赞，并邀请蒙哥马利到布赖顿皇家阿尔比恩饭店共进晚餐。吃饭时，蒙哥马利向丘吉尔介绍了自己的防御计划：英军在海滩上可以部署一些轻型防御力量，主要的兵力可以在后方组成强大的预备队。如此一来，一旦敌人有登陆行为，无论是在哪片海滩，预备队都能快速抵达。

丘吉尔听了笑着说："敌人的入侵不会让我们事先知晓，机动预备队的存在就是为了随时进行应对。"蒙哥马利见丘吉尔同意自己的意见，赶紧把自己的苦水倒了出来，说道："第 3 师原本就是一支机械化部队，并且也是完整地从欧洲大陆撤回的部队。我不知道我们为什么被安排固守海滩，而不是作为机动的预备队？"

丘吉尔这才明白蒙哥马利的心思，他沉思了一会儿，说道："我知道了，这件事我会过问的。"

次日，陆军部收到了丘吉尔写来的一封信："我视察蒙哥马利的第 3 师后，发现该师沿着几十千米的海岸线展开。这和我最初想象的不同，他们不应当担任固守海岸线的任务，而应当作为机动部队在海岸线后方集结，以随时应对入侵之敌。更让我感到吃惊的是，第 3 师竟然没有机动车辆将他们运往作战地点，否则它一定是一个完全机动的师。对任何机动部队来说，必不可少的条件是，要有随时作好准备在附近待命的运输车量。对沿着海岸线展开的第 3 师来说，尤为必要。"

陆军部接到丘吉尔的信后非常生气，一个小小的师长竟敢越级向丘吉尔汇报。但这件事既然已经被丘吉尔知道，无论如何也不能随意处置。于是，陆军部回了一封信说："当前部队运输工具缺乏，不过，师长可以申请调用一个旅所需要的运输工具。"

丘吉尔接到回信后，生气地把手中的笔狠狠扔在桌上。之后，他在回信的末尾添加了一行字："我们不能让一支主力部队失去机动性，我认为第 3 师的每个旅都需要保持机动性。这件事请陆军部详细研究，我会持续关注的！"

迫于首相亲自过问的压力，陆军部屈服了。没过多久，蒙哥马利终于得到了梦寐以求的机械化运输工具，并且撤离了海滩。

第五章　一帆风顺的仕途

彻底整顿第 5 军

1940 年 7 月 19 日，英军高层进行了大换血，布鲁克将军成了英国本土军队的总司令，第 5 军军长克劳德・奥金莱克[①]将军成了南方军区司令员。经过这番调整，蒙哥马利终于对高层产生了信心，并对自己的未来充满了希望。

此时，第 5 军军长的职位出现了空缺。一直很欣赏蒙哥马利的布鲁克将军大力推荐他担任该职。在布鲁克将军的斡旋下，蒙哥马利终于在 7 月 21 日接到了任命通知，成为第 5 军军长。7 月 23 日，蒙哥马利的军衔也得到了晋升，成为中将。

第 5 军下属 2 个师，分别为第 4 师和第 50 师，驻地在汉普郡和多塞特郡。蒙哥马利接手第 5 军后，很快发现第 5 军原先的战略部署和自己的战略思想截然不同。奥金莱克的战略思想是：英军应当把主要兵力部署在海滩，以便在海滩阻止入侵之敌。奥金莱克之所以这样部署，是因为英军缺乏机动能力，无法很好地用机动力量将敌人赶下海。

蒙哥马利决定彻底推翻奥金莱克的部署。7 月 22 上午，蒙哥马利没有向军区进行任何报备便发布了一系列命令。随后，他深入各部队，了解基层情况，发现部队中存在许多问题，中下层指挥员因岁数较大，

---

① 克劳德・奥金莱克：英国陆军元帅，“二战”期间历任驻印度英军总司令、中东战区英军总司令，曾成功地攻入昔兰尼加，但后来又被隆美尔击退。他攻守俱佳，临危不乱，唯一的缺点是驭下过宽。

战术思想已经远远落后于现代战争。为了加强部队的战斗力，蒙哥马利开始对部队进行整顿，先是把能力不足的军官撤职，然后进行大规模的集中训练。

他还要求随军家属全部离开驻地。因为一旦发生战争，军人会下意识地首先考虑家人的安全，从而影响执行任务。

在给军区的几份报告中，蒙哥马利这样写道："近日，本人视察基层部队后，发现整个第 5 军都存在严重的问题，不但防御体系不完备，就连基层部队也缺乏有效的训练。缺乏训练的原因非常简单，那就是他们把全部精力都放在建筑工事上，每天除了挖掘工事就是挖掘工事，完全成了建筑工人……要知道，我们是作战部队，面对的敌人是精良的德军，我从这些部队的官兵身上完全看不到一点作为军人应该具有的警觉性和战斗性。我问过一些士兵关于武器使用的问题，有的人告诉我他打过的子弹不超过 5 发，有的人告诉我他从来没有用过机枪，还有运输部队的人告诉我他们从来没有参加过演练……"

蒙哥马利在报告中请求军区司令奥金莱克赋予自己最大权力，并保证在两个月内将第 5 军打造成主力部队。他对第 5 军的描述确实是客观存在的事实，但在奥金莱克看来，这是蒙哥马利急于表现，是否定自己以前的措施。为此，他气愤地让传令兵马上给蒙哥马利回话："你不熟悉部队，对于一些事还缺乏细致的考虑。当前你的工作就是让部队继续修建工事……至于部队的训练，等到工事修完后，再另行安排。到时我会根据军区部队的情况，做出相应的指示。"

蒙哥马利针锋相对地进行了反驳。出乎他意料的是，奥金莱克竟然在一次会议上拍着桌子让他不干就滚蛋。布鲁克知道蒙哥马利和奥金莱克不和之事后，在 8 月 5 日给蒙哥马利写了一封信："我知道你的能力，尽管我会一直支持你，但是你不要鲁莽行事，把事情弄得不可收拾……"

作为总司令，布鲁克自然不希望部下出现内斗，更何况蒙哥马利还那么优秀，不能因为这件事影响了他的前途。然而，性格耿直的蒙哥马利并没有就此罢休，在 8 月 6 日的白金汉宫授勋典礼上，他向陆军部副官长汇报了奥金莱克作战思想的缺点，同时表示，如果调走他军中具有作战经验的人，他将无法把所属各师训练成优秀的部队。很快，奥金莱克知道了此事，他给蒙哥马利写了一封警告信："军官们确实可以越级上访陆军部，但是，你这次与副官长讨论了与我的司令部直接相关的问题，使他们发出了一些调令。我个人认为这样做是不恰当的。"

但蒙哥马利丝毫不理会奥金莱克的抗议，他再次来到陆军部，直接向副官长请求将南方军区的一些军官调到他的军中。

10 月 19 日，奥金莱克又写信给蒙哥马利说："我希望你明白，你的做法将使有关部队和单位的指挥官感到十分困扰，尤其当他们并不看好你所选中的军官时。"与此同时，奥金莱克也向副官长发去了一封控诉书。这使他和蒙哥马利之间的矛盾完全公开化了。奥金莱克直言不讳地说："蒙哥马利这个人很不讨人喜欢。"而蒙哥马利则说："我和奥金莱克从来没有在任何问题上取得过一致意见。"

蒙哥马利排除一切干扰，按照自己的想法，雷厉风行地对军队进行了改革。

他首先让第 50 师从海岸防御线上撤到后方训练，防御线则由第 4 师接管，然后又命令各部队修筑工事的兵力不能超过一半。冬季来临后，蒙哥马利让警卫部队驻防海滩，把余下的部队调到后方进行冬季训练。为了提升官兵们的个人素质，蒙哥马利作了以下规定："各部队务必按照训练要求进行训练……司令部内所有 40 岁以下的参谋人员，每周务必参加一次 10 千米的长跑，跑不动就是走也要完成。"

这个规定一发布便遭到了全体参谋的反对，但蒙哥马利没有妥协。为了让参谋们执行命令，53 岁的他决定亲自参加长跑训练。

一天，一位身材较胖的参谋在医生的陪同下找到蒙哥马利，说："将军，我无法再进行长跑了，医生说我的体质不适合参加这样的高强度运动。再这么跑下去，我担心上帝会把我带走。"

蒙哥马利看了看他，又看了看医生，问道："跑 10 千米，他真的会死？"

"或许大概可能会！"医生含糊地说。

蒙哥马利笑了一下，对胖参谋说："我相信上帝不会让你在跑步中死去的，如果他真的带走了你，那么我应当感谢他，因为接手你工作的大有人在。而且，你在跑步中死去也是为部队做贡献，因为如果在战斗中因体力问题而死去的话，还要麻烦很多人。”

听到蒙哥马利这番不客气的言辞，胖参谋红着脸低头出去了。后来，胖参谋不仅没有在跑步中出现意外，身体素质还得到了提高。

后来，蒙哥马利在回忆录中写道：“我要求第 5 集团军的训练要高标准严要求，要在各种天气条件下进行训练，无论天气好坏，白天黑夜，雨天、雪天或是泥泞。我的士兵必须比德国人做得更好。如果我的士兵能在各种天气条件下英勇作战，我们就能充分利用天气条件打败德国人。”

蒙哥马利一系列的改革措施，虽然没有经过南方军区司令员奥金莱克的同意，但得到了陆军部和总参谋长的赞赏。蒙哥马利在训练中对部队要求严格，在一些无关痛痒的细节上则非常宽容：允许官兵们回家探亲；尽可能让官兵们住上舒适的营房；尽可能改善官兵们的伙食……

另外，他还非常人性化地考虑官兵们的生理需求，对他们的一些行为总是睁一只眼闭一只眼。不过，为了让士兵们不染上各类疾病，他要求军医定期给他们检查身体，并教导他们如何正确预防。

蒙哥马利不喜欢喝酒，认为喝酒不但会损伤身体，还会误事。而辛普森参谋长和很多军官却对酒难以割舍，常常在晚餐前偷偷喝一点。为了不让蒙哥马利发觉，辛普森等人在食堂大厅外安置了一个隐秘的小房间用来喝酒。过了一段时间，辛普森觉得这样偷偷喝酒不好，便委婉地问蒙哥马利：“将军阁下，我喜欢喝酒，这您是知道的。如果我在接待室里搞个小酒吧，您会不会反对？我保证，只会在晚餐前喝一点。”

蒙哥马利看了看辛普森，毫不在意地说：“我为什么要反对，搞一个就搞一个呗！不过，你不要想拉上我一起，我是不会喝的。”

很快，接待室里便出现了一张酒吧台。蒙哥马利透过窗户看到他们在“忙碌”，嘴角泛起了欣慰的笑容。

在蒙哥马利的领导下，第 5 军很快成了英军中最具战斗力的一支部队。训练了几个月后，已经初见成效，12 月初，蒙哥马利决定搞一次全军规模的大演习。他一向擅长组织演习，这一次他很有预见性地将一种新的战术思想付诸实践，那就是加强各兵种在战斗中的合作，尤其是使用轰炸机近距离支援地面部队。后来在北非、意大利及法国战场，这一战术思想都得到了充分的运用。

演习之后，奥金莱克和蒙哥马利的关系有所缓和。这种缓和，一方面是因为第 5 军取得了好成绩，另一方面是因为奥金莱克将要离开南方军区，前往印度担任英军总司令。

奥金莱克离开后，第 1 军军长亚历山大将军接手了他的工作。蒙哥马利对此心里多少有些不舒服，因为亚历山大曾经是坎伯利参谋学院的学员，而且他的第 1 军军长职位还是蒙哥马利推荐的。当然，他们并没有因此而产生隔阂，反而因为曾经是师生关系及战术思想相近，成了亲密的朋友。

不久，因为亚历山大的缘故，蒙哥马利与南方军区司令部的关系变得融洽起来。数年后，蒙哥马利在回忆录中这样写道："亚历山大司令员的能力非常强，是唯一能让部属心服口服的人。"

接手东南军区

1941 年 4 月 7 日，蒙哥马利奉命来到陆军部，接手了第 12 军军长的职务。第 12 军的任务是驻守东海岸，保护肯特和萨塞克斯地区的安全。

布鲁克问蒙哥马利："你马上就要接手第 12 军，有没有什么要求？"

蒙哥马利想了一下，回答道："也没什么要求，只是希望陆军部能让我带走辛普森参谋长。"

布鲁克笑道："你俩真亲密！好吧，我答应你！"

就这样，蒙哥马利把参谋长辛普森带到了第 12 军。4 月 27 日，蒙哥马利一行赶到第 12 军，正式接手了工作。和在第 5 军一样，蒙哥马利刚上任便进行了大范围的改革——遣散军官亲属、让军官们进行长跑、撤换不中用的指挥官……

蒙哥马利对全军进行一番了解后，把不符合自己战术思想的制度全部推翻，重新作了各种规定。

他的到来，使第 12 军如同掀起了一场风暴，参谋们不得不离开办公室参加长跑训练，军官的家属也被请出了军营。尤其让那些平日懒散惯了的军官们震惊的是，蒙哥马利在一周之内便撤换了 9 名军官。对此，有人表示不服，写信告蒙哥马利的状。但蒙哥马利一点也不在乎，照样我行我素。

6 月份，蒙哥马利为检验部队的战斗力，进行了全军大演习——“醉汉”行动。

演习结束后，蒙哥马利在点评会上讲道：“赢得战争，离不开三个必要的因素，首先是攻击的正确性，其次为一线军官的战术、主动性和信心，最后是全体将士的战斗精神，离开任何一项，战争都有可能失败。”

就在蒙哥马利整顿第 12 军时，欧洲大陆的战事突然发生了戏剧性的转变——德国撕毁了与苏联的互不侵犯条约。6 月 22 日，纳粹德国动用 190 个师、3700 辆坦克、4900 架飞机、190 艘战舰以及几万门大炮，兵分三路，闪击苏联。英国人民听到这个消息后，悲观已久的情绪一下子振奋起来，因为他们不用再独自作战了。

德军与苏联开战后，将主力部队调到了东线，但西线的形势仍然对英国不利。因为在 1940 年 6 月 10 日，法国即将投降德国之际，以为可以从中捞到便宜的意大利也向英、法宣战了。其实，意大利在欧洲大陆对英国的威胁并不大，英国最担心的是驻海外军队会遭到意大利的攻击。

果然，为了夺取苏伊士运河，意大利下令驻利比亚的 22 万军队向驻埃及的英国军队发动攻击。起初英军吓坏了，他们看着浩浩荡荡的意大利军队，还以为意军和德军一样所向披靡。

不久，驻守北非的英军在中东战区总司令韦维尔将军的指挥下，接连击败意大利的数支部队，前锋甚至抵达利比亚首都的黎波里。

1941 年 2 月，希特勒看到意大利军队如面条般软弱无力，便让隆美尔担任北非军事主官与英国作战。隆美尔抵达北非后，战场局面立即扭转，英军一连吃了几次败仗。意军见隆美尔抢足了风头，纷纷说他是“杀人恶魔”，不屑与他为伍。

7 月 2 日，因韦维尔作战不利，丘吉尔解除了他的中东战区总司令职务，由驻印英军总司令奥金莱克接任。

奥金莱克接手北非战事后，战局并没有得到改观。英军在装备方面虽然强于德、意联军，但是在接下来的 14 个月中，他们仍然被隆美尔打得四处逃窜。

在北非战事进行得如火如荼之际，布鲁克为了考察部队的战斗力，命令英国本土军队进行一次大演习——“保险杠”演习。蒙哥马利被任命为演习裁判长。此次演习为期 4 天，共有 4 个装甲师、9 个步兵师参加。

演习结束后，蒙哥马利在总结会上对演习进行了深入的分析，指出了其中存在的不足和成功之处。蒙哥马利精准的分析，让与会者瞠目结舌，掌声久久不断。布鲁克一边鼓掌一边说：“太精彩了，真是精妙绝伦！难得！难得！”有些将领事后说：“蒙哥马利确实不讨人喜欢，但你必须承认他说的都是对的。”

当蒙哥马利返回第 12 军，准备再进行一次全军演习时，接到了陆军部发来的命令。原来，布鲁克将军被任命为陆军总参谋长，东南军区司令佩吉特将军接手了国内武装力量总司令一职，而蒙哥马利则成了东南军区司令员。接到命令后，蒙哥马利表面上还像平常一样平静如水，但内心已经汹涌澎湃了。因为他明白，只要英军再赴欧洲大陆，自己肯定会成为集团军司令。他接手工作后，马上把东南军区改为“东南集团军”。他向上报告说：改为集团军后，不仅能让下属部队习惯集团军的体系，还能让部队有针对性地进行训练。

就在蒙哥马利担任东南集团军司令的第 20 天（1941 年 12 月 7 日），日军偷袭了美国珍珠港。珍珠港被袭后，美国次日便和英国一起向日本宣战。

1942 年，蒙哥马利出席伦敦的一次会议后正欲离去

美国对日宣战后，又有 20 多个国家跟进，反法西斯同盟一下壮大许多。希特勒很清楚美国的实力，知道美国一旦开启战争机器，战争走向就会变得复杂起来。为此，他恨不得掐死疯狂的日本军国主义者，因为根据轴心国的条约，德国和意大利也要向美国宣战。

自此，第二次世界大战由于美国的参与，全球的两大军事阵营形成了：德国、意大利、日本三大轴心国为一方（还包括芬兰、匈牙利、罗马尼亚等），美国、英国、苏联和中国为一方（还包括数个殖民地和小国）。

美国自从珍珠港被袭后，海军力量大大削弱，短期内无法与日军进行海战。骄狂的日军见美军无力开战，便在太平洋上四处侵略，侵占了泰国、中国香港、马来西亚、新加坡、菲律宾等地。日军看到驻缅甸的英军实力不济，便朝着缅甸行政中心仰光推进。为了阻止日军侵占仰光，英国政府决定在陆军高层中选择优秀军官前去指挥军队抵抗日军。蒙哥马利原认为自己会被选中，没想到丘吉尔却任命了亚历山大。

其实，亚历山大之所以被选中，是因为布鲁克的推荐。布鲁克明白，蒙哥马利虽然能力超群，但是性格过于刚烈，无法很好地与人相处。英军此次要与美军、中国军队协同作战，应尽量避免与盟军产生误会。

蒙哥马利没有去成东南亚，便把精力全都投入到东南集团军身上。东南集团军最需要解决的问题是，怎样才能让指挥员们拥有旺盛的战斗精神和先进的军事理念。

就在蒙哥马利苦苦寻找答案时，升任中东战区总司令的奥金莱克让他看到了解决方案，那就是奥金莱克虽然把北非部队改编成第 8 集团军（由尼尔・里奇[①]将军担任司令员），但因为军官的无能，军队根本没有什么战斗力。把奥金莱克当成镜子的蒙哥马利，决定在集团军里搞一次指挥官的大撤换，让年轻、有思想的军官接管部队的指挥权。

为了对各级军官有个深入的了解，蒙哥马利不但经常去基层部队，还常常举办“军研究周”。每当“军研究周”进行时，他几乎全程跟进，目的只是选拔有用的人才。1942 年 5 月下旬进行的东南集团军大演习，为蒙哥马利提供了考查部属的绝佳机会。这次代号为“猛虎”的大演习，一共动用了十来万人，吸引了大批高层人士观摩，包括远道而来的美国将领艾森豪威尔[②]，这是艾森豪威尔初次和蒙哥马利见面。艾森豪威尔在当天的日记里写道：“蒙哥马利将军是一位优秀的高级指挥员。在他瘦弱的身体里，不仅藏着果敢的个性，还藏着用不完的精力。”

1942 年夏，全球战事对盟军来说非常危险：德国数百万军队进入

---

① 尼尔・里奇：英国将领。1941 年 11 月随奥金莱克赴中东战区司令部任副参谋长，后兼任第 8 集团军司令，因缺乏指挥地面战争的经验而败于隆美尔，1943—1945 年任第 12 军军长，参加诺曼底登陆战役和解放西欧的作战行动，战后任苏格兰陆军司令和远东陆军司令。

② 艾森豪威尔：即德怀特・艾森豪威尔，“二战”期间盟军在欧洲的最高指挥官，负责计划和执行监督进攻维希法国和纳粹德国的行动，1952 年当选为美国第 34 任总统，1956 年连任总统。

艾森豪威尔画像

苏联，正对斯大林格勒地区进行重点围攻；日军横扫东南亚后，又虎视眈眈地盯住了澳大利亚；隆美尔带领北非军团推进到了利比亚和埃及边境。

战场局势十分紧张，这时，同盟国内部针对在欧洲开辟第二战场的问题发生了激烈的争论。德国突袭苏联后，为了一举攻占莫斯科，迫使苏联投降，集中兵力对苏联发起了全面进攻。为此，斯大林①两次致电丘吉尔，要求英国尽快“在巴尔干或法国某地开辟第二战场”。

但丘吉尔接到斯大林的电报后，就果断拒绝了。这一方面是因为英国缺乏登陆作战的力量，另一方面是因为英国政府不相信苏联能扛住德

① 斯大林：苏联共产党中央委员会总书记、苏联部长会议主席（苏联总理）、苏联大元帅，是苏联执政时间最长（1924—1953 年）的最高领导人。

国的攻击。

不过，美国却认为是在欧洲开辟第二战场的时候了，因为德国的大部分兵力都投入到了东线的苏德战场上，西线兵力已经呈现空虚状态。在这一思想的引导下，美国陆军参谋部制订了“围捕”计划：盟军需要成立由空军和陆军组建的强大集团军，对塞纳河口东北、勒阿弗尔和布仑之间的法国海岸进行突击。该集团军需要包括至少 5800 架战机的空军，48 个步兵师以及大量的装甲部队；同时，盟军需要对海岸一线进行空袭，以打乱德国的部署和支援。

这个计划一出台便遭到了英国众多将领的反对，尽管他们最后还是同意了，但是计划一直没有执行。为了对同盟国有个交代，也为了给苏联信心，美国陆军参谋部又制订了“大锤”计划：集中6～10 个师，于 1942 年 8 月在法国北部进行登陆作战，以吸引东线德军的兵力。

英国方面看到这个计划后，断然否决，因为该计划规定参与的部队主要为英军。英国陆军部这样告诉美国陆军参谋部：“不知道你们是怎么想的，我们认为该计划太过愚蠢，因为执行如此规模的登陆战，我方必定会付出巨大的代价。何况区区 10 个师，怎么可能吸引东线的德军?”

在英国的极力反对下，该计划又流产了。不久，布鲁克将军号召盟军在北非集中兵力，以稳定那里的战事。美国方面获悉后，认为布鲁克太过天真，为什么不在近处的英吉利海峡对面作战，反而跑到遥远的北非去寻找战机? 很明显，这是消极的作战思想，对深陷德军强大兵力中的苏联没有任何益处。

在讨论一系列作战计划时，多数将领认为，如果想在欧洲大陆开辟战场，首先需要攻占一处优良的港口，并且港口的基础设施不能被大面积破坏。于是，盟军开始研究夺取哪个港口。最终，他们选定了法国港口小镇迪耶普，一是因为迪耶普距离英国本土最近，二是因为战机可以直接从英国本土起飞攻击。

5 月 13 日，这个方案在盟军联合参谋长会议上通过了，代号为“庆典”。因为迪耶普位于东南集团军正对面，所以该任务便由东南集团军加拿大部队实施。蒙哥马利身为东南集团军司令，全权负责指挥。至于加拿大部队的指挥官，经过商议，蒙哥马利决定让罗伯茨少将担任。

7月1日，蒙哥马利把为该计划撰写的报告提交给布鲁克将军。他在报告中写道："只要天气状况良好，并且海军运输舰队按时抵达，那么一切都会非常顺利。"

7月2日上午，作战部队开始登舰，蒙哥马利再次向每位指挥员交代作战细节。然而天公不作美，7月3日晚上，英吉利海峡上空突然下起了瓢泼大雨。气象部门传来消息，由于海面上空的冷暖空气大量汇集，这样的恶劣天气会持续将近一周。蒙哥马利无奈，只能暂停任务，让部队全部回到驻地。

作战计划取消后，蒙哥马利给陆军部写了封信，内容大致为："我认为'庆典'计划应当取消，因为拖延了这么长时间，德国方面一定会有所察觉，这样我们就达不到突然袭击的效果。假如一定要对欧洲大陆展开行动，那么务必放弃迪耶普，另寻其他登陆地点。"

多次作战计划都没有执行，美国方面急了。7月22日，美国总统罗斯福①给马歇尔②将军发了一份电报，同意英国曾经要求的在北非展开行动的计划。

英国方面得知后，很快制定出了行动细节，并把计划命名为"火炬"行动。"火炬"行动的大致内容为：1942年11月8日，英、美联军在北非登陆后，对东面的德意军队发动攻击，以夺取地中海，控制中东，为将来进攻意大利和巴尔干半岛奠定基础。

丘吉尔之所以不想在欧洲大陆开辟战场，而一心想在北非展开行动，是因为他对苏联有很深的成见，从内心深处希望德国把苏联打残。

---

① 罗斯福：即富兰克林·罗斯福，美国第32任总统，美国历史上唯一连任超过两届的总统（连任四届，病逝于第四届任期中），美国迄今为止在任时间最长的总统。

② 马歇尔：即乔治·马歇尔，美国军事家、政治家、外交家，陆军五星上将。作为陆军参谋长为美国在"二战"中的胜利做出了不可磨灭的贡献，战后出任美国国务卿和美国国防部部长，以出台"马歇尔计划"而闻名，1953年获诺贝尔和平奖。

富兰克林·罗斯福，美国第 32 任总统，战胜美国国内孤立主义成功对法西斯宣战，带领美国赢得“二战”胜利

另外，他也看到盟军的胜利只是时间问题，如果能从北非敲开进攻中欧的大门，那么苏联红军即便击溃了德军，也无法进入奥地利、罗马尼亚和匈牙利，这样等战争结束后，苏联就干涉不了中欧事务了。

临危受命的集团军总司令

1942 年，8 月初，英国本土军队在苏格兰进行了一场规模较大的演习，蒙哥马利和武装力量总司令佩吉特将军坐着“轻剑”号火车前去观摩。在火车上，蒙哥马利数次建议佩吉特不要进行“庆典”计划，因为英军就算成功登陆，也会面临德军强大的压力。佩吉特没有表态，只是笑着让蒙哥马利好好观看演习。这次演习借鉴了蒙哥马利很多的训练方法，让他深感欣慰。

演习结束次日，陆军部给蒙哥马利下了一道莫名其妙的命令，要求他马上赶到伦敦。蒙哥马利不知道发生了什么事，等他抵达伦敦，才知道陆军部要求他接手亚历山大第 1 集团军司令一职。

为什么陆军部会突然做出这个决定呢？当时，地中海北非地区涉及到英国的传统战略利益，派到那里的指挥官都是很优秀的将领。北非战事爆发之初，那里的指挥官是韦维尔。他以少击众，大败意军，几乎把意军完全赶出北非；但不久，德国将领隆美尔发动反击，又把英军赶了回来。随后，韦维尔被奥金莱克取代，英国政府还向奥金莱克提供了大量物资和装备。奥金莱克新官上任三把火，很快便把北非地区的部队改编成第 8 集团军，但在取得了一些小胜后，他也在隆美尔咄咄逼人的攻势前节节败退。

1942 年夏季，北非英军的处境变得十分艰难。到 6 月中旬，隆美尔已经突破了英军据守的贾扎拉防线，接着又占领了托卜鲁克要塞。第 8 集团军被打得溃不成军，士气低落。

奥金莱克见此情形，连忙飞赴战场亲自指挥作战，并把精锐的新西兰师投入战场，暂时挡住了非洲兵团的推进，在阿拉曼建立了一道新的防线。与此同时，奥金莱克还组织了一次成功的反击，但这并没有扭转英军面临的不利局势。

北非的战事失利使丘吉尔受到了来自各方的指责。但他不屈不挠，在两院的联席听证会上向议员们讲述了北非失败的大致过程，并将战争失败的原因归结为德国将领隆美尔的杰出指挥、前任政府疏于军备及北非的英军将领指挥失误。

丘吉尔说："当务之急是考虑如何扭转北非的战局，而不是为已经过去的失败耿耿于怀，讨论应当由谁来承担责任。"他说，目前唯一的途径，就是任命一位足以打败隆美尔的将领到北非指挥作战。这个人无须考虑部队的人数、后勤供给以及来自国内的责难，他只需考虑一点，那就是如何发挥自己的军事才能，在北非打一场胜仗，即使需要付出惨重的代价。

就在英国政府讨论对策的时候，埃及进入了紧急状态。奥金莱克下令驻亚历山大港的军舰躲到外海，并在金字塔旁筑起了临时工事。

布鲁克得知这一消息，决定亲自到北非去了解情况。就在他动身的前一天，即7月30日，丘吉尔决定跟他一起出发，丘吉尔还在开罗成立了一个调查组，他们将决定第8集团军的命运。

8月3日晚，丘吉尔来到开罗，与布鲁克一直谈到次日凌晨1点30分。他们一致认为，奥金莱克不能同时担任中东总司令和第8集团军司令这两个职务。那么，应该由谁去指挥第8集团军呢？丘吉尔看中了戈特，戈特是个沙漠战老手，与隆美尔算是棋逢敌手。但是，布鲁克却认为戈特年纪太大，已经失去了判断力。丘吉尔为此很不高兴，但也不得不部分同意布鲁克的看法。

其实，布鲁克心中已有了合适人选，那就是蒙哥马利。8月5日一大早，布鲁克去见奥金莱克，征求他的意见。奥金莱克虽然不喜欢蒙哥马利，但他也承认蒙哥马利军事才能突出，于是同意了布鲁克的提议。这时，丘吉尔来了，他强烈要求奥金莱克发起进攻，奥金莱克却提出种种理由拒绝，最后，丘吉尔一脸怒气地离开了。

当天下午，布鲁克又来到戈特的指挥部。戈特表示自己确实老了，不适合担任第8集团军司令，建议提拔后起之秀。

8月6日，布鲁克刚要起床，丘吉尔便闯了进来，表示他计划把中东司令部一分为二，其中，波斯－伊拉克司令部由奥金莱克负责，近东司令部由布鲁克负责，第8集团军则由蒙哥马利指挥。但是，布鲁克强烈反对变动自己的职务。到中午时，丘吉尔又改变了主意，决定仍然把中东司令部划为两个部分，亚历山大出任中东司令部总司令，戈特出任第8集团军司令，蒙哥马利则去指挥第1集团军，负责执行“火炬”行动。布鲁克勉强同意了这个方案。

结果，蒙哥马利还没上任，前往北非任职的戈特将军便出事了。8月7日下午，戈特将军在坐运输机前往开罗任职途中，突然遭到一架德军战斗机的追击，运输机被击落，戈特不幸身亡。消息传来后，当天晚上，丘吉尔和布鲁克经过商议，决定由蒙哥马利担任第8集团军司令。

次日清晨，蒙哥马利正在洗脸，勤务员报告说：“将军阁下，陆军部来了电话。”

蒙哥马利赶紧擦了把脸，心想：“陆军部怎么这么早就打来电话，是不是发生了什么重大的事情?”当他听到电话里传来的消息后，不由得激动万分。成为第8集团军司令不仅是蒙哥马利平生最幸运之事，也是整个英军乃至全体盟军的福气，因为他率领的第8集团军与“沙漠之狐”隆美尔对决，不但为全世界提供了多场绚丽多彩的战斗，还为整个反法西斯阵线撕开了一个巨大的突破口，也使他一举成为万众瞩目的伟大将领。

蒙哥马利接受任命后，马上开始处理个人事务。其实，他本人并没有什么事务要处理，让他放心不下的只有小儿子戴维。此时戴维已经到了念公学的年龄，蒙哥马利起初想送他进入哈罗公学，后来却改在了曼彻斯特。他之所以改变主意，是因为哈罗公学离伦敦很近，时常会遭到德军轰炸。

蒙哥马利给好友雷诺兹校长写了一封信，内容为：“亲爱的雷诺兹，我即将赶赴北非任职，小儿戴维就托您照顾了。在我从北非返回英国前，您就是戴维的监护人。我留下的200英镑汇票，请您为戴维交学费和购买日常用品。”在信封里，蒙哥马利还留下了一张遗嘱，上面写道：“如果我出现意外，那么我的一切都留给戴维。”

蒙哥马利原本计划在8月8日飞往欧亚非交界的英属殖民地直布罗陀，但因天气不佳，他只好把行程改在8月10日。

8月9日，蒙哥马利再次给雷诺兹校长写了一封信，内容为：“上次的信我可能没有写清楚，您对戴维的监护拥有绝对的权利，有关戴维的一切，您完全可以做主。如果我不幸殉国，那么戴维的法定监护人将是我的继子约翰·卡弗。不过，这一点您可以忽略，因为英国还需要我，不会让我为国捐躯的。”

8月10日，蒙哥马利乘坐运输机，借着夜色直飞直布罗陀。次日凌晨，运输机安全飞抵直布罗陀。按照计划，运输机会在当天晚上再次起飞，蒙哥马利利用这一天搜集了一些北非战场的资料。晚上，他坐在运输机里一夜未眠，苦苦思索如何重振第8集团军。

8 月 12 日清晨，蒙哥马利在开罗安全降落，此时他对如何开展第 8 集团军的工作已经有了大致的想法。他一下飞机便被接到大金字塔附近的米纳·豪斯饭店，奥金莱克在那里给他租了一个房间。上午 10 点多，蒙哥马利来到英军中东司令部，此时中东战区总司令仍由奥金莱克担任，因为亚历山大还需要对中东部队熟悉一段时间，到 8 月 15 日才正式接手工作。

奥金莱克显然不大欢迎这位老朋友，他先是淡淡地看了蒙哥马利一眼，然后沉默半晌，点头示意蒙哥马利随他进入作战室。进入作战室后，奥金莱克挥了挥手让其他人出去，然后指着墙上的地图，神秘地对蒙哥马利说："你一定要好好指挥第 8 集团军，不能让它遭到灾难性的毁灭。"

蒙哥马利疑惑地看着奥金莱克，问道："这话是什么意思？"

奥金莱克在地图上点了点，继续说道："根据情报，隆美尔会对第 8 集团军发动大规模突击，而第 8 集团军一定会抵挡不住，退往尼罗河三角洲。如果隆美尔穷追不舍，那么第 8 集团军只有两个选择，一是退到南部的尼罗河附近，二是退到巴勒斯坦。"

蒙哥马利听了断然予以否决。但不管蒙哥马利怎样说，对隆美尔已经恐惧到了极点的奥金莱克丝毫听不进去。他告诉蒙哥马利，这个计划是经过高级指挥员们讨论的，第 8 集团军副参谋长已经把细节制定出来了。蒙哥马利见奥金莱克坚持己见，只好选择了沉默。

奥金莱克以为蒙哥马利同意了，便让他先熟悉一下第 8 集团军的情况，然后在 8 月 15 日正式接手指挥权。蒙哥马利知道，奥金莱克会在 8 月 15 日把中东战区总司令的权力交给亚历山大，现在对他提出任何意见都是徒劳的。因此，蒙哥马利不置可否地走出了作战室。

和奥金莱克告别后，蒙哥马利立即找到亚历山大。这对在敦刻尔克共患难过的老战友，相见分外亲切。亚历山大不仅有杰出的军事才能，而且个性随和，易于相处，蒙哥马利感到与他共事是一种荣幸。他把自己对第 8 集团军的想法告诉亚历山大。他说："隆美尔的非洲装甲集团军之所以每战皆胜，是因为他们拥有充足的机械化预备队。如果第 8 集团军也拥有此类预备队，那么完全可以与隆美尔一较高下。"

亚历山大认同蒙哥马利的说法。但亚历山大现在还没有接手工作，如果想让第 8 集团军按照蒙哥马利的想法行事，还需要得到一位拥有实权的将领的支持。很快，蒙哥马利便找到了合适人选——第 8 集团军副参谋长约翰·哈定少将。哈定毕业于坎伯利参谋学院，而且是蒙哥马利的学生。他听了蒙哥马利的计划后，答应想办法帮忙。

初次来到北非的蒙哥马利，非常不习惯沙漠酷热的天气，他让副官为自己买了一件防晒的衣服。正当他思索哈定究竟能帮多少忙时，哈定的电话打了过来。哈定表示，计划可以执行，但具体细节需要约亚历山大将军一起到中东司令部面谈。

蒙哥马利和亚历山大赶到中东司令部后，哈定说："如果组建一支装甲军，那么番号会取名为第 10 军，下辖部队包括第 1 师、第 8 师、第 10 装甲师和新西兰师，每个师下辖部队包括 1 个装甲旅、1 个步兵旅和师直属队。另外，新西兰师会有 2 个步兵旅以及 1 个装甲旅。"

蒙哥马利没想到哈定能这么快就把事情办妥，兴奋得紧紧握住他的手。这天蒙哥马利又遇到了一件喜事，那就是得到了一个最佳副官——约翰·波斯顿。波斯顿原是第 13 军军长戈特将军的副官，他的性格和战术思想都与蒙哥马利非常相近。在未来的战争中，他们相处十分融洽，可惜在第二次世界大战结束前夕，波斯顿不幸殉国了。

8 月 13 日清晨，蒙哥马利带着波斯顿来到亚历山大港，会见第 8 集团军情报处处长甘冈。甘冈是蒙哥马利的老相识，他能担任情报处处长还是蒙哥马利大力举荐的结果。清晨 6 点左右，蒙哥马利见到甘冈后，驱车一起前往第 8 集团军司令部。途中，蒙哥马利和甘冈就整个北非战情和第 8 集团军的情况进行了深入交谈。

甘冈是个健谈之人，蒙哥马利很快就通过他的介绍对第 8 集团军有了较为详细的了解，并做出了一个决定，任命甘冈为第 8 集团军参谋长。他虽然不喜欢甘冈的贪杯好赌，但认为他头脑灵活，可以帮忙处理各种烦琐的事务，使自己能够集中精力指挥作战。后来，甘冈一直跟随蒙哥马利四处作战，无论军衔怎样提升，他始终担任蒙哥马利的参谋长。在回忆录中，蒙哥马利这样写道："我从来没有后悔我做出这个决定。甘冈和我一起度过了战争中剩余的日子。无论我到哪里任职他都是我的参谋长；我们肩并肩从阿拉曼战场一直战斗到柏林。随着我们不断的征战，他的才干也不断的增长，我意识到我是多么的幸运。他是一名优秀的参谋长，我认为他这样优秀的参谋长可以说是空前绝后。”

提前接管第 8 集团军

1942 年 8 月 13 日上午 11 点左右，蒙哥马利和甘冈抵达了第 8 集团军司令部所在地。蒙哥马利望了望茫茫的沙漠，并没有发现帐篷或者房屋。甘冈看到蒙哥马利诧异的神色，指了指几辆凑在一起的卡车，说：“将军，这就是第 8 集团军司令部!”

蒙哥马利愣了一下，说：“这就是司令部？这怎么工作?”他还不知道，卡车里虽然闷热、环境差，但并不是所有人都有资格进入，绝大多数工作人员是在炎炎烈日下工作。

一直以来，蒙哥马利并不怎么在乎个人生活条件，但他总是努力为下属营造一个良好的工作和生活环境。他认为只有条件好了，工作效率才能得到提升，战斗力也才能有所提高。

蒙哥马利下了车，拉姆斯登中将（第 8 集团军代司令）迎了过来，两人寒暄后朝司令部走去。拉姆斯登以前在蒙哥马利手下担任过营长，由于数年未见，蒙哥马利不大了解他现在的情况，只是从甘冈口中得知他能力有所欠缺。

果然，在讨论敌我势态时，拉姆斯登对双方将会进行的攻防战几乎没有考虑过，只知道抵抗不了就撤退。看到第 8 集团军的指挥员们如此愚笨，蒙哥马利等不及 8 月 15 日再接手指挥权了。因为如果不立即展开行动，一旦隆美尔发动攻击，第 8 集团军连撤退都来不及。

午饭过后，蒙哥马利让拉姆斯登离开司令部，继续去当他的第 30 军军长。被强制解除临时司令职务的拉姆斯登虽然有些不甘心，但还是执行蒙哥马利的命令，收拾行李回去了。陆军部得知蒙哥马利“夺权”一事后，也只得无可奈何地默认了。

拥有了实质权力后，蒙哥马利立即取消了撤退计划，并开始处理他认为应该马上进行的四项工作：

首先，在集团军内树立他的形象，并恢复士兵们对高级军官的信任；

其次，核查指挥机构并清除那些普遍存在的不称职的指挥人员；

再次，建立起与他的性格及作战理论相适应的指挥系统；

最后，对付隆美尔。

眼下他迫切需要的是带领部队打一场胜仗，而且是决定性的胜利，以重振士气，并树立自己的威望。

为了避免总司令部对他擅自接管第 8 集团军提出异议，蒙哥马利决定暂时离开。他让甘冈通知全体参谋人员在当天晚上 6 点集合，他将作一次重要的讲话。

第 8 集团军下辖第 13 军和第 30 军，蒙哥马利已经见过第 30 军军长拉姆斯登，于是驱车赶到第 13 军司令部。第 13 军临时军长是伯纳德·弗莱伯格[1]将军，蒙哥马利和他交谈后，又与澳大利亚第 9 师师长莫斯黑德聊了一会儿。这两个人都给他留下了很好的印象。

晚上，蒙哥马利返回集团军司令部后，召开了全体参谋会议。他站在卡车上，面对着列成一队的全体参谋，发表了讲话：

首先，我向你们介绍一下我本人。我们从来未曾谋面，但现在我们必须团结一致、紧密合作，因此必须相互了解，并相互具有信心……今后我们将成为一个团队，为一个共同的目标而奋斗；我们将努力取得这个伟大军团的信任，走向前方，直至取得最后的胜利。

在我看来，指挥官的第一要务是营造一种气氛……现在这里的悲观气氛令人很不愉快。我们的目标是歼灭隆美尔军团，而不是一再退却。我们必须创造一种新的气氛。

---

① 伯纳德·弗莱伯格："二战"时的新西兰武装部队总司令，曾率部参加克里特岛抗空降战役、阿拉曼战役和卡西诺山地之战。

我不知道现在预备队在开罗和三角洲构建防御阵地有什么作用，难道仅仅是为了拖延隆美尔进攻的速度？我毫不客气地说，那里的防御阵地一点作用也没有！一旦我们失去这里，也必将失去埃及。所以，所有战斗部队必须马上到这里来集中。我们将在这里站稳脚跟，坚守阵地。我已经下令烧掉所有关于退却的计划和指令。以后我们离开这里的原因，只有一个，那就是死亡。

……我接到的命令是消灭在北非的轴心国部队……这里如果有人怀疑无法办到，请他马上离开。在这个团队里，我不需要任何心存疑虑的人……

隆美尔可能随时会向我们发起攻击，那很好……我只担心他不来进攻。如果他不来，我也会去找他……我们将会承受来自各方的压力，要求我们尽快发起进攻，但是，除非我们已经做好战斗的各项准备，否则我不会轻易下令攻击……

我已经任命甘冈准将为第 8 集团军参谋长，授权他管理整个司令部，今后，他发布的每一个命令都应马上贯彻实施。

今天早上我来到司令部时，惊讶地发现这里是如此简陋。有人可能会说，战争时期还要求那么多干吗，有个开会的地方已经不错了。这种想法是不对的，我们有充分的理由要求舒适的生活。我相信，如果我们长期待在这里，就算隆美尔不想占领这里，苍蝇和蚊子也不会放过我们。所以，我们首先要做的是把司令部搬到邻近海边的地方，那里将是清新而卫生的……

蒙哥马利的一番话，让参谋们精神振奋。当他跳下卡车时，参谋们齐刷刷地向他行了个军礼。这个军礼非比寻常，代表着参谋们从内心里接纳了蒙哥马利，也从内心里产生了击败隆美尔的信念。

蒙哥马利在第 8 集团军度过了漫长而劳累的一天，但是收获不小，这让他感到很高兴。后来他在回忆录中写道："那天晚上上床睡觉时，我真的是累坏了。但我知道我们已经开始走上了成功的道路。真担心我入睡的时候脸上还挂着笑容，因为我正在向第 8 集团军发号施令。"

第二天早晨，蒙哥马利睡得正香，结果被一个军官叫醒了，并递过来一份报告。蒙哥马利生气地嚷道，他从来不需要别人带着报告来吵醒他。那个军官十分惶恐，连忙解释说奥金莱克习惯于在早上被叫醒听取报告。蒙哥马利表示自己不是奥金莱克，如果出了什么事，参谋长会向他报告的。看到那位军官不安的样子，蒙哥马利和颜悦色地请他一起喝早茶，和他聊了很长时间，最后那个军官心情舒畅地离开了。

接着，蒙哥马利对第 8 集团军进行了大整顿，不仅更换了部队驻地，还有一大批高级将领被撤了职。蒙哥马利认为，部队的指挥官是影响战争的关键因素之一。为了判定下属是否堪当重任，他花了很多时间进行考查，一旦发现才能不足者便毫不客气地进行处理。其中被撤职的有原参谋长多尔曼·史密斯、原代理司令兼第 30 军军长拉姆斯登、第 7 装甲师师长伦顿以及炮兵指挥官等。在撤换不称职军官的同时，蒙哥马利又以晋升或从英国调进的手段引进了一批年轻有为的军官。

现在，第 30 军驻守在防御线北部，军长由奥利弗·利斯①担任；第 13 军驻守在防御线南部，军长由布赖恩·霍罗克斯②担任。

刚成立的第 10 军，蒙哥马利原本想让米尔斯·登普西③指挥，但亚历山大提醒他说："仅仅几天，就把三个军的军长都换成新人，这有些不好吧！"蒙哥马利也觉得自己有些操之过急，于是勉强把第 10 军军长的职位交给拉姆斯登。

又经过几天的整顿，第 8 集团军焕然一新，士气大振。对于蒙哥马利的举措，著名的侦察英雄佩尼亚科夫中校评论道："我认为，一个有勇气把一些准将从集团军的参谋机构里解职的将军，一个知道怎样在军士长的心中激发起热烈的献身精神的将军，是不难打败隆美尔的，或者

---

① 奥利弗·利斯：英国将领，蒙哥马利的"宠儿"，"二战"期间曾任第 8 集团军司令和东南亚地面部队司令。

② 布赖恩·霍罗克斯：英国陆军中将，"二战"期间历任第 8 集团军第 13 军军长、第 30 军军长，率部迅速收复比利时、荷兰大片领土，后其部在阿纳姆战役中损失惨重。

③ 米尔斯·登普西：英国陆军中将，参加过敦刻尔克大撤退，后在本土训练加拿大部队，"二战"期间任第 13 军军长，参加进攻西西里岛和意大利本土的战斗，后指挥第 2 集团军参加诺曼底战役。

说，是不难赢得胜利的。"

看到第 8 集团军有了斗志，蒙哥马利开始制订战斗计划，并把司令部搬到了海边，给军官们提供了帐篷，使他们免去了露天睡眠就餐之苦。他一向认为，指挥官和参谋人员应该享受一些特殊待遇，以便提高工作效率。他还设立了一个"作战司令部"，主要负责指挥作战，其余烦琐的事务则交由"主司令部"负责。

8 月 19 日，丘吉尔来到第 8 集团军视察，对蒙哥马利的一系列措施表示满意。蒙哥马利见丘吉尔满心欢喜，趁机汇报自己的北非作战计划。让蒙哥马利感到意外的是，丘吉尔不仅没有怪罪他推翻以前的撤退计划，还鼓励他积极寻找战机。

晚上，丘吉尔在第 8 集团军海边的司令部里，望着一望无际的大海，朝蒙哥马利招了招手。蒙哥马利一头雾水地看着丘吉尔，问他有什么事。丘吉尔笑了一下，指着蔚蓝色的大海说："走，洗澡去！"

丘吉尔下水后，跟在他身边的记者们赶紧举起了相机。蒙哥马利看到记者要拍照，大声地对警卫说："警卫员，警卫员呢？拦住他们，不许他们拍照！"

警卫员把记者们赶走后，蒙哥马利脱掉衣服也下了水。忽然，丘吉尔像发现新大陆般，让蒙哥马利看远处正在游泳的官兵们。他说："他们真好玩，竟然统一穿着白色游泳裤。"

蒙哥马利顺着丘吉尔的手势看过去，突然哈哈大笑起来。丘吉尔看到蒙哥马利大笑，有些不明所以："蒙哥马利将军，你笑什么？"

蒙哥马利止住笑声，回答道："首相阁下，他们游泳是不会穿着裤子的。您之所以看到他们穿着白色泳裤，是因为他们在酷热的沙漠里整天只穿着短裤，全身大部分都被晒黑了。由于短裤部分没有被晒到，所以您从远处看，他们就如同穿了白色泳裤。"丘吉尔一听也笑了起来。

对于第 8 集团军的改变，丘吉尔感到非常高兴，他在发给陆军部的电报里如此说道："我清楚以前的第 8 集团军是个什么情况，那个时候我相信他们正走向自我毁灭的道路。然而，自从蒙哥马利到来后，一切都变了，第 8 集团军变成了另一支部队。原先分散的部队集合在了一起，散漫的官兵变成了积极、有战斗力的军人……整个驻防地区四处可见荷枪实弹的巡逻部队，大量的坦克和炮兵积极协同训练。”

晚上，丘吉尔和蒙哥马利一起住在司令部。晚餐过后，蒙哥马利和丘吉尔正热烈地聊着天，参谋人员送来了一份电报。丘吉尔和蒙哥马利看后，全都低着头一声不吭，原来代号为“庆典”的登陆战还是执行了，结果在当天下午被德军彻底击败。登陆战持续了 9 个小时左右，官兵共伤亡 3369 人，其中阵亡的军官有 56 人、士兵有 851 人。蒙哥马利十分难过，毕竟他曾是东南集团军总司令，而这个悲剧本来是可以避免的——只要“庆典”计划取消。

与隆美尔的首次交锋

丘吉尔返回英国后，蒙哥马利预计与隆美尔的战斗很快就会到来，于是对阿拉曼防线的部队进行了相应调整。他在防线上集中了 7 个师，其中坦克 480 辆、装甲运输车 230 辆、火炮（含反坦克炮）700 门。他在防线的后方还部署了 4 个师以及几个独立旅的预备队。

隆美尔很快也得知了第 8 集团军临阵换将的消息，他立刻向德国情报部门索要蒙哥马利的相关资料。看完资料，他喃喃地说：“蒙哥马利在敦刻尔克大撤退时是一名师长，这个人很危险。”

希特勒也很担心隆美尔的境况，万一装甲集团军被赶出非洲，盟军便有可能进入“欧洲的软腹部”巴尔干半岛。这将成为苏联战场上的德军的灾难。为此，他发电报给隆美尔说：“必须全力守住北非。”这样一来，隆美尔要求增加人员和物资也就顺理成章了，希特勒不得不想方设法地将作战人员和物资装备陆续送往非洲。很快，隆美尔便得到了第 164 步兵师和大量的意大利军队。到 1942 年 8 月末，隆美尔集团军一共有 12 个师，其中，德军有 4 个师，意军有 8 个师。不过，隆美尔集团军的坦克比蒙哥马利少，且性能较差，根本无法与英军的“玛蒂尔达”坦克和美制“格兰特”式坦克（M3）对决。

整体来看，双方在阿拉曼防线上的兵力差不多，但是局势的天平却倾向了蒙哥马利，其原因有三：

一是，地中海的制海权和制空权在英军手中，盟军经常动用空军轰炸敌军港口和补给线；

二是，非洲装甲集团军的后勤非常困难，参谋团甚至向隆美尔建议只留机械化兵团在阿拉曼前线，而将其他部队调往利比亚；

三是，英军对阵地战非常在行，隆美尔却放弃了非洲装甲集团军机动性的优势，准备主动突击英军阵地。

隆美尔将要攻击英军防线的情报，很快便被英军情报部门截获。蒙哥马利据此加紧制定相应的防御对策。刚到北非时，他就着手对隆美尔进行了研究，详细分析了隆美尔策划的所有战例，发现隆美尔确实是一位将才，其经常使用的迂回包抄战术让英军感到非常棘手。不过，隆美尔的战术并非无法破解，只要有效地利用阵地防御，便能遏制住他的锋芒。

不久，情报部门再次截获了隆美尔与德军大本营之间往来的电报。经过破译，情报部门确认了隆美尔将会采取攻击的细节：隆美尔的非洲军团将从南部发起攻击，然后机械化兵团对阿拉姆－哈勒法和鲁瓦伊萨特山地进行突击。蒙哥马利经过仔细研究，认为这是隆美尔亲自制定的战术，于是再次对防线进行了调整。

调整后的盟军部署为：新西兰师以矩形阵列驻守在防线南部，同时让第 22 装甲旅驻防在该阵地与阿拉姆－哈勒法山之间（为达到隐蔽性，蒙哥马利要求该旅藏在阵地中，不许暴露兵力，更不许主动出击）；在第 22 装甲师后方，蒙哥马利安排了第 23 师作为预备队。另外，在阿拉姆－哈勒法山脊上，蒙哥马利让刚从尼罗河三角洲赶来的新西兰第 44 师驻守（山脊以南由第 8 装甲旅驻守）。为了最大限度地发挥防线功能，蒙哥马利要求第 7 装甲师临时驻防阿拉姆－哈勒法山南部的西侧一带，如果敌人攻击这里，部队立即撤退；如果敌人转道突击阿拉姆－哈勒法山主阵地，部队则从东面和南面进行小规模的牵制。

这样的防御战术虽然过于谨慎，却十分周全。因为隆美尔的北非军团若从正东方向攻击，将会遭到第 8 装甲旅的迎头痛击，而第 22 装甲旅和新西兰第 44 师的炮兵也会攻击其左侧；若隆美尔的北非军团从左侧攻击，那么不仅需要先通过雷场，还需要面对隐藏起来的第 22 装甲旅及位于右侧的第 8 装甲旅。总之，隆美尔的北非军团无论攻击哪个方向，都会面临强劲的对手以及被包围的危险。一旦隆美尔的北非军团被围，盟军的空军和各炮兵部队将在第 8 集团司令部的无线电指挥下，对其进行地毯式轰炸。

开战前夕，在蒙哥马利的感染下，第 8 集团军显得分外镇定和自信。基于当时的实际情况，隆美尔战线过长，交通线显得十分危险，而且他的人员和物资也很不足：各个师共缺员 1.6 万人，运输工具大部分是无法使用的战利品；战斗装备比编制规定的少 210 辆坦克、175 辆装甲运兵车；弹药、燃料和口粮也难以为继。对隆美尔来说，一个明智的选择是向西撤退到一个适当的防御阵地，以便更加靠近自己的基地。隆美尔是一个运动战高手，而蒙哥马利则擅长“机械化的静态战”，这让隆美尔感到头疼，他很不喜欢这样的对手。这一次如果他真的退却，蒙哥马利的所有努力都将付诸东流。

不过，蒙哥马利认为隆美尔一定会进攻。正如他所预料的，隆美尔的处境决定了他不能后退，这也是希特勒的命令。此时，苏德战场上的德军正在高加索方向发动大规模攻势，进展还算顺利，如果隆美尔能够继续向东推进，两支德军就有可能呈钳形向中东和印度洋方向挺进。

命运的天平倒向了蒙哥马利，隆美尔不仅不得不进攻，而且他还生病了，严重的胃溃疡和鼻子上的疾病折磨着他，而且血液循环也不好，这使他的判断力受到了影响。医生认为他的身体状况已不适合继续指挥部队作战，为此，隆美尔建议由古德里安来接替自己，但遭到了希特勒的拒绝。

原本隆美尔把战斗发起的时间安排在 8 月 25 日晚上，但是在行动前，他将计划取消了。隆美尔为什么会取消计划呢？根据战后收缴的纳粹资料来看，这主要是因为隆美尔内心深处对该战役犹豫不定。德军大本营知道隆美尔取消战役后，强令他排除万难，务必在近日发动攻击。

8 月 27 日，英国情报部门给蒙哥马利传来情报，非洲装甲集团军的非洲军会在两三天后的夜里发动突击。情报的准确性帮了蒙哥马利一个大忙，又经过几天的紧张准备，第 8 集团军对战胜隆美尔拥有了坚定的信心。

8 月 30 日，隆美尔的情绪低落到了极点，他对给自己检查身体的医生说：“战斗就要开始了，可是我很难下达攻击的命令，如果战情有所变化，那么……”隆美尔没有再说下去，双手抱头陷入沉思。医生从未见过隆美尔如此消沉，心想：“我们百战百胜的元帅如今怎么了，难道我们真的会败于此地?”但他也只能劝隆美尔注意休息，不要多想，之后便退了出去。

傍晚，蒙哥马利为打消隆美尔的顾虑，假意安排空军对隆美尔的机械化兵团驻地进行空袭。隆美尔果然上当，认为蒙哥马利还不知道自己的攻击计划，于是在夜幕降临时命令全军出击。

战役开始了，第 8 集团军参谋长甘冈走进蒙哥马利的卧室，推了推正呼呼大睡的蒙哥马利，说道：“他们进攻了。”

蒙哥马利睁了睁迷糊的双眼，嘴角露出一丝微笑，说：“很好，照计划执行!”说完又蒙起被子睡了起来。

甘冈见蒙哥马利一副胸有成竹的样子，笑着摇了摇头，退出房间。甘冈返回指挥部，按照先前的计划，有条不紊地指挥部队作战。

战事的发展完全在蒙哥马利的预料之中，尽管隆美尔军团攻势猛烈，但是回应他们的是更猛烈的炮火。可以说，阿拉姆 - 哈勒法战役在最初的几个小时里，就奠定了隆美尔军团必败的结局。

在非洲横行无阻的非洲装甲集团军，这次不得不在蒙哥马利设置的雷场前停下脚步，因为他们发现雷场的设置十分诡异，而且分布面积广大。8 月 31 日凌晨 4 点 30 分，负责开路的非洲军终于在雷场打通了一条道路，但付出的代价也是巨大的——德军第 90 轻装师师长受伤，第 21 装甲师师长俾斯麦将军阵亡。

到上午 10 点，非洲军终于冲出雷场，朝东面的盟军阵地突进。然而，让他们没有想到的是，此时蒙哥马利正微笑着等待他们一步步走向“地狱”。蒙哥马利指挥空军和炮兵，采用密集的轰击战术，对整个非洲军进行炮火覆盖。很快，非洲军便遭到重创，非洲军军长瓦尔特 · 内林将军因为受伤，将指挥权交给了参谋长弗里茨 · 拜尔莱因。

望着前线燃起的熊熊大火，隆美尔叹了口气，对身边的拜尔莱因说："看当前情势，我们是不是需要暂停攻击？"

拜尔莱因小心地回答说："或许应该调整进攻了，看情形，敌人似乎对我们的进攻非常了解。"

隆美尔背着手踱来踱去，沉吟半晌才说："再来一次看看！"

就这样，隆美尔的非洲军转道向北，攻击阿拉姆－哈勒法山的主高地。按照蒙哥马利的部署。阿拉姆－哈勒法山的主高地藏有第 22 装甲旅，旅长罗伯茨准将看到德军突击这里后，命令各部队隐蔽好，等敌人坦克进入 1000 米内再开火。没多久，非洲军的坦克就进入了第 22 装甲旅的阵地前沿。罗伯茨马上命令所有坦克和火炮一起开火，短短数分钟内，非洲装甲集团军的坦克群中便燃起了熊熊大火。

然而，强悍的非洲装甲集团军并没有被吓倒，反而以更凶猛的方式继续前进。凭借丰富的作战经验，非洲军终于在第 22 装甲旅的防线上撕开了一道缺口。为了堵住缺口，罗伯茨赶紧将步兵团调到缺口处。德军的坦克冲到步兵团防线时，步兵团的反坦克炮奏响了隆美尔失败的号角：一辆辆德军坦克被击穿，整个战场呈现一边倒的局势。

正当非洲军陷入主战场时，后方的运输补给部队又遭到英第 7 装甲师的偷袭，数十辆装载大量物资的卡车在炮火中化为灰烬。

隆美尔得知前线战况后，赶紧让部队脱离战斗，以免被全歼。9 月 1 日清晨，隆美尔为了了解部队失败的原因，亲自赶到前线。战场的情形让他大吃一惊，遍地都是坦克的残骸和士兵的尸体，侥幸活下来的官兵们则双眼无神地瘫坐在地上。

9 月 2 日，英国空军向进攻的德军发动了十几次空袭。英军炮兵也在距德第 15 装甲师约 3 千米的正面，发射了 1 万多枚炮弹。由于没有步兵配合作战，德军的坦克损失严重。这使隆美尔陷入了进退两难的境地。

这时，蒙哥马利又调集了 400 多辆坦克和大量的反坦克炮来加强山脊的防守力量。此时，德、英双方的坦克和步兵的兵力对比都是 1：5。白天，英军的大炮几乎没有休息，德军每放 1 炮，他们就回以 10 炮。晚上则轮到英军的轰炸机表现了，他们的轰炸使非洲军片刻不得安宁。

图为阿拉曼战场上的一支盟军突击队进攻德军防线

这时，阿尔贝特·凯塞林①元帅和意大利答应送来的汽油仍音讯全无，眼看油料一天天减少，就算英军不进行阻击，恐怕也很难将这些坦克全部开到尼罗河。

这天晚上，英第7装甲师突袭了德军的运输补给部队，数百辆德军运输车还没来得及做出反应，便在炮火中化为灰烬。

隆美尔知道，自己的进攻速度已远远落后于原计划，显然已无法突破英军的防御阵地，阿拉姆－哈勒法山脊成了装甲部队的危险地带，不可久留。紧接着，隆美尔又获悉新西兰师正向德军后方穿插，想要合围

① 阿尔贝特·凯塞林：德国空军元帅，绰号“微笑的阿尔贝特”，“二战”期间指挥空军参与了入侵波兰与法国的行动、不列颠战役和巴巴罗萨行动，还担任过南方战区总司令，指挥地中海和北非战场全部德军部队，“二战”末期任德军西线总司令，战后被判处死刑，但随后赦免为无期徒刑。

自己，于是下令停止进攻，退回原来的据点。

第 13 军军长霍罗克斯看到隆美尔逃跑，请求蒙哥马利让他带兵追击。蒙哥马利认为，隆美尔的非洲军团虽然大败，但是主力尚存，于是下令所有部队只能与近处敌人作战，不得追击逃跑之敌。他的谨慎让隆美尔的小算盘落空了，因为他正打算利用英军的追击进行一次反冲击。

隆美尔在当初英军布置的雷场附近构筑了工事。因为缺乏兵员、油料和武器装备，他非常希望蒙哥马利能主动攻击自己。但蒙哥马利并不给他机会，决心用阵地战把隆美尔军团拖住，直到拖死为止。蒙哥马利还说，要保留德军在阿拉曼阵地前沿的一个观察哨，以便英军在准备下一次战役时所采取的各种欺骗措施能够被他们看到。9 月 7 日，战场的枪炮声停止了，阿拉姆－哈勒法战役以英军胜利告终。

此战，蒙哥马利的第 8 集团军一共伤亡 1640 人，被毁坦克 68 辆、反坦克炮 18 门。尽管如此，与隆美尔非洲军团的损失相比，已经可以说是大胜了。非洲军团一共伤亡 2370 人，被俘 570 人，被毁坦克 50 辆、火炮 50 门、卡车 400 辆。

阿拉姆－哈勒法战役是北非战场上的一次重大胜利，也是扭转北非战事的重要战役之一。它不仅振奋了第 8 集团军的士气，还大大鼓舞了同盟国继续抵抗法西斯的信心。战役开始前，盟军遭遇了无数困难，在这种情况下，任何一场胜利，哪怕是小小的胜利，都成了一种奢望。此前，同盟国很多高层人士都认为蒙哥马利不是隆美尔的对手。他们坚信隆美尔击败北非盟军后，将向东北突击并攻占中东油田，接着再与苏联境内的德军会师。如果战局果真如此发展，同盟国一定会付出巨大的代价，第二次世界大战的结束也将遥遥无期。幸运的是，蒙哥马利在北非阻挡住了不可一世的隆美尔军团，同时也树立起了自己的威望，让那些沙漠老兵对他刮目相看，也对日后与隆美尔的决战产生了很大影响。这次失败的教训令隆美尔刻骨铭心，其打击不仅是物资人员上的，更是心理上的。他说：“当敌人完全掌握了制空权时，即使你拥有最新式的武器，也将像原始人与现代欧洲军队对阵一样，处境十分艰难而绝没有取胜的可能。”

蒙哥马利对这次的战果很满意，他认为，第 8 集团军以实际行动证明了他们是名副其实的精锐之师，更重要的是，第 8 集团军又成了一支士气高昂的部队。

美国总统罗斯福派遣特使温德尔·威尔基[①]前来学习经验。在硝烟散尽的战场上，蒙哥马利一边向威尔基讲述当时的战场情况，一边骄傲地说："我会再找隆美尔交锋的！"

对蒙哥马利来说，阿拉姆－哈勒法之战仅仅是一个开始。他在寄给英国友人的信中写道："与隆美尔的初次交战，让我明白了要想战胜敌人，首先要建立必胜的信心。我与隆美尔的较量将继续下去，这就像一场体育竞技，这一轮是他发的球，下一轮该轮到我了……"

埃及的危机解除了。第 8 集团军在开罗举行了庆祝宴会，会上，蒙哥马利向各国驻埃使节宣称："在不久的将来，我们一定会彻底消灭隆美尔的非洲装甲集团军。"这时，有人问道："不久的将来是多久？"蒙哥马利没有正面回答，但他充满信心地许下了诺言："一定要把德国人赶出北非！"

---

① 温德尔·威尔基：美国政治活动家，1940 年曾参加美国总统选举，最终败给了罗斯福。他对罗斯福政府的国内政策多有批评，但在外交事务上则采取合作态度。"二战"期间受罗斯福之托，访问了非洲、中东、苏联和中国等。

第六章　北非战场的较量

积极筹划“捷足”行动

阿拉姆－哈勒法战役的胜利没有冲昏蒙哥马利的头脑，战役刚刚结束，他就要求参谋们总结经验教训。很快，参谋们便拿出了总结书，蒙哥马利稍作修改后，下发给集团军所属部队，要求各部队照此进行训练。

当时，盟军在挪威、法国、希腊和亚洲战场屡战屡败，鲜有胜利，蒙哥马利在北非的胜利使盟国看到了胜利的希望。不过，当时全球反法西斯战线仍然面临较大压力。1942 年 7 月 2 日，英国议会开始批评丘吉尔，指责他对德战事不利。一名议员愤怒地说：“英军屡次失败，都是因为军官在执行政府愚蠢的、不思进取的主张。我们的百姓人人都知道一句话，那就是隆美尔如果在英军中服役，那么他永远都不会成为高级将领。”

议员们的发难，不但没有让丘吉尔感到难堪，反而使他把演讲能力发挥得淋漓尽致。他把责任推给前线将领，辩驳道：“我承认以前第 8 集团军的失败是高级将领们的无能，但是我们不是已经更换了一大批将领了吗？更何况，第 8 集团军还在蒙哥马利的带领下击败了隆美尔……是的，胜利是有些小，但是我相信未来一定会取得更大的胜利……隆美尔是个天才将领，但是我们英军一定有比他更强的战将。对此，我毫不怀疑，并且相信这个人马上就会出现！”就这样，丘吉尔躲过了众议员的指责，但也由此产生了一些负面影响——隆美尔被神化了。

对此，德国人开始尽情地嘲笑丘吉尔，《柏林经济报》刊登一则新闻，标题为：丘吉尔说——怪隆美尔。希特勒知道这件事后，也开起了玩笑："经常有人问我，隆美尔为什么会获得全世界的好评？对此，我只能说要感谢丘吉尔，因为如果没有他在英国众议院的精彩演说，那么人们或许都没有听过隆美尔这个名字。我不知道丘吉尔为什么会如此盛大地称赞敌方的将领，但是我可以想象，如果我们大肆宣传苏联元帅铁木辛哥①的成绩，那么对我们的军队一定会造成非常负面的影响——士兵们会把他当成一个神。"

为了堵住众人之口，丘吉尔急需一次胜利，一次超过阿拉姆－哈勒法战役的胜利。

1942 年 9 月 14 日，为了打开北非的僵持局面，蒙哥马利制订了代号为"捷足"的作战计划。

该战役预定在 10 月 23 日晚上发起，细节为：

为了在敌阵地和布雷地区打开两条通道，第 30 军务必攻击敌防线北面；通道打开后，第 10 装甲集团军由此推进，沿敌供应线的两侧修筑防御工事，以备消灭隆美尔赶来增援的机械化兵团；第 13 军从敌防线的南面突击，与第 7 装甲师配合，吸引敌装甲部队出击。第 13 军和第 7 装甲师不是主攻，牵制敌人即可，因此不得有大量伤亡。等到北方部队打开局面后，第 7 装甲师务必不惜一切代价，伺机向敌阵地内部突进。

中央突破战术大致有四种手段：一是参战部队在不同地点集结，可以达到佯攻效果，而这些欺骗手段会为战役的发起提供突然性；二是多兵种联合突击，能在打开的缺口处构建有效的防御阵地，以便进一步扩

① 铁木辛哥：苏联元帅、军事家。苏德战争爆发后，历任统帅部大本营主席、最高统帅部大本营成员、副国防人民委员兼西方向总司令、西方面军司令、西南方面军总司令兼西南方面军司令、斯大林格勒方面军和西北方面军司令，参与指挥过明斯克战役、斯摩棱斯克战役、斯大林格勒会战等。

大战果；三是不同地点的作战，可以让敌人摸不着头脑，使其预备队徒劳地来回奔波，而主力部队则利用这个时机快速推进；四是敌人防线一旦被撕开一条通道，外围的装甲部队和机动部队应当立即冲进敌阵。

蒙哥马利提出“捷足”计划后，参谋们纷纷要求参谋长甘冈劝阻蒙哥马利实施该计划。但蒙哥马利不是个轻易改变主意的人，他强令参谋们照此执行。中东战区总司令亚历山大看完“捷足”计划后，非但没有提出反对意见，反而让蒙哥马利放手去干。几天后，蒙哥马利在第8集团军高级指挥员会议上，正式宣布了该计划。

集团军内部统一了意见，这时丘吉尔却提出了要求，他想提前发起进攻。这有两个方面的原因，一方面是因为丘吉尔正处在国内议员们的口诛笔伐之中，另一方面是因为苏联正不断地要求英、美在欧洲开辟“第二战场”。

9月17日，亚历山大赶到蒙哥马利的司令部，一进门就说：“我带来了丘吉尔首相的电报，他要求你务必在这个月对隆美尔发起进攻。”

蒙哥马利接过电报，看了看说：“我不会在这个月发动进攻的，因为一切都还没有准备好。如果推迟一个月发动攻击，那么我保证能打胜。”

亚历山大刚想辩驳，蒙哥马利又说：“我曾经答应过部属，只要战斗的准备不充分，我无论如何也不会发起进攻。”

亚历山大沉思片刻，说：“那么，请给我一个具体的时间！”

蒙哥马利指了指作战地图，说：“我的部队会在10月下旬休整完毕！10月24日是月圆之夜，我会在前一天的23日夜里发动攻击。”

紧锁眉头的亚历山大没有说话，只是点了点头就离开了。丘吉尔接到亚历山大的报告后，生气地把电报揉成一团扔进垃圾篓里。他给亚历山大回了电报，内容为“一定要让蒙哥马利在9月份开始战斗，这是为了配合苏联的反击战及盟军在11月份登陆北非西海岸的战略。”

亚历山大看完电报后摇了摇头，无奈地坐在了沙发上。他十分清楚，蒙哥马利决定在10月23日发起进攻，是符合北非战场的客观条件的。如果为了开战而开战，第8集团军会因缺少准备而导致失败。他几经权衡，把丘吉尔的电报通过电话告诉了蒙哥马利，并说自己站在他那一边。

蒙哥马利对亚历山大充满了感激，说：“谢谢您对我的支持！我不会接受首相的命令的，他提出在9月份展开攻击的想法简直蠢透了。如果他决意要这么干，就让他安排别人来接手我的工作！”

听完蒙哥马利的话，亚历山大的嘴角泛起了笑意。他知道蒙哥马利是在威胁丘吉尔，也知道丘吉尔一定会妥协。因为如今的蒙哥马利已经不是当年那个默默无闻的将领了，阿拉姆－哈勒法一役使他在国内声名鹊起。如果此时丘吉尔将蒙哥马利撤离第8集团军，那么无论议会还是民众，都不会答应。果然，当亚历山大把蒙哥马利的话转告丘吉尔后，丘吉尔无奈地接受了。

事后，蒙哥马利与别人谈及此事，承认自己当时是在讹诈陆军部和首相。他说：“只要是稍微有点头脑的将领，在这种时候都会像我一样做的，这是军事常识。”

就在蒙哥马利和丘吉尔为战役发起时间而不断交锋时，隆美尔的身体越来越差了。他的医生在诊断书中这样写道：“隆美尔元帅的身体非常糟糕，任何时候都可能发生昏迷，这是由于他长期的胃病和肠功能紊乱造成的低血压引起的。最近，因为天气和过度疲劳，隆美尔元帅的病情恶化了。本人建议隆美尔元帅立即离开北非，返回德国调养一段时间。”

隆美尔也担心自己的病情越来越重，于是把病情诊断书发给德军最高统帅部，并建议将职务交给坦克战专家古德里安。古德里安是原第2装甲集团军总司令，由于在1941年的莫斯科战役中惨遭失败，被恼羞成怒的希特勒解除了职务。很快，德军最高统帅部的威廉·凯特尔①元帅允许隆美尔回国休养，但是强调古德里安不可能接手非洲军团总司令的职务。

---

① 威廉·凯特尔：德国元帅，曾任德军最高统帅部总参谋长。他是“二战”中德军资历最老的指挥官之一，战后被纽伦堡法庭判处绞刑。

经过一番考虑，凯特尔元帅安排格奥尔格·施登姆将军赶赴北非，接替隆美尔。9 月 19 日，施登姆将军接任了非洲军团临时总司令一职，冯·托马[①]将军接任非洲军军长一职。隆美尔向施登姆介绍防御情况时，强调自己的防御主体为地雷带，因为他相信英军会从自己的防线正面突入。

隆美尔的地雷带呈伞面分布，阵地前一共埋有近 25 万枚反坦克地雷和近 15 万枚反步兵地雷。在这些地雷带的后方 2000 米处是步兵防御阵地，再往后是大型反坦克炮阵地。至于机动性很强的机械化部队，则被放在最后面充当预备队。

9 月 23 日，隆美尔起程离开北非。临行前，他为了报阿拉姆－哈勒法之仇，让施登姆抓紧做好反攻准备，并拍着胸脯向施登姆保证："只要战斗打响，我立即从德国返回，我们一起击败蒙哥马利！"

回国途中，隆美尔来到了意大利，并于 9 月 24 日与墨索里尼会面。他向墨索里尼指出，除非装甲集团军能够得到此前提出的最低限度的补给，否则他们将不得不撤出非洲。但墨索里尼认为这只是隆美尔为其失败所找的一个借口，他甚至认为，隆美尔的病情也是因为接受不了失败而导致的，因为"他习惯于一直打胜仗并处处受人尊崇"。尽管如此，墨索里尼还是口头答应将加强对非洲的后勤补给。

此时，德军最高统帅部仍然十分乐观，似乎完全不知道非洲发生的事情。他们对隆美尔所说的英军战斗轰炸机用 40 毫米美制穿甲弹轻松地击穿德国坦克的事表示怀疑。

9 月 30 日，隆美尔见到了希特勒。事后，他写信告诉施登姆："元首已经答应尽可能地增援装甲集团军，首先是最新最大的坦克、火箭发射装置和反坦克炮。"他还要求希特勒提供大量的火箭弹、260 毫米的迫击炮和最新式的奈比尔威弗的多管火箭发射器，以及至少 500 台烟幕弹发射器。

---

① 冯·托马："二战"期间历任德军摩托化部队总监、第 17 装甲师师长、非洲军团总司令，1942 年被英军俘虏，后死于狱中。

10 月 3 日下午，隆美尔飞往维也纳的塞麦宁山，在那里治疗高血压和肝病。

蒙哥马利得知隆美尔离去后，既兴奋又失落。兴奋的是，隆美尔的离开使他对战役的胜利更有把握；失落的是，他失去了一个重量级的对手。

在针对战役进行训练时，蒙哥马利发现，有些师的训练很差，以至于在战斗中常常遭受一些不必要的损失。比如，新来的第 44 师对穆纳西卜洼地发动了一次袭击，结果一个营遭受了重大伤亡，其根本原因在于缺乏经验而又忽视沙漠战的特殊规律。之后，该师的 2 个旅被解散；另一个旅则被调到第 10 军改编成一个车载步兵旅，重新学习沙漠战的必需知识以及在装甲师中充当步兵所需要的新技术。该师的侦察营和运输排也被打发去执行它们并不熟悉的任务——清除地雷场。

另一个新的步兵师是第 51 高地师，这个师的运气还算好。它有自己的训练场地，进行过几次演习。为确保澳大利亚师能够抽出一个旅进行高强度的训练，它还要把所属各旅轮番配属给它，但这也使这些旅学到了很多东西。

在第 7 装甲师里，第 4 轻装甲旅在 10 月 18 日以前担负作战警戒任务，没有时间参加训练；第 22 装甲旅的任务则轻一些，因而进行了 3 次演习。

第 10 军的训练，则因后勤部门工作效率低下而被耽误了。托卜鲁克陷落后，美国慷慨地提供了 300 辆“谢尔曼”坦克，并于 9 月份运抵尼罗河三角洲，但迟迟没有装备部队。

另外，由于德军在前沿阵地部署了大量地雷，蒙哥马利在训练大纲中加入了扫雷训练。负责监督扫雷训练的是第 8 集团军工兵指挥官基希准将，他从英国调来了新式探雷器和一位非常优秀的训练指挥员——彼得·穆尔少校。

为了让扫雷训练贴近实战，基希要求一线的军官们都要撰写扫雷报告，然后把这些报告交给穆尔少校。他对穆尔说：“你把军官们的报告整理后，需要制定出相应的训练大纲。这个任务我给你一周时间，到时你带着大纲来找我。如果我同意了，你可以在集团军内成立扫雷训练基地。”

很快穆尔就拿出了训练大纲，并在战役开始前培训出了 56 组扫雷人员。为应对复杂的战场情况，基希还要求机械制造师打造扫雷车辆。经过一番研究，机械制造师们终于拿出了由 20 多辆“玛蒂尔达”坦克改装的扫雷车。这种扫雷车的扫雷原理为：利用车前方旋转轴上的链条，不断地抽打前方的土地，以排除地雷。然而，扫雷车非常笨拙，工作时不仅会让前方产生大量灰尘，还会经常因发动机过热而死机。因此，战役开始后，扫雷车并没有发挥什么作用，只是被第 7 装甲师当作佯攻的武器。

在训练时，穆尔还经常让学员们到前线实习锻炼。有一次，他带着学员们在前线扫雷，结果被德军的一个机枪哨发现并遭到攻击，扫雷学员们赶紧卧倒还击……穆尔看着不断喷出“火舌”的机枪，拧掉两个手榴弹的安全栓，让司机开车将他送到机枪哨附近。

吉普车迎着不断飞来的子弹，径直向机枪哨驶去。突然，吉普车压到了地雷，“轰”的一声，穆尔被抛出了车厢。学员们还以为穆尔牺牲了，没想到几分钟后他却扛着受了重伤的司机回来了。学员们用望远镜观察吉普车时，发现被炸毁的车后轮里藏有两颗手榴弹。这是穆尔被震出吉普车时顺手塞进去的，想炸死出来检查战况的德国士兵。

排雷训练为即将开始的战争提供了非常重要的先决条件。为了更好地完成排雷计划，蒙哥马利还从陆军部要来了 500 多个新式地雷探测器、120 英里的标示带和 88 775 盏标示灯。

隆美尔对蒙哥马利实施的紧急训练表示了赞赏，他评论道：“他们的夜间机动能力很强，可以想见，他们在进攻之前一定进行了大量艰苦的训练。”他还说：“英国人的计划经过了准确的计算。”

主动发起阿拉曼战役

1942 年 10 月 5 日，情报部门给蒙哥马利送来了非洲军团的最新情报，内容大致为：非洲军团后勤物资极其匮乏，油料仅够坦克一周用量，食物只够三周用量，运输工具、零件、弹药和药品也极缺乏，兵员损减还非常严重。非洲装甲集团军的状况使希特勒非常生气，他把隆美尔看成失败者，对于要不要让隆美尔指挥非洲装甲集团军这个想法产生了动摇。

以上情报让蒙哥马利非常高兴。鉴于形势出现了变化，他立即调整了“捷足”计划，新的计划为：战役开始前，扫雷人员务必在阿拉曼防线的雷场扫出一条通道，如果扫不完，负责进攻的各装甲师需要亲自动手；第 1 装甲集团军和第 30 军先锋部队进入通道后，不要立即追击非洲装甲集团军的装甲部队，而要堵住各路口，困住敌人的步兵，等德军装甲部队救援步兵时，全集团军装甲部队务必积极应战。

蒙哥马利的新计划遭到了一些部属的反对，他们认为步兵很有可能因为德军的阻击而无法随坦克一起冲锋，若坦克负责排雷，那么进攻将是灾难性的。但蒙哥马利没有搭理他们，坚决要求各部队执行命令。

为了达到攻击的突然性，让敌人搞不清战斗在何时何地发起，蒙哥马利下令实施代号为“伯特伦”的欺骗计划。欺骗计划主要在战线的南北两端实施，主要负责人为参谋长甘冈和著名的欺骗部队——A 部队的指挥官克拉克。

首先，他们在前沿地区伪装了弹药及其他作战物资的堆集所，以保证有足够的作战物资而又不让敌人察觉。比如，他们在阿拉曼车站附近建立了一个足以储存补给品 600 吨、油料 2000 吨以及工程器材 420 吨的露天堆集所。这个堆集所除了有一些地方坑坑洼洼外，完全看不出堆集所的样子。

其次，他们用假车辆伪装坦克和其他车辆的运动，使德军对英军的部队集结见怪不怪。10 月 1 日，他们把这些假的卡车、大炮、武器牵引车等都拉到阵地上，到夜里再把假的换成真的，然后又用专用的伪装物把真车伪装成假车。为了对付德军的高空照相侦察，他们在准备进攻的各师开来的后方地区，继续保持原有的车辆密度，然后用假车代替开走的真车。

再次，为了让德军相信主攻将从南翼开始，他们从9月下旬开始在南翼铺设假油管，并故意让德军看到工程可能要到11月初才能完工。这段假油管长约20英里，油管槽沟均按正常的施工方式挖掘，并且铺设了假铁路用来运送油管材料。他们分别建造了三个假的油泵房，其中两个油泵房旁边还建造了给水房和储油罐。

此外，他们在新的道路上设置路标，利用通信分队模拟即将在南面发动主攻的无线电通信。他们还利用已经掌握的德国间谍网，频频发出假情报，说英军不可能在11月中旬以前发起进攻。

为确保欺骗计划能够成功，蒙哥马利要求第8集团军内部执行严格的保密制度，直到9月28日至10月21日才按军衔高低分批传达即将采取什么行动。前沿部队则直到进攻发起当天上午才得到命令。可以说，这次战役之所以能够获得胜利，这些欺骗战术起到了非常重要的作用。

为了稳操胜券，蒙哥马利还为部队补充了大量兵力。开战前，在北非对立的两大集团军的兵力如下：

英第8集团军共有19.5万人，下辖8个步兵师、4个装甲师，装备1229辆坦克（包含500多辆美制“格兰特”式坦克和改进的“谢尔曼”式坦克）；

非洲装甲集团军共有8.2万人（其中有近万人是没有战斗力的伤员和病号），下辖8个步兵师、4个装甲师，装备550辆坦克（包含320辆陈旧的意大利坦克）。

另外，英第8集团军还在海、空军方面占有优势。英军在北非共有作战飞机1500余架，而德、意军只有350架；英军还有大量潜艇与空军协同，不时攻击德、意海上补给线。

一边倒的兵力优势及周密的战斗计划，使蒙哥马利对即将发起的战斗充满了信心。此时此刻，他手里还握有一张致命的王牌——设在英国本土的电报密码破译机，可以捕获、翻译德军的电文，从而使隆美尔的一举一动都在他的掌握之中。

德军的处境日益艰难。隆美尔回国之前，在南北防线纵深分别部署了一个德军装甲师和一个意大利装甲师：南方靠近英军的是德军的精锐装甲师，并配置了步兵和炮兵，准备依托防线中部的米泰里亚山脊，层层阻击英军的进攻。问题在于，他的后勤补给极度缺乏，而蒙哥马利偏偏抓住他这一弱点，利用“超级机密”破译的情报，让海、空军拦截德、意运输船队，把隆美尔望眼欲穿的人员、装备、汽油、食品和弹药都送进了大海。德、意运输船队损失惨重。隆美尔的前线部队经常一个月不见蔬菜，疾病流行，能够参加作战的人员日益减少。而隆美尔对英军的战略部署仍一无所知。

10 月中旬过后，英第 8 集团军已是万事俱备，只等蒙哥马利发号施令了。

10 月 19 日，蒙哥马利召开了中校以上军官大会。他在会上公布了行动计划，并指示各级指挥员务必把局部战斗和整体战斗配合得当。会议快结束时，蒙哥马利强调：“我们在这次战役中虽然拥有强大的兵力，但是绝不能掉以轻心。各位一定要记住一句话——战场瞬息万变，在胜利没有最终来临前，任何事情都有可能发生。”

10 月 23 日早晨，蒙哥马利给全体指挥员写了一封信，内容为：“即将开始的战斗是一次决定性的战役，它会成为整个反法西斯战争的转折点……世界在看着我们，关心着这次战役的进展。我希望身为军人的我们，全身心地投入战斗中，为了民族、为了国家、为了世界，务必将战争进行到底，将胜利牢牢抓稳……对每个将士来说，现在所要做的，就是坚决战斗到底，艰苦作战，顽强杀敌，直至取得胜利。如果我们团结一致，齐心协力，那么，结果就只有一个：击败隆美尔，将他赶出北非去。”

当天上午，为了迷惑敌人，蒙哥马利再次召开了记者会。他告诉记者，在未来的战斗中，第 8 集团军一定会重创敌人。蒙哥马利刚刚说完，记者们便纷纷提问，有的问究竟什么时候开战，有的问英军凭什么能战胜非洲装甲集团军。面对记者们的问题，蒙哥马利只是笑着说，答案很快便会揭晓。

下午，蒙哥马利和参谋长甘冈一起来到集团军指挥所。第 30 军、第 13 军的军部也设在附近。为了能随时访问军长们和部队，蒙哥马利还特地调来了一辆“格兰特”式坦克备用。

前方的士兵们都做好了战斗准备，进入了战壕。他们知道战役就要开始了，有的人抱着枪盯着天空发呆，有的人拿起笔刷刷地写着日记、家信。随军的牧师们也接到指示，在战壕中来回为士兵们布道。

晚上，第 30 军军长利斯将军在蒙哥马利的指挥所吃了饭。饭后，利斯将军想去阵地看看，就对蒙哥马利说：“总司令阁下，我想去阵地转转!”

蒙哥马利看了他一眼，说：“有什么好看的！都这个时候了，你能做些什么？现在你的任务是好好睡觉，因为你无论做什么都改变不了战势了！我希望明天可以看到精神焕发的你，你的部队需要你来振奋信心!”利斯将军走后，蒙哥马利也上床睡觉了。

晚上 9 点 40 分，位于英军阿拉曼防线上的 1000 多门大炮，对着非洲装甲集团军奏响了“死亡进行曲”。一时间，整个阿拉曼地区地动山摇，火光冲天。不到半个小时，敌人的炮兵阵地就受到重创。紧接着，盟军调整炮位，1000 多门大炮集中火力，又对德军前沿阵地展开了轰击。德军防线变成了一片火海，漫天的沙尘和浓烟遮住了皎洁的月色。

战后，德军一名少将如此描述这场炮击：“我们的阵地似乎成了人间地狱，从前线传来的巨大轰鸣，就像是地狱之门被打开了。我从来没有听过那样的炮声，至少我们师的大炮不会有这样的动静。我们防线的南部和北部，如同遭到了陨石雨的攻击，整片天空都发出耀眼的光亮。我不知道前线士兵们的感受如何，我想他们应该在盼望着英军停止炮击，好让自己逃离这个死亡地带。”

炮击过后，无数颗照明弹升到天空，德军的阵地瞬间亮如白昼。在曳光弹的指引下，英军士兵奋不顾身地朝敌军阵地扑了过去。

接替隆美尔的施登姆将军连忙组织兵力防御。英军的进攻大大出乎他的意料，他在白天还给德军最高统帅部发电报说：“一切平安!”

按计划，位于德军防线北部的英军先头部队共有三个目标：

第一个目标是“酢浆草”地区，它沿着米泰里亚山脊的西斜面延伸，然后向西北转向腰形山脊的边缘，接着转向正北（“捷足”计划规定凌晨3点10分夺取该地）。

第二个目标是“皮尔森”地区，它沿着腰形山脊的西端向东南延伸（“捷足”计划规定天亮前由3个装甲旅夺取该地）。

第三个目标是“小气鬼”地区，它位于“皮尔森”目标地带的正西方向，大致的范围在拉赫曼车站到泰勒阿卡基尔以南（“捷足”计划规定此地由装甲部队夺取）。

由于步兵师的扫雷进度太慢，装甲师也参与到了扫雷行动中。他们开辟了四条通道，但是每条通道只有几米宽，根本不足以让大部队通过。幸运的是，英军的进攻虽然没有完成既定任务，但是德军已经被打懵。因情况不明，施登姆准备到预备阵地上的第90轻装步兵师那里去了解情况，不幸的是，他的车跑错了路，居然跑到了澳大利亚师的阵地前。澳大利亚师立刻向他的车开枪，打死了他的副官。慌乱之中，司机掉转车头逃命，施登姆因惊吓过度，心脏病发作而一命呜呼。之后，非洲装甲集团军的指挥权落到了冯·托马将军手里。

英军实施突击后，德军前线阵地的重武器遭到了严重毁坏，仅凭普通武器根本无法对英军形成有效威胁。就这样，英军顺利撕开了德军的前沿阵地，继续向纵深推进。此时，第23装甲旅的“瓦伦丁”坦克团和3个步兵师协同作战，新西兰第2步兵师和第9装甲旅协同作战。

在雷区小心翼翼前进的英军，不断地遭到炮火轰击。此外，零星分布的地雷也让他们吃尽了苦头。他们越往深处突击，敌人的抵抗就越强烈。由于夜间视野不佳，加上沙漠里的特殊环境，推进中的英军不时地遇到顽抗的敌人。

负责在大部队前方排雷的穆尔少校，在战后讲述当时的情形说：“我们的扫雷兵需要在大部队冲锋时扫清地雷，可以想象在莫大的战场上，几个孤零零的排雷兵是多么的寂寞！我们在清扫第一地雷带时，不知怎么回事，竟然被德军发现了。他们开始向我们射击，没有办法，我们只能就地卧倒，因为四周都是雷区，无法随意躲避。20 分钟后，德军停止了射击，他们可能认为我们见了上帝。我们悄悄地聚在一起，发现通信工具都被打坏了……为了完成任务，我们只能硬着头皮继续扫雷。”

穆尔少校手下有个班长，名叫布朗利·霍奇基斯，他带着全班清扫一片雷区时，突然遭到敌人的猛烈射击，全班死的死、伤的伤，只有他一人还能动。霍奇基斯知道，如果不尽快清扫出一条通道，后续的进攻部队将遭受很大的伤亡。最后，他冒死清扫出了一条几千米长的通道。战后，霍奇基斯荣获了一枚军功勋章。

10 月 24 日凌晨 3 点，穆尔的扫雷队如期完成任务，清扫出了几条突击通道。现在第 8 集团军的攻击势态为：在北部战线，新西兰师位于中央地带，边上为高地师第 154 旅；右侧部队是澳大利亚第 26 旅，左侧部队是南非第 3 旅；澳大利亚旅、高地师的另外两个旅和一个南非旅位于后方。

10 月 24 日天快亮时，蒙哥马利对南部战线第 13 军和第 1 自由法国旅的行动非常不满，因为按计划，第 7 装甲师应该在 10 月 23 日晚上 10 点开始进攻，通过两个地雷带后构建阵地，而第 1 自由法国旅要在同一时间攻取纳克布赖拉高地。可是现在，第 1 自由法国旅不但没有攻占一片土地，反而遭到德军的反冲击，损失大量车辆不说，还造成 2 名上校阵亡，而第 7 装甲师也仅仅清扫出了第一地雷带。南部战线面临着非常危险的境地，因为此时的他们要么冲破第二地雷带，要么被德军围歼。

上午 9 点，蒙哥马利看清战场形势后，对北部军队下达了两道命令：一是务必将北部通道打通；二是新西兰师夺占“酢浆草”地带和米泰里亚山脊后，继续向南推进。

为了向米泰里亚山脊以南推进，新西兰师准备协助第 10 装甲师突击。但第 10 装甲师行动缓慢，新西兰师只好把向南推进的任务交给了第 9 装甲旅。结果，第 9 装甲旅不仅没能完成任务，还被德军毁坏了大量车辆。

蒙哥马利得知这一情况后，马上召开师级以上指挥员会议，要求第 10 装甲师务必在天黑前突击到新西兰师附近。蒙哥马利对第 10 装甲师师长亚历山大·盖特豪斯说："如果你们完不成任务，新西兰师就会因缺少保护而无法进攻，所以我已经做好了接到第 10 装甲师重大伤亡报告的准备。"

这个时候，蒙哥马利已经对装甲部队产生了怀疑。他在回忆录中这样说道："第 10 装甲师师长缺乏进攻的积极性，这说明他没有处理紧急情况的能力……我不知道我们的装甲部队怎么了，没有一支装甲部队能圆满完成任务，我想这是因为他们缺乏进攻意志。"

其实，装甲部队并不像蒙哥马利所想的那样——缺乏战斗意志，他们作战不利是有原因的：在南部作战的盖特豪斯的坦克部队，之所以较长时间没有冲过米泰里亚山脊，是因为他们受到雷场、敌人坦克和反坦克炮的威胁；高地师和第 1 装甲师并非惧敌，相反，他们始终在竭力作战，于当天傍晚逼近了腰形山脊。

值得一提的是，在地面部队陷入苦战时，盟军空军发挥了重要作用。他们不仅对敌人的防御阵地狂轰滥炸，还不时地应第 8 集团军的要求四处进行支援。比如：击溃第 1 自由法国旅的德军基尔集群，就遭到盟军战斗轰炸机的大规模轰击；德军第 15 坦克师和利托里奥师的坦克部队，也被盟军战斗轰炸机穿梭轰炸。10 月 24 日，空军出动战机千余架次。

10 月 24 日晚，为第 10 装甲师提供的保障工作准备就绪。但第 10 装甲师师长盖特豪斯以"没有做好准备"为由，拒绝向前突击。原来，盖特豪斯看到山脊上的雷场分布广泛，并且德军炮火猛烈，对突击命令产生了怀疑。

10 月 25 日凌晨，第 8 装甲旅旅长卡斯坦斯甚至直接建议盖特豪斯取消突击任务。为了避免集结的坦克因敌人炮击而造成更大的损失，盖特豪斯向拉姆斯登军长提出了撤退的建议。

拉姆斯登军长把盖特豪斯的意见上报给参谋长甘冈，甘冈立即把他和第 30 军军长利斯叫到集团军指挥部。利斯和拉姆斯登抵达集团军司令部后，向蒙哥马利汇报了战况。

拉姆斯登说："第 10 装甲师的一个装甲团目前已经进入了山脊西侧的开阔地带，如果等到天亮，他们一定会遭到德军铺天盖地的炮击。盖特豪斯师长要求把部队撤到山脊的东斜面，说那里比较安全。”

蒙哥马利生气地说：“这场战斗是生死之战，不能有一丝迟疑或动摇。我警告你，如果你不按计划行事，你这个军长就不要干了。还有，请你转告盖特豪斯师长，如果他还想指挥第 10 装甲师，一定要让部队冲上去。”蒙哥马利说话时表情非常严肃，因为他很明白装甲部队对整个战役的重要性。

拉姆斯登知道蒙哥马利的脾气，他说：“我可以按计划行事，但是我无法保证盖特豪斯也服从命令。”

蒙哥马利鄙夷地看了看他，明白拉姆斯登对盖特豪斯心存畏惧，于是亲自拨通盖特豪斯的电话，责问道：“盖特豪斯师长，你的部队是什么情况，为什么不按计划行事？”

“总司令阁下，我们并没有放弃计划，只是遇到了雷场，进展有些缓慢而已。”

“我要的是结果，不要给我找理由！如果你还想继续担任第 10 装甲师师长，那么尽快给我完成任务！”

当天凌晨，第 10 装甲师下辖的第 8 装甲旅经过苦战，终于有 2 个团通过了山脊，还有 1 个团紧随其后。然而，到早上 7 点左右，这 3 个团为了躲避德军的炮火，又返回山脊下方。8 点左右，第 10 装甲军的装甲部队在拉姆斯登的指挥下，一鼓作气地冲到了开阔地带。尽管付出了巨大的代价，但他们成功了。

蒙哥马利抓住机会，当即命令所有的步兵部队加入战斗，对德、意军进行“歼灭性”的打击。然而，由于北部军队的强劲突击，非洲装甲集团军临时总司令冯·托马已经知道蒙哥马利的主攻方向是北部，并调整部署，将主要兵力投入北部防线。一时间，战场上的兵力越来越多，数以千计的炸弹不断爆炸，整个战场都被滚滚的烟雾笼罩住了。

新西兰师损失严重，只剩下疲惫不堪的 2 个旅。蒙哥马利得知这一情况后，急令新西兰师摆脱当面之敌，掉头往北配合澳大利亚师歼灭北部地区的残余之敌。新西兰师立即行动，在艰难地摆脱德军后，率部向北突击。此时，第 13 军仍在雷场上徘徊，而南部战场陷入了被动局面。

面对紧张的局势，蒙哥马利在中午时召开只有第 30 军军长利斯和第 10 装甲军军长拉姆斯登参加的小型会议。会议气氛十分沉闷，除了蒙哥马利面色轻松，其余两人全都眉头紧锁。蒙哥马利看了看他们，问道："你们如何看现在的局面?"

利斯说："战况非常不好，德军反击的力量越来越大，我认为第 30 军需要暂停攻击……"

"我同意，我们的装甲部队也面临很大的危险，我建议先撤离……"拉姆斯登附和道。

蒙哥马利不等他们说完，打断道："我早就说过，不准有撤离的想法！不就遇到点小挫折吗，这能说明什么？只要我们坚持下去，胜利必将拥抱我们。现在，大体的作战计划仍然不变，细节方面略加改动。我决定，第 30 军停止向南突击，坚守米泰里亚山脊一带；向南突击的任务由澳大利亚第 9 师接手，但需要对进攻路线略加改动，先朝海边突击；第 10 装甲军作为突击主力，向西方和西北方向推进；第 10 装甲师撤离当前战场，参与第 10 装甲军的行动。"

会议结束后，利斯和拉姆斯登当即返回了部队。这次会议的时间有些紧迫，但是蒙哥马利对于作战计划的调整，对整个战役的胜利起到了决定性作用。

10 月 25 日晚，澳大利亚师展开猛烈突击，结果一举推进到了沿海公路附近。突击的成功为该师提供了绝佳的攻防地形和炮兵阵地，但第 10 装甲师和高地师的突击不太顺利，拖累了整个集团军的进攻势头。

看到攻击不顺，蒙哥马利离开前线，返回司令部睡觉。攻击的不顺引起了德军的反扑，到 10 月 26 日清晨，第 8 集团军不仅没有完成既定任务，还损失了大量人员及装备。其中，伤亡及失踪人员达 6140 人，被毁坦克 300 多辆。对蒙哥马利来说，最大的问题是步兵。步兵在他的集团军中所占的比例并不大，但战斗中伤亡的大部分都是步兵。实际上，那个时候他已经没有步兵预备队了，所有的步兵师都部署在前线，特别是新西兰师和南非师几乎没有什么补充兵员。这是他不得不面对的一个严峻的现实。

波折不断的“增压”行动

在希特勒的指示下，在德国休养的隆美尔于10月25日晚上11点25分赶回非洲装甲集团军司令部。见到临时总指挥冯·托马将军后，隆美尔问道：“我们前沿阵地的防御力量并不弱，英军是如何突破的?”

冯·托马将军回答道：“施登姆将军禁止炮兵大规模轰击，担心会浪费炮弹。”

隆美尔顿时恍然大悟，原来英军能轻松突破防线、攻占雷区，原因就在于这道愚蠢的命令。不过，施登姆已经阵亡，责任只好由自己来扛了。这一夜，隆美尔只睡了几个小时，于10月26日凌晨5点左右赶到前线。

此时，非洲装甲集团军已有200辆坦克被摧毁，剩下的369辆坦克中有221辆落后的意大利坦克。而且物资严重缺乏，油料供给出现短缺。现有的油储量仅够3天之用，但是，他的运油船和弹药船都在海上被击沉了。隆美尔感到十分绝望。他在发给德国统帅部的电报中说：“看来，这场战役我们输定了！若想挽回，唯有供给得到改善，但是这是不可能的!”

隆美尔此时的处境，正如中国的一句俗语：“巧妇难为无米之炊。”他已经束手无策了！与之相反，蒙哥马利的第8集团军除了兵员稍有不足外，后勤运输部队正源源不断地给前线送来补给物资。

10月26日清晨，隆美尔在日记中写道：“昨夜，隆隆的炮声让我难以入睡。来到前线后，我发现英军正在我们以前的雷场上构筑工事。在以往的日子里，这块土地谁都不会搭理，就连当地人都懒得看一眼。现在却有数十万人为它绞尽脑汁……统帅部让我们坚守，但他们不知道，我们每发射一发炮弹，敌人就会还以数倍或数十倍的炮弹……”

就在这一天上午，蒙哥马利看着不断传来的战情报告，心里明白，如果要改变当前的局面，必须再次调整战术。他走到作战室，看着墙上的作战地图，陷入苦思之中。眼下第 8 集团军比对手更需要休整，一味的猛攻只会加重部队的伤亡。想到这里，蒙哥马利再次制订了代号为“增压”的战斗计划，具体方案为：澳大利亚师继续向北突击，其他部队原地休整，坚守不出。

晚上，蒙哥马利又对“增压”计划做了补充，把遭到重创的新西兰师调到后方休整，其防区由战斗力尚存的南非师和印度第 4 师接管。接着，他又命令第 7 装甲师继续向北突击，第 10 装甲师则积极寻找战机。

深夜，第 10 装甲师偷袭了隆美尔的防线前沿。经过一夜激战，非洲装甲集团军的前沿阵地变成了一片火海。第 10 装甲师没有选择占领阵地，他们唱着凯旋之歌停止了战斗。整个阿拉曼战场出现了短暂的宁静。

10 月 27 日，隆美尔知道英军打算从腰形山脊向西冲到海边，于是把第 90 轻装甲师从预备队里抽调出来。他意识到，一旦防线的右侧被英军突破，那么自己的装甲集团军就会面临灭顶之灾。为了堵住英军，他亲自指挥第 21 装甲师向北突击，但被英军第 2 步兵旅硬生生地挡住了。英军第 2 步兵旅损失严重，但是全体官兵的战斗意志非常高昂。

战后，战斗调查委员在一份报告中这样写道：“德军有 22 辆坦克被毁，意大利军有 10 辆被毁。”这次战斗的规模并不大，但对第 8 集团军产生了莫大的鼓舞。针对这次战斗，隆美尔在给妻子的信中这样写道：“敌人的战斗力非常强大，并且有充足的后勤补给。我不知道我能不能活着回到德国，可是回去又有什么用呢，失败者是不会受到怜悯的！”

10 月 28 日早上，隆美尔再次给妻子写了一封信，内容为：“亲爱的，我还有没有时间给你写信，只有上帝知道了……敌人正在聚集兵力，我们少得可怜的兵力和物资怕是难以抵挡了。作为军人，我一定会抵抗到底，如果我回不去，孩子就要由你一人照顾了。不要为我悲伤，好好教育儿子，希望他长大后能继承我们家的荣耀。”

上午 8 点 50 分，隆美尔进入作战室，面无表情地对指挥官们说：“看情形，敌人即将展开大规模攻击。这是一次决定性的战斗，我希望任何人务必无条件听命，哪怕命令是坚守到最后一人，也要战斗到底！谁要是不听命令或临阵脱逃，不管职务高低，一律就地正法。”

隆美尔的讲话让属下们纷纷猜测：难道要进行肉搏战了？难道我们真的要彻底失败了？

这天上午，蒙哥马利为了让第 10 装甲师撤出战场休整，命令第 30 军和第 10 军在山脊一带转入防御。中午，他又让新西兰第 44 师顺着澳大利亚师开辟的通道，沿着海边继续挺进，配合推进的还有第 9 装甲旅以及几个步兵旅。考虑到集团军需要组建更为强大的预备队，蒙哥马利又让配合新西兰第 44 师的第 133 步兵旅向北推进。

在战争中，调整部署并不是什么稀奇的事情，蒙哥马利也认为自己在战场上有随机应变的权力，因此，他在变更部署前没有向上级汇报。结果，这个他认为是合乎逻辑的变动，在非常关心战事的丘吉尔看来却成了怯战的表现。10 月 29 日，丘吉尔打电话责问总参谋长布鲁克："你们总参谋部在干什么？为什么要让蒙哥马利停止攻击？为什么又让部队从前线撤到后方？如果蒙哥马利害怕隆美尔，那么请你告诉他，我们还有很多优秀的指挥官！"

为了给丘吉尔一个交代，也为了解释蒙哥马利为什么要这么做，布鲁克召开了总参谋长委员会会议，详细地向丘吉尔和其他政要说明蒙哥马利的计划。然而，丘吉尔等人根本无法理解"增压"计划，布鲁克只好反复解释，最后终于让他们"闭嘴"了。

实际上，布鲁克也犹豫不定，不知道蒙哥马利的战术究竟能不能获得成功。他在办公室里走来走去，一种寂寞、绝望的感觉笼罩全身。毫无疑问，蒙哥马利是幸运的。在这次战争中，布鲁克这位上司兼老朋友总是无条件地站在他这边，为他挡下了不少的麻烦。可以说，如果没有布鲁克，蒙哥马利惹下的事早就让他无缘今日的成就，而在这方面，隆美尔显然没有那么幸运，因为希特勒总是粗暴地干涉他的指挥。

蒙哥马利对自己造成的地震毫不知情。10 月 29 日上午，第 8 集团军司令部来了两个不速之客——驻开罗的国防部部长亚历山大·凯西和驻中东英军参谋长麦克里少将。

蒙哥马利见两位顶头上司不打招呼，铁青着脸来到司令部，不由得有些惴惴不安。他想，一定是自己的计划让丘吉尔等人产生了疑虑。果然，凯西部长一进入指挥部便说："看来我需要给丘吉尔首相写封信，让他做好战败的准备。"

蒙哥马利听了心里"咯噔"一下，赶忙说："部长，您千万不能写这样一封信，否则您一定会被赶出军界的！"

"那么，你要我怎么办？当前，我在北非看到的是第8集团军正准备撤退！"

"不是这样的，您听我解释。"蒙哥马利走到作战地图旁，一边指着作战地图上的敌我双方攻守态势，一边解释着"增压"计划。

渐渐地，凯西部长和麦克里少将的脸色开始缓和了，最终鼓起掌来。临走时，他们让蒙哥马利放手去干，思想上不要有任何负担。随后，麦克里将蒙哥马利的计划转告亚历山大总司令，亚历山大和凯西部长一起给丘吉尔发了封电报。丘吉尔接到电报后，悬着的心终于放了下来。

中午，英国空军总司令阿瑟·威廉·特德[①]将军也突然来到第8集团军司令部。正在研究作战计划的蒙哥马利看到特德，忙问道："过来怎么不提前说一声？发生了什么事？"

"没什么事，我只是听说你又制订了一套计划，所以过来看看有没有我们空军的任务。"

"就是它！"蒙哥马利指着桌上的作战计划。

特德看完计划书，说道："虽然超出想象，但是还不够大胆，我认为还可以再激烈点！"

蒙哥马利张大嘴喊道："还不够激烈？您就放心吧，我一定会让空军尝到'屠杀'的滋味的。"

特德耸了耸肩，说："是陆军'屠杀'吧！行啦，没有任务，我还乐得清闲呢！"

一通玩笑之后，他们一起吃午餐。当他们有说有笑地就餐时，参谋长甘冈把一份文件递给蒙哥马利。蒙哥马利翻看了一遍，对特德说：

---

① 阿瑟·威廉·特德：英国皇家空军元帅，"二战"期间历任中东皇家空军司令、北非战区空军司令、地中海战区空军司令和盟国远征军最高司令部最高副司令，战后任英国空军参谋长。

"战场出现了变化，这里有最新的德军情报，有没有兴趣听听？"

"卖什么关子，有话就说。"特德把手中的刀叉放了下来。

"澳大利亚师向北突击时，发现对手竟然是德军第 90 轻装师下属部队。你知道第 90 轻装师是什么样的部队吗？它是隆美尔非洲装甲集团军里最精锐的部队之一，也是德军的三个精锐师之一。我敢肯定，隆美尔把主力部队都投到了北线，那么他手中已经没有预备队了。"

"你是怎么知道的？仅凭这份情报？"特德指了指放在桌上的几张纸。

"哈哈，你就拭目以待吧！"蒙哥马利兴奋地说。

一切正如蒙哥马利所料，隆美尔将所有主力部队都调到了北部战线，包括原驻防在南线的第 21 装甲师。整个非洲装甲集团军在南线只剩下隆美尔瞧不上的意大利军队了。

以前，第 8 集团军的情报处处长威廉斯曾对蒙哥马利说过，只要把德军和意军分开，那么攻击意军根本不费吹灰之力。如今大好的机会出现了，蒙哥马利情不自禁地笑了起来。

特德走后，蒙哥马利宣布了新的作战命令，将作战区域向南延伸，以便新西兰师可以突击德、意军队的接合部。接着，蒙哥马利又给澳大利亚师下达作战命令，让他们在 10 月 30 日深夜向海边发动大规模突击，以配合主力部队攻击意军。

10 月 30 日夜，澳大利亚师按计划向海边突击。战斗打得非常激烈，尽管他们没有冲到海边，但切断了附近的大量公路及铁路，并且抓获了 500 多名德军官兵。隆美尔派了大量部队前来阻击。

就在蒙哥马利准备启动"增压"计划时，新西兰师师长弗莱伯格突然报告说："德军阵地不明，需要继续侦察；士兵较为疲惫，需要休息。"

蒙哥马利也不愿冒险，于是把总攻时间推迟至 11 月 2 日凌晨 1 点 05 分。大战开始前的平静是令人窒息的，11 月 1 日这天，整个阿拉曼战场充满了死亡气息。

隆美尔知道，继续留在阿拉曼战场只能坐以待毙，于是悄悄安排部队撤往阿拉曼以西 100 千米处的富卡。他没有把这个撤退计划告知德军最高统帅部，一是担心电报被英军截获，二是担心撤退计划会遭到德军最高统帅部的拒绝。

然而，还没等隆美尔展开行动，蒙哥马利便发动了“增压”战役：先是200多门大炮向德意军队的接合部轰炸了3个多小时，然后大批轰炸机涌到目标地区上方倾泻炸弹。接着，新西兰师、第151步兵旅、第152步兵旅和第9装甲旅开始突击。很快，新西兰师、第151步兵旅、第152步兵旅便夺占了既定目标，但负责攻击拉赫曼铁路线至泰勒阿卡基尔地区的第9装甲旅却遭受了巨大损失。原来，德军在该地区修筑了大量的防御工事以及防坦克壕。

不过，对于第9装甲旅的损失，大家在战前就已经有了心理准备。新西兰师师长弗莱伯格在战前会议上说：“由火炮组成的阵地理应由步兵来攻击，可是我们手头没有多余的步兵部队了！”

第9装甲旅指挥官约翰·柯里沉默半天，说道：“我想我们的部队会受到50%的损失。”

“甚至更多，总司令部都做好100%损失的准备了。”弗莱伯格回答。

尽管如此，战场的情况仍远比众人预料的复杂。新补充的坦克性能非常差，开动时扬起的尘土挡住了后面坦克手的视线，致使一个分队出发不久便迷失方向，脱离了大部队。大部队为了等他们，足足耽误了半个多小时。就在这半个小时内，德军做好了战斗准备，虎视眈眈地等着他们发动攻击。战斗打响后，德军凭借坚固的工事、大量反坦克炮和坦克，使得第9装甲旅伤亡230人，损失74辆坦克（一共94辆坦克）。与此同时，德军也损失惨重，被毁35门大炮、54辆坦克。

11月1日，经过一天的战斗，第8集团军虽然没有完成既定计划，但是已经彻底摧毁德军的心理防线。其中，非洲装甲军团第15、第21装甲师一共损失7000多人，坦克减至30辆（意军的坦克几乎全部被毁）。

战斗结束后，冯·托马给隆美尔汇报战情的结语为“我们能守住战线，全靠士兵们的顽强和英军没有继续进攻”。

阿拉曼战役胜利结束

恶化的战局让隆美尔悲观不已，他在发给德军最高统帅部的电报中写道：“我们虽然挡住了英军的冲击，可是官兵们已经尽了全力，目前蒙哥马利准备再次发动更大规模的攻击。”隆美尔的这封电报很明显是在给统帅部打预防针，他要下令全军撤退了。

11 月 2 日晚上，冯 · 托马给隆美尔打电话，说：“元帅，士兵都在抱怨缺乏弹药和食物，看样子我们无法继续坚守了……”

“不用说了！”隆美尔打断冯 · 托马的话，“我已经想好了，全军在今晚撤退。”

“感谢上帝！”冯 · 托马松了一口气。

“先不要感谢上帝，等你安全撤离再说。”隆美尔的语气软了下来。

“怎么了？”冯 · 托马问。

“我计划让步兵部队先撤，你们军负责殿后。”隆美尔坚决地说。

“放心吧，元帅！我保证完成任务，除非上帝提前带走我！”冯 · 托马“大义凛然”地说。

“很好，我相信你对希特勒元首的忠诚。不过，在万不得已的情况下，可以优先保护生命。”隆美尔已经做好了全面溃败的准备，根本没指望冯 · 托马能抵挡多久。

“只要希特勒元首不放弃我，我肯定不会投降！”冯 · 托马拍着胸脯保证道。

“照顾好自己。嗨，希特勒！”隆美尔把右臂向正前方举高 45 度。

“嗨，希特勒！”冯 · 托马也坚定地举起了右臂。

晚上 9 点 05 分，按照隆美尔的指令，冯 · 托马把命令传达给了各级部队。

由此可见，蒙哥马利的“增压”计划成功了，因为隆美尔军团从心理上已经崩溃了。不过，假如隆美尔的撤退计划能够实现，那么蒙哥马利精心布置的“局”将会大打折扣。

现在，蒙哥马利的机会来了，希特勒硬生生地阻止了隆美尔的撤退计划。

11 月 2 日夜里，隆美尔给德军最高统帅部发去一封电报，最后一句话为“11 月 2 日至 3 日夜间，机动力较弱的步兵部队将会全部脱离阵地”。

希特勒在 11 月 3 日清晨才看到这封电报，他愤怒地把电报撕得粉碎，接着抹了抹额头的几缕头发，给报务人员口授了一封电报。电报是写给隆美尔的，内容如下：

为什么要撤退？不许后退一步！你是否知道北非的战局，我和我们的人民每时每刻都在关注！作为元首，作为你的上级，我把人民的孩子交给你，不是为了让你带领他们逃窜。当前，你必须坚守阵地，必须把每一杆枪、每一条生命都投入战场，你没有第二条路。你只需要坚守几天，几天后南线总司令凯塞林就会让空军增援到位，附近的意军也会驰援而至。敌人现在虽然占有优势，但是他们的力量已经耗尽。我知道你现在面临很大的困难，但是历史上凭精神赢得胜利的战争又不是没有。我希望你告诉官兵们，坚持就是胜利！

看完希特勒的电报，隆美尔气得浑身不停地颤抖，因为这根本不是一封电报，而是一道催命符。但作为军人，服从命令就是天职，他还是按照希特勒的命令去做了。

军团作战处处长齐格菲尔德·威斯特法尔上校看完电报后说，这是非洲装甲集团军的“毁灭许可证”！冯·托马虽然已经抱着“必死的决心”，但他还是愤怒地说道：“怎么可能不后退一步？炮弹也会把我炸飞好几米远啊！”隆美尔虽然下了停止撤退的命令，但是对撤退到防线外的部队，已经无法让他们返回了。因此，他只得要求防线内的部队全部回到阵地。

此时，英国正在破译隆美尔的电报。几个小时后，丘吉尔等少数几个军政首脑拿到了破译的电报。很显然，隆美尔正在向希特勒求援。他们马上向蒙哥马利发出指示，要求他毫不留情地猛攻岌岌可危的德军防线。

11 月 3 日夜间，蒙哥马利命令第 8 集团军开始突击。第 4 印度师和高地师一马当先，仅用了两次冲锋便突破了德军的前沿阵地。看到德军的防线被打开突破口，数百辆坦克和装甲车威风凛凛地大举推进。非洲装甲集团军在第 8 集团军的猛烈冲击下，并没有如德军统帅部预料的那样坚守到底，而是纷纷溃逃。

11 月 4 日上午，蒙哥马利给全体官兵写了一份公告，内容如下：

我对你们的英勇作战表示感谢，不可一世的隆美尔军团崩溃了，现在他们正在溃逃。当前，沿着海岸线往西逃窜的敌人，正被皇家空军轰炸。我建议全体官兵进一步对敌人展开攻势，一定要彻底摧毁他们的心理防线，让全世界看看我们英军的力量，看看整个反法西斯战线的力量。

与此同时，隆美尔也向德军南线总司令凯塞林元帅汇报了当前的情形。他写道："我们失败了，敌人的重装甲部队已经深入我们的阵地。我可以以身殉国，但是我不忍心看到无数将士随我而去……"

凯塞林元帅立即给德国统帅部发去电报，说："隆美尔已经无法守住防线，请批准非洲装甲集团军全面撤退……"而这正是隆美尔期待已久的。

英军的进攻仍在继续，冯·托马见隆美尔仍旧命令部下抵抗，绝望地说："希特勒元首放弃了我们，希特勒元首放弃了我们！"说完，他坐上坦克，义无反顾地朝着战斗最激烈的地方开去。当时，德军参谋长拜尔莱因正在前线指挥作战，只见一辆德军坦克冲到前线，紧接着一个熟悉的身影从里面爬了出来。这个人站在坦克外面，几名英国士兵端着枪，示意他举起双手。终于，拜尔莱因认出了此人正是冯·托马。拜尔莱因知道，冯·托马的心理防线已被英军摧毁，他是故意投降的。

拜尔莱因赶紧把这个消息报告隆美尔，隆美尔气得大骂冯·托马无耻，说好了以身殉国却率先投降。其实，冯·托马早就说过"只要希特勒元首不放弃自己，就坚决不投降"，但现在希特勒放弃了他，所以他的投降也在情理之中。

冯·托马的投降就像是压倒骆驼的最后一根稻草，彻底粉碎了隆美尔抵抗的决心。他顾不上希特勒的命令了，于11月4日下午1点30分下令全军撤退。11月5日凌晨，希特勒给隆美尔发来电报，同意他撤退。

冯·托马被俘后，很快被带到蒙哥马利的司令部。蒙哥马利非常绅士地邀请他共进晚餐，两人面对面地坐着，一边享用美味的晚餐，一边谈论着战事。这顿丰盛的晚餐是特意为冯·托马准备的，蒙哥马利平时用餐非常简单。

1942年11月7日，被俘的纳粹非洲装甲集团军司令冯·托马将军向蒙哥马利敬礼

晚餐结束后，蒙哥马利将一张地图摊在桌子上，问冯·托马："今晚，我们的先头部队会挺进富卡，如果现在你仍带领部队，应当怎样

应对?"

"没有应对的办法，我想我会继续撤离。"冯·托马看了看地图说。

其实，第 8 集团军的先头部队当晚不可能推进到富卡附近。为了防止部队遭到伏击，蒙哥马利令部队暂停追击。至此，阿拉曼战役基本结束。

第 8 集团军的这次胜利扭转了战局，为整个反法西斯阵线注入了一针强心剂。为了嘉奖蒙哥马利，英国政府授予他巴斯骑士勋章，并晋升他为英国陆军上将。这一年，蒙哥马利 55 岁。

11 月 5 日凌晨，撤到富卡的隆美尔又建立了司令部。此时，垂头丧气的非洲装甲集团军多数部队和增援而来的意大利机械化部队已经抵达。起初隆美尔想继续在这里停留，等待赶来的掉队人马，但是他很快便明白，等待只会让非洲装甲集团军全军覆没。

11 月 5 日早上，蒙哥马利给第 8 集团军下达了一系列指示：拉姆斯登指挥的第 10 军作为先锋部队，对非洲装甲集团军实施追击；利斯指挥的第 30 军暂时没有作战任务，撤到当前位置以西地区进行整编；霍罗克斯指挥的第 13 军也没有作战任务，负责打扫战场……

数年后，蒙哥马利在回忆录中这样写道："追击隆美尔的非洲装甲集团军是从 11 月 5 日开始的……我希望我们能追到的黎波里。"

正当新西兰师向富卡冲击时，瓢泼大雨冲毁了前方道路。第 8 集团军的追击部队只好在 11 月 7 日停下了脚步。隆美尔抓住时机，命令残余部队尽快从沿海公路撤离。

11 月 8 日，当第 8 集团军追击部队的一部分进入马特鲁港时，隆美尔的部队早已不见踪影。

在马特鲁港还发生了一个小插曲——蒙哥马利差点成了俘虏。原来，蒙哥马利为了让司令部有一个"家"，就和警卫队四处寻找。期间警卫队和小股德军交上了火，蒙哥马利见敌人人数很少，便安排先头小组继续前进。他本想跟着先头小组前进，在大家的劝说下才勉强留了下来。谁知先头小组走到马特鲁港以东的"走私湾"时，被留下殿后的德军后卫部队全部抓获。试想，假如警卫队没有和小股德军交火，假如蒙哥马利和先头小组一起前进，那么他很可能就成了德军的俘虏。

这天上午，蒙哥马利接到了第 10 装甲师师长盖特豪斯递交的行动计划：“第 10 装甲师已做好战斗准备，请允许我向萨卢姆和托卜鲁克突击。”蒙哥马利知道第 10 装甲师战斗力很强，但是他不愿意冒险，因为他一直觉得狡猾的隆美尔有可能会突然反扑。

事实上，蒙哥马利如此谨慎是没有必要的，因为德军此时根本组织不了像样的战斗，坦克只有区区数十辆，野战炮和反坦克炮也不到百门。这样的军力根本不可能反击第 8 集团军。

由于未能乘胜歼灭隆美尔的非洲集团军，蒙哥马利受到了国内军政要员和议员们的质问，对此，他很机智地找了个借口说：“由于 11 月 6 日和 7 日的大雨，才使隆美尔部免于被全歼的厄运。上帝眷顾他！”

当然，蒙哥马利说的也是事实。不过，妨碍他们的除了大雨，还有汽油不足，而这显然是蒙哥马利的失策。

在追击非洲装甲集团军时，蒙哥马利要求追击部队尽量多带一点弹药，追击部队则认为应该多带一些汽油。但蒙哥马利表示，运输车会一直跟在他们后面，随时都可以加油。结果，第一批运输车在黑夜中与先头部队失散了；第二批运输车又远在后方，因为暴雨无法跟进，到 11 月 7 日，它们距供应第一辆卡车的加油点还有 40 英里。3 个装甲师不得不停止追击，等待运输车来给它们加油，这一等就是整整一天。而隆美尔利用它们等待的这 24 个小时，通过海岸公路将大部分残余部队撤走了。

第二天清晨，当英军进入马特鲁港时，港内已空无一人。

由于马特鲁港还有德军的一些残兵败将，第 8 集团军只好在 11 月 8 日进行全面清剿。也就在这一天，隆美尔接到了一个重大消息——“火炬”战役开始了。他面色铁青，呆呆地望着天空，这对他是一个致命的打击，因为它吹响了非洲装甲集团军灭亡的号角。

经与拜尔莱因商议，隆美尔决定沿着苏尔特湾海岸向后撤退，尽快脱离战场。为了减少损失，他还尽量减少战斗任务。

11 月 12 日，第 8 集团军全面夺取了埃及。蒙哥马利给全军官兵发了一份公告说：

亲爱的战士们，大家辛苦了！由于你们的努力，隆美尔已经逃出了埃及。今天，11 月 12 日，在埃及这片土地上，再也找不到法西斯军队了……不过，在北非还有法西斯的残兵败将，我们一定不能掉以轻心，一定要坚决地把他们消灭。接下来，我们要前往利比亚，那里将会有一场更大的胜利。这次我们离开这里后，以后将不再回来，我发誓一定不再回来。我的士兵们，我为你们感到骄傲，历史会铭记你们每一位的！

11 月 15 日，第 8 集团军的先头部队攻占了迈尔图拜临近的几个机场，接着夺取了德尔纳附近的机场。

11 月 23 日晚上，隆美尔带着部队撤到卜雷加港和阿盖拉一带，并就地构建了防御工事。蒙哥马利接到先头部队的报告后，命令前方部队不要攻击，仅以少量兵力骚扰即可。

为了对当前局势有个全面的了解，也为了让部队有充足的休整时间，蒙哥马利命令第 8 集团军主力部队停止行动。这次的战斗间歇，是阿拉曼战役开始以来最长的一次。

在这一个月的行动中，蒙哥马利不仅全面冲破了德军的阿拉曼防线，还一度追出了 1500 千米。但因为过于谨慎，以及追击计划不够明确，很多追击机会都被他错过了。而好的一面是，第 8 集团军的损失比预料中的要小很多。这次战役虽然不尽完美，但也是非常成功的。

总结各方面的声音，对于这一战役大致有两种观点：第一种观点认为阿拉曼战役不应该打，因为蒙哥马利原本可以在阿拉姆 - 哈勒法战役中再度发起攻击，一举歼灭隆美尔军团；第二种观点是英国战略理论家科雷里・巴尼特在《沙漠战的将军们》一书中提出的，他认为由于“火炬”登陆作战的威胁，就算蒙哥马利不发动阿拉曼战役，隆美尔也会弃守阿拉曼阵地。

对于第一种观点其实根本不必理会，因为这些人忘了隆美尔是一位杰出的战将，非常擅长组织防御。尽管他在那个时候身体出现了问题，

图为参加“火炬”行动的英、美联军在阿尔及利亚的奥兰附近登陆

可是一场战役还不至于让他思维混乱。如果蒙哥马利真的再次发起突击，那么隆美尔一定会撤到后方的雷场，并在那里构建强有力的反坦克工事。因此，蒙哥马利没有再发动进攻是正确的。第二种观点虽然有一定道理，但仍值得商榷。

另外，还有一些评论家对蒙哥马利本人进行了攻击，认为他是第一次世界大战留下来的旧军人，思想早已落后于当前战争。不得不说，这些评论家是只见其谨慎而不见其战略。

对于阿拉曼战役，丘吉尔曾说：“阿拉曼战役是反法西斯阵线的重要转折点。自此以后，我们一直在胜利，也一直在推进。”英国人民在欢庆阿拉曼大捷时，也把蒙哥马利推到了最伟大的英雄行列。

回顾这次战役，隆美尔写道：“英军面对的是我们成片的雷区，他们之所以能在夜间取得如此优异的成绩，关键在于他们进行了大量的刻苦训练。这样的战前训练对战斗双方都是非常重要的，谁能在此过程中取得好成绩，谁就能赢得战斗的胜利。”

第七章　穷追猛打“沙漠之狐”

不平凡的家族

阿拉曼战役的失败，使隆美尔认识到非洲装甲集团军已经无法在北非立足，离开只是时间问题。他来到阿盖拉地区后，亲自对整条防线进行了视察。阿盖拉防线一共185千米，身后是一片直径为450千米的大沙漠。

隆美尔知道这样的地形对自己来讲是个“死亡之地”，继续坚守只会葬身其中。因为漫长的防线根本无法抵挡英第8集团军的冲击，而且非洲装甲集团军既缺机动部队，又缺机械化装备所需的油料。

很快，隆美尔要求撤离阿盖拉地区的声音被意大利最高统帅部获悉。墨索里尼想在北非保留一个据点，于是和希特勒商量让非洲装甲集团军坚守阿盖拉防线。为了不让老朋友失望，11月22日，希特勒命令隆美尔不准撤离阿盖拉地区。而意军最高统帅部也想尽一切办法来说服隆美尔，认为非洲装甲集团军完全能够在阿盖拉防线挡住英第8集团军。

在一次会议上，隆美尔愤怒地责问南线总司令凯塞林、意军总参谋长休果·卡瓦利诺和意军北非战区最高指挥官埃托尔·巴斯蒂柯：“非洲装甲集团军只剩下35辆坦克和57门反坦克炮，请问我们如何抵挡第8集团军的420辆坦克和300辆装甲车？如果第8集团军在近日突击至我们的防线，并且实施战略包抄，那么我们要如何应对？”巴斯蒂柯等人不知该如何回答，但他们也不敢违抗希特勒和墨索里尼要求防守阿盖拉地区的命令。

11 月 26 日，巴斯蒂柯元帅发电报给隆美尔，说墨索里尼希望非洲装甲集团军能够向英军的先头部队发动有限的反攻。墨索里尼还说，在没有得到他和巴斯蒂柯同意的情况下，无论如何也不能再继续撤退。但是，隆美尔根本没有理会，通知纳瓦里尼和缪勒上校做好把部队后撤到布厄艾特的准备。

接着，隆美尔让费恩将军暂行指挥权，然后，他和贝恩特一起飞回德国，打算当面向希特勒陈述当前的困难，请求希特勒放弃那些错误的决定。巴斯蒂柯元帅得知这一消息后，气愤不已。

两天后，气冲冲的隆美尔出现在了德军大本营，身心憔悴的希特勒一看到他就大骂道：“混蛋，谁让你擅离岗位的？没有我的同意，你必须待在非洲装甲集团军中！”

隆美尔不敢辩解。在随后一个多小时气氛极为紧张的谈话中，隆美尔才明白希特勒的目标远不止利比亚。德军在东线的作战已经宣告失败，希特勒正为此大伤脑筋，心情十分糟糕。谈完话后，希特勒觉得还没骂够，又以严厉的口气质问隆美尔为何一退再退。

“因为我们没有足够的士兵和装备。”

希特勒挥手制止隆美尔的话，问道：“非洲装甲集团军现在剩多少人？”

隆美尔小心地回答：“六七万！”

希特勒扭头瞥了他一眼，继续问道：“那么，会有多少人攻击你？”

隆美尔心里盘算了一下，回答说：“将近 10 万吧！”

“哟，对方只比你多了这么一点，就把你吓成这样了？”希特勒有些阴阳怪气地说。

“不是人员问题，而是我们的武器几乎损失殆尽了！不说重型武器，很多士兵连步枪都没有。北非真的没法守下去了，为了减少损失，我们还是撤退吧！”隆美尔苦苦哀求道。

“撤！撤！我让你撤！”希特勒被隆美尔激怒了，随手拿起桌上的文件朝他砸过去。

隆美尔没有躲避，他从未见过希特勒如此失态。希特勒坐在椅子上冷静了一会儿，大声对隆美尔说："不要想着从北非撤离！放弃北非，会对意大利造成非常负面的影响。"

隆美尔没有再争辩，他知道希特勒现在根本听不进任何意见，而且，希特勒知道北非早晚会被英军夺取，只是感情上无法接受罢了。"看来，元首根本没把非洲装甲集团军的数万生命放在心上！"想到这里，隆美尔不禁打了个寒战。

隆美尔返回北非之前，希特勒要求他和戈林元帅一同飞往意大利会见墨索里尼，讨论当前的北非局势。他们见到墨索里尼后，经过一番激烈的争论，于 12 月 1 日达成了共识，内容大致为：如果英第 8 集团军突击卜雷加港，那么非洲装甲集团军可以撤离至的黎波里以东 370 千米的布厄艾特一带。

隆美尔回到北非阿盖拉防线时，已是 12 月 2 日凌晨。他没有睡意，反复思量着两件事，一是接受不了自己的溃败，二是希望蒙哥马利能早些进攻，以便自己早日离开这个该死的地方。

实际上，身心疲惫的不止隆美尔一人，他的老对手蒙哥马利也不轻松。当他命令部队向阿盖拉地区挺进时，第 8 集团军里隐隐出现了焦躁情绪：这 2 年，第 8 集团军的官兵们曾两次到达该地，但是最后都被赶了回去，大家都担心历史会重新上演。

蒙哥马利了解情况后，决定不给隆美尔任何机会，以强大的兵力直接攻取阿盖拉。他来到阿盖拉防线后，赶到先头部队第 30 军观察德军防线的情况，很快便从看似坚固的防线上找出了一个致命缺陷——阿盖拉防线南翼部分。这里道路难行，隆美尔只安排了少量兵力驻守，这让蒙哥马利欣喜不已。当然，对于这个缺陷，隆美尔内心也很清楚，他之所以没有在这里驻守大量部队，是因为没有运送兵力的车辆。

经过一番考虑，蒙哥马利准备在 12 月 15 日对阿盖拉防线进行全线突击。他的计划是：弗莱伯格将军指挥新西兰师绕到南面，从那里攻击非洲装甲集团军的后方；同时，高地师和第 7 装甲师从阿盖拉防线正面实施强大突击。

攻击的总体计划制订完后，蒙哥马利让第30军军长利斯负责具体的攻击计划，他本人则前往开罗过周末。2天后，蒙哥马利回到设在班加西以东的第8集团军司令部。他刚回来，情报人员便告诉他：“非洲装甲集团军的步兵部队正在秘密地撤退！”蒙哥马利听了，快步走到作战地图前查看隆美尔的撤退路线。现在情况非常清楚了，非洲装甲集团军要跑。蒙哥马利没有犹豫，把手中的笔一扔，决定把总攻时间提前。

12月11日，阿盖拉防线的正面遭到了英军的猛烈炮击。隆美尔听着前线不停的炮声，明白蒙哥马利已知道自己在撤退。他不愿与第8集团军发生任何战斗，于是命令前线部队撤离阵地，前往还算安全的埃尔穆格达的防坦克壕。

12月14日，蒙哥马利命令第8集团军进行全面突击。现在第8集团军将要采取的所有行动，都放在了新西兰师身上。新西兰师接到的任务是迂回到阿盖拉防线后方，从那里对非洲装甲集团军发动攻击。按照计划，新西兰师要在12月15日赶到迈拉代一带，然后在第4轻装甲旅的协同下发动突击。

由于长途跋涉，新西兰师的物资补给（主要为油料）很快出现了困难，不得不时常停下来等待运输部队。12月15日晚，新西兰师终于有2个步兵旅赶到了海边，遗憾的是，这2个旅之间存在一个差不多10千米的缺口。隆美尔不愧为“沙漠之狐”，狡猾的他机敏地抓住这一机会，指挥步兵部队悄悄通过了这个缺口。

等到新西兰师的2个旅靠拢后，隆美尔的步兵部队已经突围而去，只剩下机动性较强的机械化部队还在包围圈内。经过一天一夜的激战，这支机械化部队在付出巨大的代价后，也冲出了英军的包围圈。至此，阿盖拉之战结束了，第8集团军以非常小的代价俘虏了450名敌人，摧毁了18辆坦克、25门大炮。

战后，蒙哥马利命令新西兰师进行休整，由轻装甲部队负责追击非洲装甲集团军。随后，蒙哥马利将集团军司令部搬到第30军司令部附近，以便和第30军军长利斯讨论军情。

很快，圣诞节快要到了。为了让部队做好攻击利比亚首都的黎波里的准备，蒙哥马利让部队就地休息，在沙漠里过节。他个人生活简单，但是为了让官兵们尽兴，他要求后勤部队尽可能提供过节物资。可是，茫茫沙漠，哪里能找到啤酒和火鸡？为此，蒙哥马利特意派参谋们前往埃及购买。

12 月 25 日，圣诞节终于到了，蒙哥马利发表了圣诞贺词，祝大家节日快乐。为了向蒙哥马利表示敬意，很多官兵和英国人民寄来了贺信，祝贺他取得一次又一次的胜利。蒙哥马利从这些来信中抽取了一名士兵的信，一直收藏着。

夺取利比亚

12 月 29 日，蒙哥马利第 8 集团军的先锋部队逼近了隆美尔的新防线——布厄艾特防线。这个防线脆弱不堪，南部地带更是形同虚设，隆美尔无力抵抗，只能尽量拖延第 8 集团军的推进速度。

非洲装甲集团军不仅重型装备几近丢光，就连轻武器也极度缺乏。考虑到这一点，隆美尔提出把部队继续撤往利比亚与突尼斯接壤的马里斯防线，但遭到了罗马方面的坚决反对。墨索里尼亲自给隆美尔发来电报，命令道：“我再次重申，抵抗到底！在布厄艾特防线的德、意装甲集团军必须抵抗到底!”

意军最高统帅部甚至越过隆美尔，直接向属于非洲装甲集团军的意大利步兵部队下达命令，要求他们必须抵抗到底。这在一定程度上加深了非洲装甲集团军的危机，也使隆美尔对战局更加悲观了。

当时，非洲装甲集团军的意大利将领们都同意隆美尔的意见，认为应该尽快将 4. 5 万名德、意步兵撤到更远的西部，否则整个装甲集团军很有可能被英第 8 集团军包围，进而全军覆没。但是，隆美尔的一意孤行让意军最高统帅部深为不安，意军总参谋长卡瓦利诺甚至开始谋划让一个意大利将军代替隆美尔指挥非洲装甲集团军。

内外交困之中，隆美尔的病情更加严重了，精神也濒于崩溃，内心甚至产生了投降的想法。所幸意大利方面很快意识到了形势的严峻性，

12 月 31 日，墨索里尼终于妥协了，他给隆美尔下达了一个新的命令：“如果装甲集团军无法坚守布厄艾特，允许边打边撤，后退到的黎波里以东的霍姆斯山口。”

隆美尔接到命令后，一刻也不敢耽误，赶紧将意大利步兵部队撤到了离布厄艾特 200 多千米的霍姆斯防线，布厄艾特防线则由机动性较强的机械化部队负责防守。就在这时，隆美尔又得到了一个撤军的大好机会。

1943 年 1 月，为了保住战略要地突尼斯（位于非洲大陆最北端，与意大利的西西里岛隔海相望，东南面是利比亚，西面是阿尔及利亚），意大利最高统帅部要求隆美尔把第 164 步兵师调往突尼斯中南部的加贝斯隘道。隆美尔接到命令后，高兴地答应了。但他调过去的并不是第 164 步兵师，而是非洲装甲集团军第 21 装甲师。

蒙哥马利坐不住了，他知道隆美尔这是要逃跑。为了不让非洲装甲集团军全部逃完，他决定马上对布厄艾特防线发起进攻。突击布厄艾特防线需要行动快速，而挺进利比亚的黎波里则需要完备的后勤保障。如果缺少后勤补给，漫长的突击行程一定会拖垮部队。经过研究，蒙哥马利估计部队冲到的黎波里需要 10 天左右，因此，他马上命令部队准备 10 天的物资储备。在制定对布厄艾特防线的攻击方案时，蒙哥马利从参谋长甘冈那里得知物资会在 1 月 14 日前准备完毕，于是决定在 1 月 15 日凌晨发起总攻。

攻击计划为：负责正面攻击的是第 30 军，沿海岸线攻击的是第 50 师、第 51 师；第 7 装甲师和新西兰师绕到防线右侧，直接向的黎波里突击。

可惜天公不作美，就在 1 月 14 日，地中海突然刮起了狂风，把班加西港摧残得几乎无法运作。中东战区总司令亚历山大得知班加西港遭到大风破坏，港口每日吞吐量从 3000 吨降至 400 吨，建议蒙哥马利推迟攻击时间。蒙哥马利思索一番后，给中东司令部发去一封电报：眼下隆美尔正在逃跑，如果我们再推迟攻击时间，那么敌人就会跑光的。

1 月 14 日，为尽快结束战斗，蒙哥马利把不参加战斗的第 1 装甲师的坦克和第 10 军的卡车拨给各参战部队使用。

1 月 15 日，第 8 集团军对布厄艾特防线的攻击开始了。一切并不像蒙哥马利预料的那样，攻击非常不顺利——第 8 集团军遇到了硬骨头。原来，隆美尔并没有全面防守，只是让非洲装甲集团军第 15 装甲师负责殿后，该师利用坦克和大量地雷，成功拖住了第 8 集团军突击部队 2 天时间。利用这宝贵的时间，隆美尔将机械化部队撤到了霍姆斯防线，与步兵会合了。由于担心英军从侧翼迂回到的黎波里，隆美尔一到霍姆斯防线便命令意大利步兵撤回的黎波里。

霍姆斯是的黎波里前面的最后一道防线。如果被英军攻克，整个的黎波里便会落入英军之手。

1 月 18 日，第 8 集团军踏平布厄艾特防线后，朝的黎波里方向挺进。在突击的黎波里途中，还有最后一道屏障——霍姆斯市。如果能攻占这里，再攻击的黎波里就会轻而易举。蒙哥马利非常清楚这一点，于是让部队全速向霍姆斯市前进。1 月 19 日，第 8 集团军冲到霍姆斯市后，立即发动了攻击。战斗并没有想象的那么艰难，仅仅 4 天时间，蒙哥马利便站在了霍姆斯市中心。

霍姆斯市被第 8 集团军拿下后，隆美尔命令所有部队撤离的黎波里，带走或销毁所有军用物资，但由于撤离慌乱，仍有上千吨军用物资被留了下来。

蒙哥马利曾经表示，在进攻布埃腊特松后，如果 10 天之内无法攻占的黎波里，他将放弃这次进攻。因为他担心部队伤亡过大会给政客们找到抨击他的把柄。现在隆美尔主动撤退，使他摆脱了进退两难的窘境。

1 月 23 日中午，的黎波里的意大利副总督向蒙哥马利递交了投降书。

第 8 集团军解放了利比亚，意大利因此失去了北非和东非的全部殖民地。为了不让部队被大城市的物质腐化，也为了磨炼全体官兵的意志，蒙哥马利严禁部队把指挥部安排在宅邸或大楼内，并要求全体官兵在城外扎驻。他自己也以身作则，在的黎波里的一个多月里，从未在城里住过一个晚上。

从蒙哥马利发起阿拉曼战役到进入的黎波里，这一期间，世界反法西斯战争也取得了一系列的胜利，形势喜人：1942 年 11 月“火炬”行动取得成功，1943 年 1 月苏联红军取得了斯大林格勒战役的胜利，美军攻占太平洋上的瓜达尔卡纳尔岛，加上北非战争的空前胜利，所有这些构成了第二次世界大战的战略转折。

当时，第 8 集团军的所有物资都是从千里之外的班加西或托卜鲁克运来的。而的黎波里被撤离的非洲装甲集团军破坏严重，港口设施被尽数炸毁，港湾口也被爆炸导致的废墟堵塞。为了早日使的黎波里港恢复运营，第 8 集团军艰苦奋战，终于在 2 月初全面疏通了港口。2 月 3 日，为第 8 集团军运送物资的船只，终于缓缓地在的黎波里港口靠岸了。

2 月 3 日，丘吉尔和布鲁克视察了第 8 集团军，并检阅了在战争中立下大功的苏格兰师、新西兰师、装甲及后勤部队。这些军容严整、庄严威武的队伍，令丘吉尔赞口不绝。

为了继续追击隆美尔，蒙哥马利很快确定了新的目标——马雷特防线。这条防线位于突尼斯南部边界，起初是由法国建造用来抵御意大利军队从的黎波里入侵突尼斯的。该防线长 35 千米，东北挨着大海，西南靠着克劳尔山脉。克劳尔山脉海拔 800 米，全是羊肠小道，机械化部队很难通过。不过，在这条防线的西北方向，有一条可以运输装甲部队的铁路。

马雷特防线的正面有一条干枯的齐格扎乌河，河床的两侧是险峻的峭壁。在这里，德军重新修筑了大量钢筋混凝土工事，任何军队从正面攻击，都必将遭到痛击。这样一来，马雷特防线可谓固若金汤。

经过全面了解，蒙哥马利知道，若想攻下这里，必须迂回到沙漠，从其后方进行攻击。但进行如此长距离的迂回并非易事，因为隆美尔的非洲装甲集团军已经休整完毕，战斗力不可小觑。

当时，非洲装甲集团军约有 1/3 的部队拥有坦克，1/4 的部队拥有反坦克炮，1/6 的部队拥有其他火炮。人员一共有 7. 8 万名，其中 3 万是德国军人、4.8 万是意大利军人，与阿拉曼战役爆发前大致相当。但意大利对隆美尔不战而退、轻易断送的黎波里的行为感到极度愤怒。卡瓦利诺元帅生气地对墨索里尼说："隆美尔比我们在那里的侨民跑得更快，我们甚至来不及破坏的黎波里的一些重要设施。"

意军最高统帅部再也无法忍受隆美尔只顾德军安危而一再抗命的做法。卡瓦利诺元帅私下游说几个意军指挥官，想要寻找一位合适的意大利将军来替代隆美尔，以示报复。

1 月 26 日凌晨 5 点 59 分，隆美尔冒着倾盆大雨经过利比亚边境，进入突尼斯。当天晚上，他收到了意军最高统帅部的电报："基于阁下的健康状况，我们建议由乔瓦尼・梅塞[①]将军来接任你的职务，具体交接时间由你来决定。"同时，非洲装甲集团军也改名为意大利第 1 集团军。隆美尔非常生气，他一直以为接替自己的会是德国人。

隆美尔生气是有原因的，虽然从表面上看，非洲装甲集团军要听从意军最高统帅部指挥，而且人数也是意军占多数，但是意军的战斗力非常差，战斗通常以德军为主。

由于解除隆美尔职务的命令是由意军最高统帅部而不是德军最高统帅部发出的，所以隆美尔没有马上把职务交给梅塞将军，只是说要等德军最高统帅部的命令。希特勒知道此事后，思考了半天，最终没有让隆美尔离开部队。希特勒不表态，使隆美尔有理由继续指挥部队。

隆美尔不离开还有一个原因，那就是希特勒想把意大利第 1 集团军和第 5 装甲集团军合编成一个装甲集团军群，由德军南线总司令凯塞林负责指挥。但他的建议被意大利方面拒绝了。后来，又经过反复磋商，德、意双方决定，这 2 个集团军由第 5 装甲集团军司令阿尼姆[②]指挥。不过，由于阿尼姆仍然担任第 5 装甲集团军司令一职，并且 2 个集团军

---

① 乔瓦尼・梅塞：意大利陆军元帅，"二战"期间担任北非德、意联军和苏、德战争中意大利军队的指挥官，是少数善用装甲部队的意大利将领。

② 阿尼姆：即汉斯 – 于尔根・冯・阿尼姆，德国陆军一级上将，"二战"爆发后担任第 17 坦克师师长，后被调往北非指挥第 4 坦克集团军，奉命固守突尼斯。隆美尔因伤病回国后，他出任北非轴心国军司令，后被盟军俘获。

并没有统一的指挥部，因此 2 个集团军的最终指挥权仍在凯塞林手里。阿尼姆的军衔没有隆美尔高，却被任命为 2 个集团军的总司令，这让隆美尔内心非常不满。

此外，隆美尔非常注重个人荣誉，一心想报被蒙哥马利追击数千里之仇。最重要的是，他敏锐地看出当前战事有利于德、意军队，于是就想指挥部队一雪前耻。为了宣泄自己郁闷的心情，他对副官伯尔恩德上尉说：“我之所以迟迟不愿离去，只是因为我担心一旦战事有变，人们就会骂我临阵脱逃。我是那样的人吗？如果能复仇，我情愿以身殉国！”

尽管如此，隆美尔已经无法全权指挥意大利第 1 集团军了。因为他不仅要听命于意军最高统帅部，还要听命于德军南线总司令凯塞林。南线总司令凯塞林现在指挥着德国空军第 2 航空队和 2 个装甲集团军，权力扩大了许多。

卷土重来的隆美尔

年初的一个多月里，隆美尔败而不溃，带着这支首尾长达 60 英里，由坦克、大炮以及各种载人车辆拼凑起来的队伍，终于赶在被英军阻截合围之前到达了突尼斯。

一到突尼斯，隆美尔就收到了墨索里尼的电报：“你率领的撤退是一次壮举，元帅阁下！”他在来电中向隆美尔表示祝贺，但此时隆美尔情绪低落，萎靡不振，装甲集团军的参谋们对他的精神状况深感不安。突尼斯可以说是隆美尔大撤退的底线，德军到这里后已经退无可退了。隆美尔开始重新部署防线。事实上，他已经在酝酿一场恢复自身名誉的战斗。

突尼斯，古称“迦太基”，位于非洲大陆最北端，北部和东部面临地中海，隔着突尼斯海峡与意大利的西西里岛相望，扼地中海东西航运的要冲。东南与利比亚为邻，西与阿尔及利亚接壤，是一块富庶丰饶、景色秀丽的土地。这里还是地中海的一大商业枢纽。不列颠的锡，西班牙的金、银、铅，非洲的象牙、奴隶都聚散于此。这也使突尼斯成为兵家必争之地。

隆美尔很熟悉突尼斯发生过的古代战争，尤其钦佩迦太基名将汉尼拔·巴卡①。汉尼拔曾翻越人迹罕至的阿尔卑斯山，深入罗马帝国腹地，大败罗马人，后因孤军无援，兵源、粮弹不济，被迫引军退回，最后拔剑自杀。

隆美尔觉得自己目前正处于和当年的汉尼拔一样的处境。因为德军最高统帅部也开始不信任他，认为他是个违抗军令、专横固执、欺上瞒下的败兵之将，应该对他减少各方面的援助。同时，意军最高统帅部也议论纷纷，一部分人指责隆美尔只考虑德国士兵的安危，盗用意军的车辆把德军从阿拉曼防线撤出来，而有意抛弃意大利步兵师。他们甚至怀疑隆美尔在耍弄手腕，企图撤出非洲，相对来说，意大利比德国更看重北非。

为了让隆美尔坚守非洲，希特勒答应了他的部分条件，这一方面是为了不让盟军尽早进入与突尼斯隔海相望的西西里海峡，因为这将导致意大利法西斯政权的崩溃；另一方面是为了继续控制地中海，迫使盟军绕道好望角而不是通过地中海到达非洲，从而拖住他们的100多艘运输船只，防止盟军过早在欧洲南部登陆。

在这种复杂的背景下，隆美尔必须想方设法在马雷特防线打赢一场大仗，以重新获得希特勒的信任。他以战术家的视角选择了突尼斯为主战场。在突尼斯，两条隆起的山脉逶迤连绵，中间夹着一块比较贫瘠的平原。这里的山地适合凭险而守，而平地又适宜装甲部队机动作战。

另一方面，希特勒和墨索里尼已于1942年12月9日将在突尼斯的德意部队编为第5装甲集团军，并任命冯·阿尼姆上将为司令，以便控制驻扎在突尼斯的所有部队，包括在必要的时候取代隆美尔。经过德、意两国的不断增援，第5集团军逐渐扩大到辖德军2个装甲师、1个摩

---

① 汉尼拔·巴卡：北非古国迦太基名将，欧洲历史上最伟大的四大军事统帅（分别为亚历山大大帝、汉尼拔、恺撒大帝、拿破仑）之一，被誉为“战略之父”。在第二次布匿战争期间，他奇迹般地率领军队从西班牙翻越比利牛斯山和阿尔卑斯山进入意大利北部，并多次以少胜多重创罗马军队。

托化步兵师、2 个步兵师和 3 个意大利步兵师的规模。阿尼姆在突尼斯的北部山地建立了一条防线，并逐渐向南推进，以对抗英第 1 集团军和美第 2 军的推进。隆美尔率非洲装甲集团军近 7 万人（其中德军 3 万人）和 130 多辆坦克，撤退到利比亚与突尼斯南部交界的马雷特防线后，正好位于阿尼姆部队的东南。

隆美尔在贝尼泽尔顿设立了他的司令部，然后会见了意大利将军乔瓦尼・梅塞，两人一起共进午餐。

梅塞即将接替隆美尔的职务，但隆美尔暂时不想交，梅塞也并不急于接。此时，非洲装甲集团军已更名为意大利第 1 集团军，军中很多人迫不及待地等着隆美尔按计划告病离开战场，他们已经受够了这位专横元帅的折磨。但他迟迟不肯动身，还在等着德军最高统帅部的命令。而上面似乎把隆美尔忘记了，根本不会有新的任命。这段时间，轴心国军队在突尼斯的指挥体制十分混乱。

隆美尔考察马雷特防线后，认为这条防线仍可能被迂回包围，并对防线的部署很不满意。1943 年 1 月底，阿尼姆将军的代表海因兹・齐格勒中将来见隆美尔，商讨 2 个军团的分界线。隆美尔不高兴地对齐格勒说：“就我们的主要战略意图看，我没有你那么聪明。我们缺乏给养，加之部队又少得可怜，因此，我个人认为向西的任何重大攻势都是极不可行的。鉴于这种严酷的局势，我们以目前的姿态坚守突尼斯的桥头堡毫无意义。”他正独自筹划着建立新的防线。

隆美尔之所以赖着不走，一方面是怕有人说他当逃兵，以致名誉受损，何况接替他的是军衔比他低的意大利人。即使由阿尼姆来接替他，也是很勉强的。另一方面，他对这里的防线也不放心，他已捕捉到了一个新的战机，它将可以为他挽回面子。没有人会想到，他正在打美军的主意。

北非盟军的指挥系统与轴心国的相比，非常简单清晰。在 1943 年 1 月的卡萨布兰卡会议上，盟军通过了一项决议，北非和地中海盟军总司令一职由美国将领艾森豪威尔担任，副总司令由英国将领亚历山大担任。另外，地中海战区的空军由英国将领特德担任总指挥。

隆美尔见意大利第 1 集团军位于英军第 1 集团军和第 8 集团军之间，意识到自己的位置非常优越，随时可以调整兵力攻击任何一方。此时，英第 1 集团军右翼还有美第 2 军，他们对德、意军队的后勤存在着实际威胁。隆美尔认为，美军尽管装备先进，但是欠缺实战经验，击溃他们应该很容易，于是决定主动攻击。

美第 2 军的防线一共 160 多千米，分散于通往海边的三条路上，先头部队驻守于加夫萨、费德和丰杜克一带的山口。他们凭借地势，认为轴心国肯定无法突破，于是掉以轻心。

隆美尔首先派出一小股兵力袭击了美军的防守部队，还歼灭了 1 支配合美军作战的法军小部队。艾森豪威尔和安德森得知这一消息后，认为隆美尔将很快发动一次大的攻势，但他们做出了错误的判断，认为隆美尔这次在费德山口的进攻只是一次佯攻，其主攻方向将在丰杜克一带。因此，他们决定将战斗力较强的 B 战斗群和一半美军装甲部队留在丰杜克后面。

2 月 14 日，隆美尔在费德山口发起了进攻。他把坦克部队分成 4 个战斗群，向远距离迂回，趁着夜色从翼侧包围了美军 A 战斗群。这时，美军想要改变部署已经来不及了，艾森豪威尔只得一面命令被包围的美军奋力突围，一面让安德森派一个坦克营去攻击隆美尔的侧翼。最后，被包围的美军倒是冲出了包围圈，但 1 个营的坦克、大炮全部成了隆美尔的战利品。而攻击隆美尔侧翼的坦克营，也只有 4 辆坦克侥幸生还。

2 月 20 日，在阿尼姆第 10 装甲师的配合下，隆美尔又向卡塞林山口发起了进攻，并于第二天突破卡塞林山口，冲上通往塔拉的公路。盟军守军抵挡不住，只得退入预先构筑的塔拉阵地。隆美尔见状，计上心来，他让 1 辆被俘获的英国坦克打头阵，其余坦克紧随其后。盟军守军果然上当，误以为那是掉队的英国坦克，结果，德军轻易地冲入阵地，使盟军遭受了重大损失。

2 月 22 日，考虑到后勤补给无法跟上，而且盟军的抵抗也越来越强烈，隆美尔决定结束这次攻势。当天，德第 10 装甲师及隆美尔的非洲军团陆续后撤。

隆美尔这次“目标有限”的出击可谓战果辉煌，但仍然没有实现迫使盟军撤出突尼斯的战略目标。

此次战斗的地区主要在卡塞林隘口，因此又被称为卡塞林山口战役。它是隆美尔又一个杰出的“作品”，他带着被蒙哥马利追击数千千米的残兵败将，给美军上了一堂生动的战争课。此战美军损失惨重，阵亡 3000 人，被俘 4000 人，损失 260 辆坦克，这是美军在北非战场上遭受的最严重的失败。

战后，隆美尔被德、意最高统帅部任命为突尼斯地区所有军队的总指挥，而美第 2 军指挥官则被撤职，由乔治·巴顿[①]将军接手。北非的战局变得复杂起来，盟军内部则出现了悲观情绪。

乔治·巴顿画像

① 乔治·巴顿：美国陆军上将，“二战”期间先后在欧洲战场指挥美第 7 集团军和第 3 集团军，战后曾短暂担任巴伐利亚的军政府首长，然后成为美第 15 集团军指挥官。

其实，击败美第2军只是隆美尔的开胃菜，他一心想打败的不是别人，而是老对手蒙哥马利。在卡塞林山口战役打响当天，盟军副总司令亚历山大让第8集团军在马雷特地区发动进攻，以阻止隆美尔全面攻击美军。但蒙哥马利并没有发动全面攻击，尽管他的第7装甲师和第51师的一个旅已经抵达德军的防线附近，但是他只要求部队进行佯攻。他的谨慎是正确的，因为隆美尔早已有了对付第8集团军的计划。

卡塞林山口战役结束后，隆美尔一门心思想要打败蒙哥马利，准备对第8集团军也进行一次“卡塞林山口之战”。他打算放弃以往的大迂回战术，直接以钳形方式夹击第8集团军的主阵地。具体方案为：第10、第21装甲师从海边北方出击；第15装甲师和第164轻装师部分从南线出击。

不过，隆美尔的这个计划被意大利第1集团军司令梅塞将军否决了。他认为部队如果从北方出击，那么就要毁掉埋设好的雷场，这样一来，蒙哥马利肯定会有所觉察，从而丧失攻击的突然性。隆美尔不同意梅塞的观点，两人为此发生了激烈的争吵。几天后，他们终于达成一致意见，制订了代号为“卡普里”的作战计划，具体为：德军的3个装甲师和半个轻装师分成三路，从南线向梅德宁突击。但这几支部队的兵力非常有限，比1个满员装甲师还要少，只有160辆坦克，而且支援而来的也只有1万名步兵和200门大炮。

蒙哥马利得知隆美尔把主力部队从第1集团军正面调走，就猜到这个老对手要来找自己了，于是整天埋首于作战室中，思考如何进行防御。

3月4日，蒙哥马利接到了英军情报部门破译的隆美尔与德、意最高统帅部之间的往来电报，掌握了隆美尔的攻击计划。几天来笼罩在他头上的愁云终于一扫而空，参谋长甘冈在日记中写道：“看到情报局电报的那一刻，元帅的脸上露出了久违的笑容……我们非常高兴，期待着隆美尔快一点来。他没有机会了，第8集团军注定是他的死神！”

那么，具体该怎样应对呢？经过一番研究，蒙哥马利决定采用阿拉姆-哈勒法战役时的战术：将的黎波里的新西兰师调来，负责防守梅德宁一带；第7装甲师调至梅德宁附近，负责新西兰师的右翼安全；第201近卫步兵旅归第7装甲师指挥，驻守在第7装甲师与新西兰师之间的一座小山上……此次一共集结了约4个师的兵力，重型武器一应俱全。

1943年3月5日晚上，蒙哥马利在司令部的作战室内，盯着作战地图久久无言。大战前的紧张气氛令人窒息，整个世界如死了一般沉静。蒙哥马利虽然知道隆美尔会在3月6日早上发起进攻，而自己的部队也已经做好了战斗准备，但他仍旧惴惴不安，因为在结果没有出来之前，一切皆有可能。

3月6日早上，隆美尔果然开始进攻了。德军坦克在早晨薄雾的掩映下，如死神般从群山里冲了出来。第8集团军第51师看到这一幕后，马上向蒙哥马利报告。蒙哥马利让他们不要着急，等敌人走到梅德宁山脊前再开火。时间一分一秒地过去，当德、意部队走到梅德宁山脊时，英军的各类炮火齐射。德、意部队一下子被打懵了，进攻队形大乱，有的坦克像无头苍蝇一样直直地冲向英军阵地。毫无意外地，英军的反坦克炮把这些坦克全都摧毁了。战斗没有持续多久，德、意部队很快退了回去。

中午时分，德、意部队集结兵力，重新编组。但是，重新集结后他们并没有得到什么好处，反而遭到了盟军猛烈的炮火打击。负责指挥战斗的汉斯·克拉默将军给隆美尔发去一封紧急电报，说：“看样子我们遭到埋伏了，到处都是地雷，到处都是敌人密集的火炮网。”

隆美尔接到电报后，猛然醒悟过来，猜到蒙哥马利一定是提前获知了自己的战斗计划。接着，他根据前线侦察营缴获的文件以及抓住的俘虏，更加肯定自己的作战计划书就摆在蒙哥马利面前。下午5点，他给前线发去电报，取消行动。这一战，隆美尔不但没有取得任何战果，反而失去了50辆坦克。他哀叹道：“从一开始，我们就没能打敌人一个措手不及，因此这次行动已经失去了它本身的意义。”

此战正如之前计划的那样，蒙哥马利几乎照搬了阿拉姆－哈勒法战役：军队一直待在阵地里，不仅没有在敌人冲锋时外出迎战，就连敌人逃跑也没有展开追击。他之所以不扩大战果，是因为他正在筹划马雷特战役。

梅德宁战斗失败后，隆美尔和阿尼姆、凯塞林等人几经商讨，绘制了一份双方力量对比图，并提出了进一步缩短突尼斯防线的计划。隆美尔把这份计划提交给了德军最高统帅部，具体内容：授权他再次撤退，并在蒙哥马利开始进攻前放弃马雷特防线，同时把梅塞的20万部队（即意第1集团军）撤到自昂菲达维尔向内陆延伸的易于防守的小段战线上。意第1集团军和德第5装甲集团军将防守在周长为100英里的战线上。当然，这意味着必须放弃所有地段和重要机场，除了突尼斯城及其外围的一小块地盘之外。3月6日晚，凯塞林给隆美尔发来了电报，电报中说："陆军参谋长（阿尔弗雷德·约德尔[①]）指出，元首不同意你对局势的估计。"隆美尔犹如被当头浇了一盆冷水，他明白继续留在突尼斯只是等死而已。他突然感到再也无法忍受自己的病情了，在医生的劝告下，他决定马上回国接受治疗，一刻也不再耽误。

3月9日，隆美尔心灰意冷地告病回国休假，想借此永远离开北非。就在他上飞机前，阿尼姆从刚刚飞抵的飞机上气喘吁吁地跑了过来，请求他不要走，继续指挥2个装甲集团军。阿尼姆愁云满面地说："你要是走了，我们一定会遭到敌人猛烈攻击的，我不想我们面临第二个斯大林格勒式的打击。"

隆美尔拍了拍阿尼姆的肩膀，然后举起元帅权杖，坚定地说："放心好了！把我的部队带好，如果遇到了最坏的情况，我一定拼着老命赶回来。"

隆美尔黯然离开了非洲，但他内心仍旧牵挂着非洲，一直和军事上作为他的副手的阿尼姆保持着紧密联系。阿尼姆负责向他汇报每天的形势。后来，由于陆军元帅凯塞林（仍为南方战区总司令）禁止阿尼姆

---

① 阿尔弗雷德·约德尔：德国陆军大将，德军最高统帅部作战局局长，负责制订德国在"二战"期间的许多军事行动计划，在纽伦堡审判中被判为战犯，处以绞刑，但在行刑6年后又被宣判无罪。

向隆美尔透露任何消息，隆美尔只能从报纸、电台中得到战场上的零星消息。

强行出击

1943 年 3 月 9 日，蒙哥马利知道隆美尔飞回柏林后，长长地松了一口气，但是他并没有丝毫的懈怠。为了摧毁固若金汤的马雷特防线，他准备在迈特马泰山以西一带进行迂回作战，同时在正面进行有限度的攻击。

不过，这个计划的前提是，必须找到一条绕向马雷特防线后方的道路。这条道路实际上早就被蒙哥马利的“沙漠远程侦察组”找到了。他们在沙海找到了一个可供迂回的隘口——怀尔德隘口，通过这个隘口可以顺利抵达沙海另一头的泰拜盖隘口，再通过这个隘口进入哈迈平原和加贝斯。

根据这个发现，蒙哥马利制订了马雷特战役的具体计划：为将敌方预备队引至东线，第 30 军需要动用 3 个师的兵力攻击该方向；组建新西兰军（共有 2.5 万多人，坦克 150 多辆，指挥员仍是弗莱伯格将军），从西线迂回到迈特马泰山后方，夺取泰拜盖隘口，攻取哈迈平原；第 10 军担任预备队，一旦某处被打开缺口，便立即投入战斗；为了减少攻击部队的损失，整个作战行动需要空军支援。

蒙哥马利的这个计划非常全面，一旦东线部队作战不力，兵力可以快速调至西线，对西线进行致命性的打击。

3 月 11 日夜里，组建完成的新西兰军在富姆泰塔温一带集结完毕，准备按计划先攻取泰拜盖隘口。3 月 14 日，为配合第 8 集团军作战，威胁德意军队的交通线，亚历山大命令美第 2 军对米克纳西和加贝斯湾发起攻击。3 月 19 日，新西兰军赶到了泰拜盖隘口的西面，准备在第二天早上突击隘口。

3 月 20 日上午，蒙哥马利向第 8 集团军全体官兵下发了一份简短的公告：“冲击！向突尼斯冲击！一定要把敌人赶下大海。”

当天晚上 10 点 30 分，突击马雷特防线的战役开始了。

攻击首先从东线开始，第 30 军下属的第 50 师和第 23 装甲旅担任主攻。战斗开始不久，第 50 师的第 151 旅就通过了齐格扎乌河，并攻占了两个桥头堡。然而，当坦克通过该河时，情况却变得糟糕起来。原来，第 50 皇家坦克团为了在河道里铺设一条道路，把大量柴木扔到河道里。本来一切都在按计划行事，但坦克的尾气把这些柴给点着了。工兵们只好在附近又修了一条路，但仅仅通过 3 辆坦克后，路又被堵住了。就这样，经过一天的折腾，该团通过河道的坦克只有区区 4 辆。

东线攻击不顺，西线也同样如此。3 月 20 日清晨，向泰拜盖隘口挺进的新西兰军被德军第 164 师发现了。蒙哥马利要求新西兰军快速冲击泰拜盖隘口，但是他们抵达后并没有立即对敌人发动攻击。对于蒙哥马利要求尽快到达哈迈平原的指示，军长弗莱伯格非常清楚，但他却晃晃悠悠的，没有任何紧迫感。

3 月 21 日夜，为了通过齐格扎乌河，东线的第 151 旅又实施了一次强渡，结果有 42 辆坦克通过了河道。现在，加上前一天过去的 4 辆坦克，在河对面一共有 46 辆坦克。这时，道路再次被破坏，任何运输工具都无法再过河。德军抓住机会，一路猛攻猛打，把过河的 46 辆坦克摧毁了 30 辆。蒙哥马利接到失利的电报后，认为攻击已经失败，连忙命令部队脱离敌人。

此时，位于西线的新西兰军仍没有对泰拜盖隘口发动攻击，尽管第 8 装甲旅和新西兰第 6 旅的旅长都要求攻击，但是军长弗莱伯格强令他们原地待命。弗莱伯格之所以这样做，是不想与敌人发生大规模的冲突，从而造成大量伤亡。

蒙哥马利深知弗莱伯格的心理，知道只有对他进行“鼓舞”，让他充满必胜的信心，他才能带领部队全力作战。为此，蒙哥马利把第 1 装甲师和第 10 军司令部派了过去，让他们协同弗莱伯格在 3 月 24 日下午实施攻击。

然而一切都太晚了，德军正往这里调派大量的增援部队。假如德军的增援部队赶到，新西兰军将面临更加严峻的形势。3 月 24 日下午，第 1 装甲师和第 10 军司令部追上了新西兰军。第 10 军军长霍罗克斯和弗莱伯格一见面就吵了起来，谁也不服谁。后来，他们坐在一起商量攻击的可行性。经过讨论，他们一致认为新西兰军虽然得到了加强，但是仍然无法实施攻击计划，就算有空军加入也不行。

随后，两位军长给蒙哥马利发去电报，表明无法实施蒙哥马利的攻击计划，并递交了他们的计划。蒙哥马利接到电报后，经过详细研究，决定取消原定计划，并根据两位军长递交的作战计划，重新制订了新的作战计划——和阿拉曼战役中一样，也叫“增压”计划。具体为：新西兰军需要在 3 月 26 日发动攻击，并强行突入敌方阵地，而第 1 装甲师则需要在夜里跟进。

霍罗克斯和弗莱伯格虽然一起制订了作战计划，但两人之间依旧存在分歧。霍罗克斯向参谋长甘冈提议，以后有电报或信件应当每位军长都有一份，这让甘冈哭笑不得，但他还是同意了这一提议，后来在发给他们的电报或信件中，都以“尊敬的将军们”开头。

3 月 26 日，突尼斯沙漠和往常一样，四周静悄悄的，太阳炙烤着大地。中午时分，太阳移到了德军正前方，把德军晒得晕头转向，双眼模糊。与之相反，英军非常幸运，背对着太阳。下午，沙漠里突然刮起了南风，大风夹着沙石铺天盖地向北方冲去。处在下风头的德军吃尽了苦头，不得不四处躲藏，以避开风沙。下午 4 点，大风停止了，正当德军手舞足蹈、高兴不已时，天空似乎暗了下来。他们抬头望去，只见黑压压的数百架战斗机、轰炸机和反坦克飞机，正朝着前沿阵地飞来。

德军绝望了，他们知道来的是盟军的飞机。很快，德军的前沿阵地便燃起了冲天大火，所有可见的目标均遭到灾难性的轰击。由于德军前沿阵地狭窄，盟军这次攻击取得了巨大的成果。

新西兰军见德军被炸得四处逃窜，不等轰炸结束就冲了上去。德军毫无还手之力，很快便向后方防线退去。

新西兰军追了 4 千米后，发现德军在后方防线布置好了兵力，于是停了下来。为了不让德军发现，布里格斯将军的第 1 装甲师悄悄地开到距离新西兰军约 3 千米的后方，以等待太阳落山。

晚上 11 点，沙漠在弯弯的月牙映照下，显得分外迷人与神秘。战斗再次打响了。按照计划，新西兰军率先攻击，第 1 装甲师等战斗陷入胶着时再发起冲击。然而，第 1 装甲师在行进途中发现了另一支全速前进的装甲部队。布里格斯将军判断这支装甲部队是增援的德军，于是命令第 1 装甲师赶快追赶。事实证明，他没有猜错，这支装甲部队正是德第 21 装甲师。

德第 21 装甲师的作战能力明显超过了英第 1 装甲师，不管英第 1 装甲师如何追赶，仍然被远远地抛在了后面。战斗开始后，新西兰军很快将防守的德军击溃。月色下，大批德军涌向北方。德军第 164 师师长冯·利本斯泰因收集残部，在哈迈村以南几千米的地方重新构筑防线，但是仍无法阻挡英军的进攻。英军第 1 装甲师和新西兰军会合后，冯·利本斯泰因见一切已成定局，便在赶来的第 21 装甲师的掩护下，全线后撤了。

彻底结束北非战事

新西兰军和英军第 1 装甲师一路追击，很快便抵达了敌军驻守的加贝斯隘口以北约 32 千米处的阿卡里特干河防线。此时，第 8 集团军的主力部队已经在附近集结，蒙哥马利和参谋们正在策划如何攻破这条防线。

阿卡里特干河防线一侧依靠大海，另一侧是无法通过的杰里德盐沼泽和盐湖。在离大海大概 8 千米的地方，有一座高约 150 米、长约 1600 米的鞍状山脊。该地势非常险要，可以说是“一夫当关，万夫莫开”。隆美尔十分清楚它的重要性，一直想把兵力全部调到这里。

3 月 29 日，梅塞将军指挥意大利第 1 集团军来到阿卡里特干河防线。次日晚上，德第 21 装甲师为防止美第 2 军攻击防线后方，离开阿卡里特干河防线，与德第 10 装甲师等部队会合。意大利第 1 集团军虽然因为第 21 装甲师离开而实力有所削弱，但是因为地形条件的优势，实力仍然不可小觑。

为了加深对阿卡里特干河防线的了解，霍罗克斯命令第 1 装甲师和新西兰军派出侦察部队，进行详细侦察。侦察结束后，霍罗克斯建议蒙哥马利发动闪电袭击。经过一番思考，蒙哥马利认为凭现有条件还不足以一举歼灭意大利第1集团军，于是拒绝了霍罗克斯的建议。为保存实力，霍罗克斯命令部队暂时停了下来，与对面的意大利第1集团军形成了对峙之势。

3月31日清晨，蒙哥马利决定让第30军的步兵先进行常规攻击，然后由第10军的装甲部队来扩张战果，进攻时间为4月5日深夜。

4月5日深夜，进攻开始了，意大利第1集团军很快陷入混乱之中。梅塞将军没想到蒙哥马利竟然会这么快行动，他以为第8集团军的攻击会等到10天后的月圆之时。经过一夜的作战，4月7日上午，意大利第1集团军的阵地被攻破了，梅塞将军命令部队向西撤离，第8集团军紧追不舍。4月8日，第8集团军与从加夫萨赶来的美第2军顺利会师。2天后，他们一起攻占了斯法克斯。至此，英第1、第8集团军以及美第2军，对德军形成了南北夹击之势。

战前，蒙哥马利曾与欧洲盟军总司令艾森豪威尔的参谋长沃尔特·史密斯①打过赌，假如第8集团军能在4月15日拿下斯法克斯的话，那么就给他一架个人使用的“空中堡垒”轰炸机。现在他已经攻占了斯法克斯，于是给艾森豪威尔发了一封电报，说：“我第8集团军已于今早8点30分攻下斯法克斯，请您将战机派来。”

艾森豪威尔看完电报，不明所以地问史密斯是怎么回事。得知这是一个赌约后，艾森豪威尔大发雷霆，但还是送给了蒙哥马利一架“空中堡垒”轰炸机，同时送去的还有一个美国空勤组。英军总参谋长布鲁克知道这事后，批评蒙哥马利不应当将玩笑话当真，但蒙哥马利毫不在乎，认为“赌债也是债，自古以来就没有欠债不还的道理”。

到4月中旬，德、意两个集团军被盟军包围了。

阿尼姆率领14个师共20多万人退守突尼斯北部，现在，他的3个

---

① 沃尔特·史密斯：美国陆军上将，“二战”期间任欧洲战场美国陆军参谋长，参加北非战役，并担任北非盟军参谋长，战后历任驻苏联大使、第1集团军司令、美国中央情报局局长。

装甲师只剩下120余辆坦克，作战物资匮乏，并且得不到补给。而他要对抗的是包括蒙哥马利的第8集团军和巴顿的第2军在内的第18集团军群，共有20个师30万人，拥有1400辆坦克、1000多门火炮，而且制空权和制海权也掌握在他们手中。

至此，北非战事宣告结束，地中海的航道从此畅通无阻，为下一步盟军通过西西里岛重返欧洲奠定了基础。

意大利第1集团军逃跑后，英第8集团军冲到了突尼斯附近。他们的正面之敌是据守昂菲达维尔和塔克鲁纳的复杂山区的德军，这一地区易守难攻，要想突破这一防线，必然要付出巨大的代价。蒙哥马利经过考虑，决定让位于突尼斯西部平原的英第1集团军担任主攻，因为装甲部队在那里活动比较方便。而英第8集团军的任务是不断向德军施加压力，以吸引德军的注意力。

4月19日至20日，蒙哥马利下令英第8集团军发起大规模的进攻。4月23日，英第1集团军开始了行动，但是进展不太顺利。

4月26日，蒙哥马利因为重感冒和扁桃腺炎，卧床不起。他一心想要尽快结束突尼斯战役，于是请求亚历山大赶来见他。4月30日，亚历山大来到了蒙哥马利的司令部。

蒙哥马利对亚历山大说："为了让部队发挥最大作用，应当将第8集团军和第1集团军的部队整合整合。"亚历山大一听顿时来了兴致，问："你是不是有方案了？"

蒙哥马利笑了笑，滔滔不绝地说："可以让霍罗克斯指挥印度第4师、第7装甲师、第101近卫步兵旅和若干炮兵部队，编入第1集团军，并负责指挥那里的第9军。"

亚历山大沉思了一会儿，点点头说："很好，就这么办！"

于是，蒙哥马利让部下把霍罗克斯喊到司令部，很快，气喘吁吁的霍罗克斯便赶来了。蒙哥马利对他说："攻破突尼斯的任务交给你了，你要抓紧时间结束战斗！"

霍罗克斯张着嘴，一头雾水地看着蒙哥马利和亚历山大。看到霍罗克斯吃惊的样子，亚历山大向他说明了具体的计划。霍罗克斯听完非常高兴，马上赶到了第 1 集团军。

5 月 6 日，安德森指挥的英第 1 集团军在 400 门火炮和空军的掩护下，发起了猛攻，德、意军无法抵挡，开始向后溃退。与此同时，美第 2 军不断向前推进，使北面的德、意军防线逐渐后缩。

5 月 7 日，英第 1 集团军、美第 2 军分别攻占了突尼斯城和比塞大港。5 月 13 日，走投无路的阿尼姆和梅塞先后投降了盟军。此战盟军一共俘虏德军官兵约 10 万人、意军官兵 15 万人。

1943 年，盟军在突尼斯获胜，北非战事乃告结束。图为这次战役中被俘的德军与意军俘虏

对于北非战事的结束，蒙哥马利的第 8 集团军起到了关键作用，他们仅用半年时间便把隆美尔的非洲装甲集团军驱赶了 3000 多千米，最后在突尼斯一举歼灭。

第 8 集团军的辉煌胜利，向全世界证明第一流的军队非他们莫属。北非沙漠的尘埃散了，蒙哥马利将奔向新的战场——地中海战场。在那里，他将再次谱写新的辉煌。

第八章　横扫意大利战场

登陆西西里岛

北非战事刚刚结束，西西里作战计划便提到了盟军的日程上。

西西里岛是地中海面积最大的岛屿，位于意大利南部。它的位置非常重要，北与意大利的墨西拿海峡比邻，南与北非的突尼斯相望，是地中海的交通咽喉，兵家必争之地。西西里岛的地形极为复杂，多数地带为山地和丘陵，全岛的最高处为东北部的埃特纳火山，主要喷火口海拔3323米。由于岛岸几乎都是悬崖峭壁，只能从东海岸的锡拉库扎和西北海岸的巴勒莫等港口登陆。

在突尼斯战役后期，德意军队的将领们已经意识到，他们失去突尼斯已经是必然的了。于是，意大利方面急忙调兵遣将，加强西西里岛的防御力量。在这种情况下，盟军想要登上西西里岛就成了一件极为困难的事情。

1943年1月23日，为了筹备“赫斯基”战役，艾森豪威尔被任命为该行动的总指挥，全权掌控战役的一切。他的3个副手分别为亚历山大、艾伦·坎宁安[①]和特德。亚历山大为地面部队总指挥官，坎宁安为海军部队指挥官，特德为空军部队指挥官。

2月11日，艾森豪威尔重新调整了部分下属部队：东线的545特遣

---

① 艾伦·坎宁安：英国陆军上将，“二战”期间曾任英国第8集团军司令，在利比亚作战中被隆美尔击败，之后被解职返英，1945年出任驻巴勒斯坦高级专员。

部队（即第 8 集团军），由蒙哥马利负责指挥；西线的 343 特遣部队（美国第 2 军，即后来的美国第 7 集团军），由巴顿负责指挥。这 2 支特遣部队将在亚历山大的司令部指挥下作战，后来为方便起见，干脆把他们合起来称为第 15 集团军群。

实际上，“赫斯基”计划的制订很早就开始了，但进程非常缓慢。为尽快出台方案，艾森豪威尔接手这项工作后，马上把制定作战任务的 141 工作小组调到北非。不久，美、英参谋长联席会议先后否决了 141 工作小组制定的 7 个行动方案。

2 月 22 日，蒙哥马利的第 545 特遣部队参谋部在开罗正式运转起来。参谋部由登普西少将负责，因为当时甘冈正忙于处理西部战场的事务。登普西认为，对于“赫斯基”行动计划的最终方案，蒙哥马利起到了很大作用。

3 月 13 日，艾森豪威尔下发了“赫斯基 8 号”行动方案，具体为东面的锡拉库扎，由蒙哥马利指挥的第 8 集团军负责夺取；西北的巴勒莫，由巴顿指挥的第 7 集团军负责夺取。这个方案优缺点兼具，优点是意军的战斗力较弱，并且漫长的海岸可以让大量船只停靠，更重要的是，锡拉库扎和巴勒莫都在盟军空军的作战范围以内；缺点是，如果在漫长的海岸登陆，盟军的兵力将过于分散，从而被德、意军队围攻。

作为该计划的重要指挥人员之一，蒙哥马利不认可该方案，因而拒绝签字。为了解释自己为什么反对该计划，他给亚历山大发了一封电报，说：“这个计划非常不合理，就像一本教科书，脱离了实际作战的规则。我认为如果付诸实施，将没有一丝成功的希望。”

蒙哥马利认为，若要在西西里岛开战，一定要集中兵力，先攻占西西里岛东南的一些港口。按照自己的设想，蒙哥马利重新制订了作战计划。

5 月 2 日，为解决纷争，艾森豪威尔召开了盟军最高军事会议。蒙哥马利也参加了这次会议，开会之前，他先去找了艾森豪威尔的参谋长史密斯。他对史密斯说，美国应当放弃在战役初期登陆巴勒莫的主张，而改为空军夺取机场，第 8 集团军则仍在他原本计划的地方登陆。史密斯也认为这个计划比较可行，决定支持蒙哥马利。在会上，蒙哥马利说明了自己的计划：放弃先前攻击巴勒莫的计划，改在杰拉附近的海岸登陆；第 8 集团军则对西西里进行两栖登陆作战。

蒙哥马利对自己的计划很有信心，认为这是攻击西西里的最佳方案，所以他毫不妥协。为了不把时间浪费在无意义的争吵中，艾森豪威尔最终接受了蒙哥马利的计划。巴顿认为这大大降低了美军的作用，在感情上有些接受不了，不过，身为军人，他依旧严格地执行命令。

当亚历山大向巴顿传达计划时，探询般地问道："巴顿阁下，您对新计划有没有意见?"

"没有意见，我完全遵守!"巴顿双腿一并，压着怒火对亚历山大行了个美式军礼。

蒙哥马利见计划被通过了，感慨地说："盟军为制订计划而发生的争斗，比击败任何一支德军还要难。我不清楚德国人制订计划时是什么样子的，反正我认为我们纯粹是在浪费时间!"

为了让盟军的协同作战更为高效，蒙哥马利提议双方的行动由一位集团军司令和一个联合参谋部全权指挥。亚历山大表示赞同，但艾森豪威尔不同意。这是因为从军事角度来看，这个建议是正确的；但从政治角度来看，若按照蒙哥马利的建议行事，美第 7 集团军就得归他掌控，英、美两军的合作必然会出现裂痕。所以，艾森豪威尔否决了蒙哥马利的提议，指出英、美两军没有必要合成一个组织。

当大家都在研究应在西西里何处登陆时，蒙哥马利却在认真研究西西里战役应当如何展开。经过一番思考，他向亚历山大建议："为了不让西西里岛的敌人逃往意大利，务必快速攻占西西里岛。战斗开始后，英、美两方面军应在南岸一同登陆，然后快速向北方突击，将全岛切成两半。之后，2 支军队快速向墨西拿冲击，以免敌军逃跑。另外，海军和空军需要密切关注战事，一旦发现敌人想从海上逃走，就立即展开攻击。"蒙哥马利的提议非常全面，亚历山大不由得拍起了巴掌。但这项计划最终没有得到执行，因为美军高层出现了强硬的反对声音。

5 月 16 日，蒙哥马利乘坐"空中堡垒"轰炸机离开战场，返回英国度假。在这个假期里，他除了检阅加拿大第1师（该师准备前往西西里参加登陆战）外，其余的时间都用来陪伴小儿子戴维。戴维已经15岁了，身高和父亲差不多。这段时间，蒙哥马利感到非常幸福，他在戴维身上看到了年轻时的自己。

6月2日，蒙哥马利返回前线，全身心地投入到对西西里岛的战斗准备中。可就在5月份的时候，艾森豪威尔突然想到了一个绝妙的点子——在进攻西西里岛之前，先夺取位于突尼斯和西西里岛之间的班泰雷利亚岛。这个岛屿是一处天然的机场和物资储备地，非常适合作为登陆西西里岛的前进基地。

6月初，在艾森豪威尔的指示下，盟国空军对班泰雷利亚岛实施了连续6天的轰炸，上万吨炸弹落在该岛东部的狭小地带，炸得岛上的意军毫无斗志，士气极其低落。6月7日早晨，艾森豪威尔和海军司令坎宁安一同乘坐英国皇家海军“曙光”号军舰前往班泰雷利亚岛。他们将军舰一直开到海岸附近，然后向岸上开了几炮。结果，岛上的意军几乎没有还击，仅有2门意大利突击炮胡乱开了几炮。艾森豪威尔见状，十分兴奋地对坎宁安说：“只要有一艘小艇，我们两个人就可以占领这个地方。”

回到阿尔及尔后，艾森豪威尔立即下令按计划发起进攻。正如他所预料的，岛上的意大利守军刚刚交战便溃不成军，几乎没有怎么抵抗便缴械投降了。在这次攻岛战斗中，盟军俘虏了意军1.1万人，而付出的代价小到可以忽略不计—— 一名士兵被骡子咬伤了。

战斗异常顺利，这使全体官兵精神振奋，更加积极地准备进攻西西里岛的战役。很快，作为前进基地的班泰雷利亚岛被修建成了空军基地和物资储备地。为了让进攻西西里岛的战役具有突然性，盟军又进行了代号为“肉馅”的诱骗行动。

一天，一具英国军官模样的尸体漂到了西班牙附近的海域，周边的渔民发现后，马上报告了当局。在这具尸体上，当局找到了大量文件副本，其中有英军参谋部副参谋长阿奇博尔德·奈中将写给亚历山大元帅的个人信件。信件的内容：为了攻占希腊和撒丁岛，盟军决定对西西里岛进行佯攻，以调走希腊和撒丁岛上的德、意军队。

西班牙将这一情报告诉了德国间谍。经过一番勘查，德国间谍将信息送往德军最高统帅部。经过反复分析与研究，希特勒对其深信不疑，于是命令位于法国的德第 1 装甲师增援希腊，又命令新组建的第 90 装甲步兵师增援撒丁岛。而德军南线总司令凯塞林元帅则认为这是盟军的欺骗计划，他们真正要夺取的是西西里岛。为增强西西里岛的兵力，凯塞林命令戈林装甲师和第 15 装甲步兵师前去增援。

这样一来，攻守双方的兵力：德、意军一共有 40. 5 万人，其中意军 36. 5 万人、德军 4 万人；盟军的第 15 集团军群一共有 47. 8 万人。整体来看，盟军的人数与装备远远超过轴心国的力量。

7 月 8 日，丘吉尔发电报给蒙哥马利说："我们对你和你出色的军队满怀信心，祝你们马到成功!"

7 月 9 日下午，西西里岛海域突然刮起了 7 级西北风，巨大的海浪猛烈地拍击着岩石。看到天气这么恶劣，西西里岛上的驻军认为盟军肯定不会在今天登陆。当天晚上，他们舒服地躺在床上，感谢上帝道："我亲爱的上帝，真是太谢谢你了，今夜又可以睡个安稳觉了。"

看到风浪如此之大，很多参谋人员也向艾森豪威尔提议改变进攻时间。但艾森豪威尔果断地拒绝了这些建议，他说："正是因为天气不好，纳粹们才会松懈，而我们也才能达到攻击的突然性。"话虽这么说，其实他心里也惴惴不安，如果这样的风浪一直持续，进攻肯定要取消。那么，他为什么坚持不取消命令呢？原来，有一个气象专家告诉他，夜里这场大风一定会停止。

傍晚，美国陆军参谋长马歇尔给艾森豪威尔发来电报，询问战役的进展情况。艾森豪威尔望着狂风大作的大海，回电说："上帝还没有同意。"

夜里，大风果然如气象专家所说的那样渐渐减弱了，不过雨却开始下了起来。艾森豪威尔见雨下得并不大，果断地下达了攻击命令。7 月 10 日凌晨 2 点 40 分，美第 82 空降师和英第 1 空降师飞向西西里岛。不久，大规模的登陆行动也开始了。在蒙哥马利和巴顿的指挥下，盟军的

16 万将士乘坐 3200 艘军舰和运输船，凭借空军的掩护，浩浩荡荡地向西西里岛东南部开去。

在大批空军飞机的帮助下，盟军很快便登陆成功。第一天，英军夺取了纵深达 15 千米、宽度达 100 千米的登陆场；美军由于遇到规模性的抵抗，只夺取了纵深不到 5 千米、宽度不到 15 千米的登陆场。

1943 年，准备在意大利南部的西西里岛登陆的美国伞兵

地面登陆还算顺利，空降部队则损失惨重。原来，在空降中，因为技术原因，英军第 1 空降旅的多数部队都未能降落到预定区域，甚至有 250 人因为降落到海里而壮烈殉国。同样的悲剧还发生在了美第 82 空降师身上，只不过损失稍微小一点。教训是惨痛的，但是也为日后在诺曼底的空降行动积累了宝贵的经验。

与巴顿的明争暗斗

盟军成功登陆西西里岛后，德、意军队猛然反应过来，开始了大规模的抵抗，其中以德军的抵抗最为强烈。为阻止第 8 集团军突击北面的奥古斯塔，德第 15 装甲师紧急从西面调往东面；而德军的戈林装甲师和意大利的 2 个摩托化步兵师，则对巴顿的第 7 集团军发起了攻击。

眼下，蒙哥马利和巴顿的目标是西西里岛西北端的墨西拿。墨西拿与意大利本土之间只有一道狭窄的海峡，如果盟军能攻下此地，不仅能掐断西西里岛守敌的补给线，还能为日后登陆意大利本土做好准备。所以，蒙哥马利和巴顿都想率先拿下墨西拿，因为这代表着英、美两军的荣誉。

7 月 12 日，蒙哥马利动了个小心思，发给亚历山大一份电报："我部情况非常好，建议由我部继续突击，直接将岛上的敌人分成两块。"

亚历山大很清楚蒙哥马利的想法，一旦同意让第 8 集团军继续突击，那么左翼的美第 7 集团军就会成为他的掩护部队。这样一来，荣誉便会全部落到第 8 集团军身上。身为盟军副总司令，亚历山大不仅要照顾英军，还得考虑盟军之间的和谐问题。

7 月 13 日，亚历山大赶到美第 7 集团军，问巴顿有没有困难。巴顿知道亚历山大另有来意，便说："副总司令先生，我军没有任何困难，拿下整个西西里岛完全没有问题。"

亚历山大听了巴顿的回答，小心翼翼地说："你们也累了，就不要一个劲地往前冲了，有限推进吧！"

巴顿哼了一声，没有再理亚历山大。实际上，他的野心比蒙哥马利更大，怎么可能放慢攻击的脚步。他已经定好了目标——西西里岛的首府巴勒莫。

当时，盟军所拥有的公路，只有向西北延伸的 114 号公路和 124 号公路。按照战役计划，蒙哥马利拥有 114 号公路的使用权，巴顿拥有 124 号公路的使用权。但蒙哥马利很快发现，124 号公路可以绕向卡塔尼亚平原的德军后方，于是，他悄悄命令第 51 高地师抢占这条公路。

巴顿也知道 124 号公路可以绕到敌人后方，但当他和第 2 军军长奥马尔·布莱德雷[①]准备使用 124 号公路时，突然发现蒙哥马利的第 51 高地师已经出现在那里了。他非常生气，和蒙哥马利大吵起来，要求第 51 高地师立即让出道路。

布莱德雷画像

晚上，亚历山大接到了蒙哥马利的电报，电报中说："鉴于西西里岛地形复杂，我突击部队一定要有良好的交通线。"经过调查，亚历山大很快知道了事情的原委，不过既然蒙哥马利已经抢占了 124 号公路，

① 奥马尔·布莱德雷：美国陆军五星上将，"二战"期间美军在北非战场和欧洲战场的主要指挥官，战后历任美国退伍军人管理局局长、美国陆军参谋长、美国参谋长联席会议主席。

再让他撤离已经不可能了。于是，亚历山大在 7 月 13 日深夜向美第 7 集团军下达了将 124 号公路交给蒙哥马利使用的命令。

巴顿知道此事后，不断地咒骂蒙哥马利，认为自己的部队没有发挥什么作用，全是蒙哥马利搞的鬼。之前由美第 7 集团军作为主力的“赫斯基”计划，正是因为蒙哥马利的鼓吹才被更改；现在蒙哥马利又抢走他的公路，兴高采烈地朝着墨西拿进发了。

不过，巴顿没有气馁，他点了一根大雪茄，慢慢地眯眼思考起来。随后，巴顿前往第 3 师，暗示小卢西安·特拉斯科特①师长可以向阿格里琴托突击。特拉斯科特起初不明白巴顿是什么意思，因为在战役的计划中根本没有这一条。

经过巴顿再三暗示，特拉斯科特终于心领神会，高兴地说：“集团军群司令不了解战场情况，为了全面知晓敌人情况，我决定向西进行一次火力侦察。巴顿将军，您同意我的私自计划吗？”

“什么？你说什么？我没有听见！‘将在外，军令有所不受’，随你便了！”巴顿一边离去，一边高声说道。

就在蒙哥马利和巴顿暗中较劲的时候，德军最高统帅部调整了西西里岛的防御力量，不但将岛外的两个德国师外加一个由赫布将军领导的军司令部派往西西里岛，还让凯塞林加强墨西拿防线的防御力量。看到德军如此卖命，意军的士气也旺盛了起来。

在德军加强对墨西拿的防御后，蒙哥马利的处境变得艰难起来。第 8 集团军从 7 月 13 日开始，就在奥古斯特以北地区受到了强硬的阻击。随后，在向卡塔尼亚挺进时，第 8 集团军又遇到了空前的抵抗。

亚历山大将军见蒙哥马利遇到了困难，知道德、意军队如果继续加强东线防御，那么蒙哥马利无论如何也无法抢在美军之前攻下墨西拿。为此，他建议英军总参谋长布鲁克让第 13 军经由卡塔尼亚朝着墨西拿方向进攻，同时让第 30 军赶到圣斯特凡诺海岸，取道攻击墨西拿。布

---

① 小卢西安·特拉斯科特：美国陆军上将，教师出身，“一战”时应征入伍，后留在军队发展。他在 1945 年担任第 5 集团军司令，突破意大利北部的德军最后一道防线，战后任驻西德代表。

鲁克同意了。

7 月 16 日，亚历山大把这个计划以集团军群司令的名义发往各部队。本来亚历山大是想借此对蒙哥马利施压，让他尽快攻下墨西拿，出乎他意料的是，这个计划对美军产生了极大的影响。

美军高层将领非常气愤，巴顿说：“我们成了蒙哥马利的附属部队了？我早就知道集团军群司令部是英军开的，他们制订的一系列计划都是为了自己的部队！”

美第 2 军军长布莱德雷也恼怒地说：“亚历山大把一切好处都给了英军，我就知道攻击墨西拿轮不到我们美国人。”

巴顿本想趁蒙哥马利进展不顺，率先对前方的敌人进攻。现在，亚历山大的命令让他的计划全部落空。于是，巴顿跑到集团军群司令部，向亚历山大索取更多的进攻主动权。为了平息巴顿的怒气，亚历山大说：“你们有进攻的主动权啊！你完全可以攻取阿格里琴托和恩佩多克莱港！如果你能做好这点，那么以后你们会得到更多的主动权！”

巴顿非常高兴，因为他想要的主动权终于得到了。但是，从整体的战局来看，蒙哥马利的第 8 集团军仍然是作战的主要力量。因此，亚历山大希望蒙哥马利能尽快通过东线，攻击墨西拿海峡。其实这也是蒙哥马利的战略目的。7 月 16 日晚上，蒙哥马利给亚历山大发电报说：“我们今晚一定会抵达卡塔尼亚。”

然而人算不如天算，第 8 集团军在推进时又遇到了敌人强烈的阻击，第 13 军、第 30 军一度无法前进一步。与此同时，巴顿领导的西线部队却顺风顺水地拿下了阿格里琴托和恩佩多克莱港。

战局出现了戏剧性的变化，蒙哥马利的第 8 集团军一下子从主攻部队变成了助攻部队。7 月 17 日，巴顿亲自飞往北非，赶到集团军群司令部对亚历山大说：“司令官先生，当前我第 7 集团军已经成了主攻部队，我请求您让我们向西北和北方突击，以攻取巴勒莫。”

亚历山大知道第 8 集团军已经失去了最有利的机会，只好将希望放在巴顿的第 7 集团军身上，希望他能带着盟军打开局面。

得到亚历山大的许可后，巴顿高兴地返回战场，重新布置军队。他重组了一支暂编军，由第 3 师、第 82 空降师和第 2 装甲师组成，指挥员为凯斯将军。另外，他又让布莱德雷第2军下属的第45师向北突击，控制海边道路，协同第8集团军的左翼部队作战。

准备完毕后，巴顿带着第7集团军开始了闪电攻击。7月21日，暂编军攻占卡斯特尔维特拉诺；7月22日，暂编军冲到了西西里首府巴勒莫城下。巴勒莫的守军完全没有料到盟军会这么快到来，纷纷举手投降。当天，巴顿带着第2装甲师骄傲地开进了巴勒莫。为了让人们记住美军的胜利，巴顿未经任何人同意，便把司令部设在了西西里王国的王宫里。

7月23日早上，巴顿正在游览王宫，部下送来了亚历山大的贺电。贺电中写道："你们做得很好，这是一个重大的胜利！我代表集团军群的官兵们，向你们表示衷心的祝贺。"

夺取巴勒莫的确是一个重大的胜利，美军在4天的时间里突破了敌人的重重封锁，突击了350千米。这次进攻给敌人造成了灾难性的损失，5.3万人被俘，190架飞机被击落，67门大炮被缴。可以说，这次战役在全世界产生了重大影响，对整个反法西斯阵线起到了巨大的鼓舞作用。

墨索里尼得知巴勒莫失守后，决定动员100万人投入部队：强令14~70岁的男子参军，14~60岁的女子为国家服务。然而，意大利人民已经厌倦了战争，一场轰轰烈烈的反对墨索里尼的运动开始了。

7月23日下午5点，意大利召开了最高委员会议。在会议上，前外交部长、驻英大使迪诺·格兰迪①提出了一项议案，要求恢复宪制，加强国王的权力，包括指挥军队；取消墨索里尼主持国事职务，但仍是党的一把手。通过投票，该决议最终以19票赞成、8票反对、1票弃权通过。墨索里尼对此非常气愤，恼怒地说："国家都是被你们这些目光短浅的人搞坏的，你们太蠢了！"

7月25日下午5点，意大利国王维克多·埃曼努尔三世②召见墨索里尼，罢免了他的一切权力。埃曼努尔对墨索里尼说："现在全体人民

---

① 迪诺·格兰迪：意大利法西斯党内民族法西斯主义派负责人，历任内务部副大臣、外交部副大臣等职，后任外交大臣和驻英大使，极力推行扩张侵略的外交路线。

② 维克多·埃曼努尔三世：意大利国王，盟军在诺曼底登陆后，他策划并成功逮捕了墨索里尼，德军占领罗马后投奔意大利南部的美军部队，因亲近法西斯政权而被迫于1946年5月9日正式退位。

都反对你，我也无能为力。战争不能再继续下去了，军人早已厌倦了。”政府由巴多格利奥①重新组织。

墨索里尼没有料到，他掌控了21年的政府就这样垮台了。墨索里尼下台的消息传开后，原本就不想打仗的意大利军人纷纷向盟军投降。西西里岛的德军见意大利绅士们和盟军举行各种联欢会，心里明白盟军拿下西西里岛只是时间问题了。

7月27日，德军南线总司令凯塞林下令西西里岛的德军抓紧时间撤退。盟军趁机调整部署，让美第7集团军、英第8集团军分别从南北两个方向对墨西拿发起进攻。巴顿的第7集团军以旋风般的速度向前推进，而蒙哥马利始终被阻挡在埃特纳火山一线。

8月4日，在空军和炮兵部队的掩护下，第8集团军发起了猛烈的攻势。次日，第13军、第30军分别前进到了埃特纳火山与大海之间的狭长地带以及火山另一侧的丘陵地带。8月6日，第13军攻占了卡塔尼亚。

然而，他们仍然面临着艰苦的战斗，前进道路上仍然充满了坎坷，据守西西里岛东部的德军仍然顽强地抵抗着。蒙哥马利无奈，只得把准备进入意大利本土的第5师调回来。而巴顿则幸运多了，他率领第7集团军从西西里岛北部海岸向东推进，沿途只有零星的战斗，遇到的大部分是退却的意军，因此，第7集团军虽然距离墨西拿较远，但前进的速度比第8集团军要快得多。

当蒙哥马利来到墨西拿时，等在这里的并不是德军，而是一路不停地接收投降意军的美军第3师。蒙哥马利哭笑不得，自己率领部队苦苦作战，而美军第3师却唱着歌、哼着曲，一路不停地接收俘虏，最后还赶在自己前头拿下了墨西拿。对此美军中有人这样笑话蒙哥马利：“墨西拿原本是蒙哥马利的囊中之物，最终却成了巴顿的盘中餐。”

至此，“赫斯基”行动宣告结束。这次战役，盟军伤亡3.1万人，法西斯军队伤亡3.3万人、被俘13.2万人。这是盟军的一次巨大的胜利，遗憾的是，法西斯撤走了大量军队。根据德军最高统帅部统计，德

---

① 巴多格利奥：历任意大利军队总参谋长、利比亚总督、埃塞俄比亚总督等职，因侵略阿比西尼亚和推翻墨索里尼而闻名。

军一共从西西里岛撤走了 60 万人，意军撤走了 75 万人。另外，德军还带走了 9605 辆汽车、47 辆坦克、97 门大炮和 1.7 万吨弹药。

无论如何，毕竟胜利了，盟军随后展开了下一个行动——突击意大利本土。但是，这一次行动因为组织和实施不到位，加上英、美两军在战略上出现了分歧，最终让盟军损失惨重。

美国方面为了开辟欧洲第二战场，一心想要横渡英吉利海峡。他们认为美军没必要介入地中海战事，因为这很可能会产生政治问题；而英国则一心想在地中海开战，以阻止苏联介入巴尔干半岛。

1943 年年初，苏联赢得了斯大林格勒保卫战①的胜利，击毙、俘虏德军约 150 万人，摧毁、缴获 3500 辆坦克和强击火炮、1.2 万门火炮和迫击炮、近 3000 架飞机及大批其他装备。德军自从围攻斯大林格勒失败后，在战略上已经处于下风。苏联方面看到德军兵力减弱，乘机展开了反攻，牢牢地控制住战略主动权。就在英、美盟军进行“赫斯基”行动时，苏联方面又进行了库尔斯克战役②，共击毙德军 50 多万人，摧毁 1500 辆坦克、3000 门火炮以及近 4000 架飞机。

苏联取得的胜利令英国头疼不已，他们担心苏联红军会趁机占领巴尔干半岛，控制中欧。丘吉尔一向对社会主义没有好感，因此他很不乐意看到苏联成为欧洲大陆的老大。这就是英国想从意大利打到巴尔干的原因，因为这样做可以切断苏联红军突击柏林的道路，从而阻止苏联红军开进奥地利、罗马尼亚和匈牙利，插手中东以及欧洲大陆事务。

进军意大利本土

英、美两国的战略分歧，导致了盟军突击意大利计划的流产。数年

---

① 斯大林格勒保卫战：苏德战争中，苏军为保卫斯大林格勒（今伏尔加格勒）和粉碎斯大林格勒方向的德军重兵集团而实施的一系列战略性攻防战役。它是“二战”东部战线的转折点，也是近代历史上最为血腥的战役，双方伤亡估计约 200 万人。

② 库尔斯克战役：“二战”期间苏德战场的决定性战役之一，德军与苏联红军共出动了近 8000 辆坦克。参战双方共投入约 280 万名士兵，空军参战飞机超过 5000 架，创下了两个纪录，即史上规模最大的坦克会战和最大规模单日空战。

后，蒙哥马利在回忆录中说："西西里岛战役结束后，所有人都知道我们会向前继续进攻，但是没有决策权的我们，根本不知道上级会让我们攻击哪里。对第 8 集团军来说，我们只知道要通过墨西拿海峡，但是具体的计划根本无从得知。"

1943 年 8 月 14 日至 24 日，英国首相丘吉尔和美国总统罗斯福在加拿大魁北克举行了一次会谈，即魁北克会议，与会人员包括联合参谋长委员会的全体委员，会议的主要内容是制订"霸王"作战计划。

在会上，丘吉尔仍然强调盟军必须首先进攻意大利和巴尔干，推迟实施"霸王"作战计划；罗斯福则坚持盟军应横渡英吉利海峡，在欧洲开辟第二战场，以减轻苏联红军面临的压力。讨论一共持续了 10 天，最后丘吉尔妥协了，答应先进行"霸王"计划，后进行地中海计划。在这次会议上，同盟国还达成了一个重要协议，即盟军在击败德国一年之内攻击日本。

英、美两国政府达成了共识，但是双方军队的高级指挥员之间存在着重大矛盾。为了突击意大利，艾森豪威尔在 9 月时不情愿地批准了"雪崩"和"贝镇"作战计划。"雪崩"计划的目的是在 9 月 9 日登陆萨勒诺，夺取那不勒斯港，负责攻击的主要兵力为马克・克拉克①将军的第 5 集团军。而"贝镇"计划需要在"雪崩"计划之前进行，负责攻击的主要兵力为蒙哥马利的第 8 集团军。

在下达任务时，亚历山大将军给蒙哥马利写了一张纸条："为了方便海军兵力通过墨西拿海峡，你务必在意大利半岛的趾部地区攻占一个据点。假如敌军抵挡不住，从趾部地区逃窜，你一定要指挥部队全力追击。记住，只要你能把意大利南部的敌人拖住，那么'雪崩'行动的胜利，你就是首功。"

"上兵伐谋"，在进行战役准备的时候，盟军也在尽可能地争取意大利新政府掉转枪口。意大利新政府的最高负责人巴多格利奥，曾在墨索里尼下台后说过这样的话："战争还没有停止，我们不会放弃自己的承诺。"

---

① 马克・克拉克：美国陆军上将，"二战"期间历任美国地面部队参谋长、第 2 军军长、美国驻英国的地面部队指挥官、"火炬"行动的联军副总司令、美国第 5 集团军司令。

巴多格利奥模棱两可的话，让艾森豪威尔看到了希望，因为巴多格利奥并没有明确地说意大利是站在德国一边还是站在盟军一边。为了争取让意大利脱离德国，艾森豪威尔打算与巴多格利奥谈判。对此，丘吉尔和罗斯福并不同意，他们认为意大利除了投降，没有其他出路。经过艾森豪威尔的斡旋，英、美两国政府终于在 9 月 3 日与巴多格利奥坐到了谈判桌前。这次秘密会谈取得了重大成果，巴多格利奥同意停战，并和英、美两国秘密签署了停战条约。

就在条约签订当天，第 8 集团军的第 30 军在凌晨 4 点 30 分开始炮击墨西拿海峡对岸。这次炮击非常猛烈，因为蒙哥马利看到巴顿的第 7 集团军没有任务，便借调了 80 门中型炮和 48 门重型炮。与此同时，由 15 艘军舰组成的编队，也对墨西拿海峡南部的敌军进行了炮击，而处在陆地的重型轰炸机也因为闲着无聊加入了战斗。炮击过后，早已登上运兵舰的第 13 军第 5 师和加拿大第 1 师迅速冲向了对岸。由于准备充分，登陆部队几乎没有遭到什么抵抗。登陆成功后，他们快速攻占了勒佐加拉勒利亚，之后迅速向北推进。

巴多格利奥与盟军签订停战条约后并没有公开，也没有与德国反目。3 天以后，艾森豪威尔决定利用这次胜利作为筹码，让第 82 空降师司令马克斯韦尔·泰勒①赶赴罗马，与巴多格利奥进行最后的协商。泰勒与巴多格利奥商谈后，给艾森豪威尔发电报说：意大利政府认为盟军的力量弱于德军，一旦公开与盟军合作，一定会让德军恼羞成怒，从而使意大利处于危险境地。随后，艾森豪威尔又接到了泰勒再次发来的电报说：巴多格利奥拒绝为美第 82 空降师提供机场。

艾森豪威尔非常生气，脸上的肌肉不停地抽动，随手抓起一支铅笔一折两半。接着，他又拿起电报看了看，再次抓起一支铅笔并折为两截。尽管内心气愤不已，但是身为高级指挥员的他还是很快冷静了下来。

随后，艾森豪威尔给巴多格利奥发了一封电报，电报中说：“根据

---

① 马克斯韦尔·泰勒：美国陆军上将，“二战”期间担任过第 82 步兵师参谋长、第 101 空降师师长，参加了美军在欧洲的所有空降战役，战后历任西点军校校长、美国陆军参谋长、总统军事顾问和美国参谋长联席会议主席等职。

停战协定，我们会在 9 月 8 日下午 6 点 30 分向全世界宣布意大利无条件投降的消息。假如你不同意按照协定的内容合作，那么我就将会议的全部记录公布。这样的后果，你要想清楚，我期待你的回电。”

但巴多格利奥并没有回电，9 月 8 日下午 6 点 30 分，艾森豪威尔正式在阿尔及尔的无线电台上发表讲话。他说：“大家晚上好，我是盟军总司令德怀特·戴维·艾森豪威尔。当前，意大利政府与我们已经签订了无条件投降协议。现在，我以盟军总司令的身份，宣布与意大利军队结束战争。”

艾森豪威尔讲完后，耐心地等着意大利方面的消息，可是 10 多分钟过去了，意大利方面仍没有一点消息。显然，巴多格利奥还在犹豫之中。为了给予巴多格利奥最后一击，艾森豪威尔把协议的内容通过阿尔及尔电台广播了出去。这份声明命令意大利武装部队立即停止一切对盟军的敌对行动，要求他们去与德军作战。一个小时后，巴多格利奥在罗马电台里也宣布了停战声明。至此，意大利政府彻底投降了。

9 月 20 日，英第 8 集团军挺进至卡坦扎罗一带。此时，已经在萨勒诺地区登陆的美第 5 集团军正遭受德军的猛烈攻击。原来，希特勒也感到苗头不对，很可能要失去意大利这个盟友，于是调了 19 个师的兵力去加强萨勒诺的守卫力量。同时做好准备，一旦意大利倒向盟军，就以武力侵占整个意大利。这天下午，亚历山大给蒙哥马利发来电报，命令第 8 集团军继续对德军施压，以拯救“雪崩”战役。

然而，第 8 集团军的处境也不太好，因为前进的道路受损严重，加上后勤供应不及时，第 8 集团军面临着重大的补给危机。

因此，一向小心的蒙哥马利并没有因为要解救其他部队，而不顾一切地让部队冲击。他让部队分阶段挺进，稳步前行。结果，他的做法遭到了美军的猛烈抨击，他们说：“蒙哥马利就像蜗牛，背着沉重的‘怕死’包袱，一步一个脚印地前来救我们。”更有人这样挖苦道：“蒙哥马利不是来救我们的，而是准备来打扫战场的。”

对于这些闲言碎语，蒙哥马利毫不在意，依然有条不紊地继续前进。10 月，蒙哥马利把德军追赶至特里尼奥河地区。至此，第 8 集团军在意大利战场和德军的战斗真正展开了。

特里尼奥河北岸在德军伯恩哈特防线的亚得里亚海一端，在该地区的北面大概 32 千米处是古斯塔夫防线。在这些防线的后方，还有德军的其他防线，其中以哥特防线最为有名，因为它是德军在阿尔卑斯山前的最后一道屏障。由于防线众多，纵深区域广阔，难以攻打。就在这时，地中海迎来了雨季，原本不通畅的道路变得泥泞不堪。第 8 集团军就在这样的条件下，一步步地前进，一步步地战斗。

11 月 19 日，第 8 集团军终于冲破特里尼奥河防线，夺取了桑格罗河南岸。接下来，摆在第 8 集团军面前的就是德军的下一道防线——古斯塔夫防线。这时，一直胜利前进的蒙哥马利产生了轻敌心理，打算快速发动战斗，冲过桑格罗河。

出任第 21 集团军群总指挥

1943 年 11 月 20 日，第 8 集团军攻击古斯塔夫防线的战斗打响了。蒙哥马利调集 5 个师的兵力，向古斯塔夫防线冲了过去。然而，这次蒙哥马利栽了跟头。

每次作战，蒙哥马利总是做好周密细致的安排。这次也不例外，他让士兵每天晚上在河上巡逻，探明德军的布防情况。与此同时，他还实施了一系列的欺骗行动：为了营造英军即将对佩斯卡拉发动两栖攻击的假象，他让准备调回英国本土的第 1 空降师进行了一次搭载演习；为了隐藏第 5 军战线上巨大的弹药堆集所，他下令在准备实施佯攻的第 3 军阵地上伪装了一些弹药堆集所和火炮阵地。另外，他还制订了相应的空中和炮火支援计划。

但是，德军看穿了蒙哥马利的计划，大大加强了古斯塔夫的防御，把主力放在第 8 集团军将要攻击的正面——里科里山脊。由于准备充分，加上地形优势，德军面对第 8 集团军的疯狂攻击，竟然没有后退一步。第 8 集团军疲惫不堪，人员损失非常严重，但又得不到补充。损失最严重的要数承担主攻任务的第 78 师，在持续的攻击中减员近万人。

人员的损失让蒙哥马利无比痛心，更让他难受的是天气开始变得恶劣起来。暴雨时不时地从天而降，并且一下就是好几天，而暴雨过后，又是好几天的连绵细雨和雾气，第 8 集团军的阵地湿气腾腾，道路难以通行。在这样的季节里，很多士兵都在祈求太阳早日出来，有的甚至在梦里都会念叨：“上帝，你就不能把雨停下吗?”

尽管天气不给力，蒙哥马利仍然要求第 8 集团军继续作战。11 月 23 日，新西兰师、印度师和第 78 师打算强行渡河，但只有一个印度旅通过，因为突然而至的山洪将浮桥彻底毁坏了。没有办法，印度旅只好静静地待在河对岸，心情复杂地祈祷德军不要前来围攻。

直到此时，蒙哥马利才意识到，攻夺桑格罗河北岸是一件非常困难的事情。但是，战争已经走到了这一步，继续与否已经由不得他了。6 天后，经过一番苦战，第 8 集团军终于拿下了古斯塔夫防线的中段——莫扎格罗纳。局势转变了，战况对第 8 集团军变得有利起来。第二天，第 8 集团军的第 5 军攻占了里科里山脊。蒙哥马利大大松了一口气，命令部队停止攻击，让精疲力竭的第 78 师好好休整一下。不过，这个命令与加拿大师和新西兰师无关，因为蒙哥马利又有了新目标——离大海较远的奥托纳和奥尔索尼亚地区。

12 月 20 日，加拿大师首先发起了攻击，目标为奥托纳。负责守卫奥托纳的是德军第 1 伞兵师第 3 伞兵团，其指挥员非常善于巷战，结果加拿大师在花费 7 天时间并付出沉重的代价后，才彻底攻占该地。由于加拿大师攻占奥托纳花了太长时间，德军又在离该地区不远的后方，再次建立起一道防线。加拿大师进攻的不顺，也影响到了进攻奥尔索尼亚地区的新西兰师。该师在兵力上虽然优于德军，但是德军仍凭借坚固的阵地顽强抵抗。

面对这种情况，蒙哥马利只好让部队就地构筑防线，与德军对峙，这也说明他在事实上认可了自己的失败。这次失败主要有两个原因：一是因为当地的气候条件和地形非常复杂，德军就算只用小股部队，也能凭着自然优势阻击强大的对手；二是这次战役准备不足，盟军缺乏统一的行动计划。

第 8 集团军有位参谋为蒙哥马利的失败辩解道：“我们的失败，不是败给敌人，而是败给上帝和队友。美军根本不搭理我们，而欧洲盟军总司令部又不能保障我们的后勤……”尽管理由很多，但是作为指挥官，蒙哥马利仍要对这次失败负责。

对于这次失败，蒙哥马利深感耻辱，一方面感觉丢了脸，另一方面也不满欧洲盟军总司令部的不作为。他在回忆录中写道：“该战役不但没有整体计划，也没有开拓新战场的勇气，并且后勤就如同乌龟在爬。”

在蒙哥马利抱怨欧洲盟军总司令部的同时，欧洲盟军总司令部却非常高兴，战役虽然失败了，但整体的战略获得了成功。为了给蒙哥马利消消火，欧洲盟军总司令部决定让蒙哥马利的第 8 集团军和美第 5 集团军协同作战，以充分发挥兵力上的优势。这个决策为日后“霸王”计划的实施奠定了基础。

1944 年春，为了配合“霸王”计划，盟军对违背诺言的意大利发动总攻，负责总攻的部队正是这两个集团军。但蒙哥马利等不到那个时候了，因为桑格罗河战役成了他在意大利的最后一战。

12 月 24 日清晨，蒙哥马利刚起床，副官就送来了陆军部的电报。原来，为了在欧洲开辟第二战场，英国政府正在组建第 21 集团军群，蒙哥马利被任命为该军群的总指挥。蒙哥马利非常高兴，他终于可以离开意大利了，并且得到了更高的职务。他知道，如果自己能在欧洲开辟第二战场，必将一洗敦刻尔克之耻。

对蒙哥马利的这一任命，还经历了一番波折。

“霸王”行动确定下来后，英国陆军部曾就地面指挥官的人选征询艾森豪威尔的意见。艾森豪威尔内心倾向于选择亚历山大，因为他与亚历山大的合作还算愉快，而且大多数美国将领也对亚历山大抱有好感。但他又不便明说，于是委婉地表示：“我无权做出选择，但维持现状也很不错。”

英国内阁中，有的人主张选择亚历山大，因为他不仅拥有杰出的军事才华，而且善于与人合作，这对联合作战无疑是个很大的优势。有的人则主张选择蒙哥马利，因为他作战经验更加丰富，指挥能力也更强，而这一主张引起了激烈的反对意见。很多人认为蒙哥马利为人冷漠，目中无人，美国人都不喜欢他，英国人也对他意见颇大，就连与蒙哥马利有过友好合作的特德也说：“蒙哥马利才能平庸，自视甚高，认为自己能与拿破仑相媲美，可惜他根本不配。”还有的人对蒙哥马利的军事才干表示怀疑，他们说，“蒙哥马利一向行动缓慢，过于谨慎”，“为了证明自己战无不胜，蒙哥马利总是让隆美尔的部队从他的眼皮子底下溜掉”。

幸运的是，蒙哥马利拥有布鲁克和格里格这两个坚实的后盾。他们认为，西欧登陆作战事关重大，必须选择一位作战经验丰富并善于激励士兵的指挥官。在他们的支持下，蒙哥马利最终被选中了。

事后，蒙哥马利得知其中的波折，充满感激地给布鲁克写信说：“亲爱的布鲁克，我很感激你对我的提拔和信任。这个职务非常重要，我将以实际行动证明你的选择是正确的……”

12 月 27 日，蒙哥马利乘坐飞机来到阿尔及尔，与艾森豪威尔见了面。这次见面，艾森豪威尔开门见山地告诉蒙哥马利，打算把战役初期的地面行动指挥权交给他，并且身处英格兰的几支美军部队也交给他指挥。经过一番会谈，蒙哥马利摩拳擦掌，准备在诺曼底大显身手。

蒙哥马利首先要确定带往英国的工作班底。经过与甘冈商讨，他向陆军部要求带走参谋长甘冈、总后勤部部长格雷厄姆、情报处处长威廉斯、坦克部队顾问理查兹、随军总牧师休斯。陆军部很快做出了批复，允许他带走甘冈、威廉斯和理查兹。

12 月 28 日，蒙哥马利回到第 8 集团军司令部，跟老战友们告别。离别是痛苦的，更何况离别的对象是给他带来无上光荣的第 8 集团军。

12 月 30 日，蒙哥马利在瓦斯托的歌剧院举行了隆重的告别会。人差不多到齐后，他拿着一篇精心准备的告别演说稿走上演讲台。官兵们看着蒙哥马利缓缓地走上台，心情变得复杂起来，他们舍不得这位带着他们四处征战的指挥官。

蒙哥马利看了看官兵们，用沙哑的声音说：

一、我不得不遗憾地告诉你们，我离开第 8 集团军的时刻到来了。我受命去指挥在英国的英国军队。他们将在最高统帅艾森豪威尔的领导下作战。

二、我实在很难把离别之情适当地向你们表达出来。我就要离开曾经和我一起战斗的战友。在艰苦作战与赢得胜利的岁月中，你们忠于职守的勇敢与献身精神，永远令我钦佩。我觉得，在这支伟大的军队中，我有许多朋友。我不知道你们是否会想念我……特别是回忆起那些个人的接触，以及路上相遇时愉快致意的情景，实非言语所能表达。

三、我们共同作战，从未失败过。我们共同所做的每件事，总是成功的。

我知道，这是由于每个官兵忠于职守、全心全意合作的结果，而不是凭我一已之力所能做到的。正因为这样，你们和我彼此建立了信任。司令官与他的部队之间的相互信任是无价之宝。

四、与沙漠空军告别，我也依依不舍。在第 8 集团军整个胜利作战的过程中，这支出色的空中打击力量一直与我们并肩作战。第 8 集团军的每一个士兵都引以为荣地承认，这支强有力的空军的支援是取得胜利的极其重要的因素。对于盟国空军，尤其是对于沙漠空军的大力支援，我们将永志不忘。

五、临别依依，我要向你们说些什么呢？我激动得说不出话来，但我还是要对你们说：第 8 集团军之所以有今天，是你们的功劳，是你们，使得它在全世界家喻户晓。因此，你们一定要维护它的良好名声和它的传统。请你们以对我一贯的忠诚和献身精神同样地对待我的接任者。

六、再见吧！希望不久又再见面，希望在这次大战的最后阶段，我们能再次并肩作战。

蒙哥马利的演讲让很多官兵激动不已，有的拼命鼓掌，有的起身敬礼，还有的暗自抹泪。当他停止演讲的那一刻，整个大厅爆发出雷鸣般的掌声和欢呼声。蒙哥马利眼含热泪看着这些战友，微笑着走下演讲台。

负责接替蒙哥马利的是原第 30 军军长利斯将军，他们是多年的好友，而且利斯对第 8 集团军也非常了解，因此交接工作进行得非常顺利。

就在蒙哥马利发表演讲的这天夜里，第 8 集团军的指挥权正式由利斯将军接手。12 月 31 日，蒙哥马利乘机飞往马拉喀什。

第九章　全力开辟欧洲第二战场

重新制订“霸王”计划

蒙哥马利赶到马拉喀什时，丘吉尔和艾森豪威尔正在那里等着他。原来，丘吉尔因为身体不好，正在这里休养，而艾森豪威尔因为要飞回美国，正好途经这里。晚宴前，丘吉尔、艾森豪威尔和蒙哥马利坐在一间房里，丘吉尔含着雪茄，把装着“霸王”行动计划书的密封袋递给蒙哥马利，说：“你先看看吧，看完了再谈谈想法！”

蒙哥马利从密封袋里拿出计划书后，艾森豪威尔说：“我对这份计划也不怎么了解。我回国的这段时间，会详细研究的。等我回来后再商量怎么样?”

蒙哥马利听了默默地把计划书放了回去。这天晚上的宴会非常热闹，但生性孤僻的蒙哥马利提不起半点兴趣。宴会一结束，他就借口要看“霸王”计划，转身离开了。

看完“霸王”计划，蒙哥马利不禁愁云满面，他知道这个计划已经通过了美、英联合参谋长委员会的审核，而丘吉尔也坚定地予以支持。根据这个计划，盟军将于 1944 年 5 月在法国南部的诺曼底海岸实施登陆战。

蒙哥马利明白，要想进行大规模的登陆，一定要具备三个条件：第一，登陆场需要在英军本土飞机的作战半径内；第二，登陆的直线距离越短越好；第三，登陆场周边需要拥有优良的港口。按照这三个要求，可供登陆的地方一共有三处，分别为康坦丁半岛、加来和诺曼底。前两个登陆场距离英国本土较近，但是它们都存在一个致命的问题，那就是德军在那里的防御力量非常强大，不仅工事完备，驻守的也是精锐部队。同时，它们周边没有优良港口，也缺少足够的内陆交通线，不利于登陆部队向内陆突击。而诺曼底尽管较远，但拥有别的地方都不具备的条件，它附近有法国北部最大的港口瑟堡，海滩上可以同时展开 30 个师，而德军的防御力量也非常薄弱。

在该计划中，第一梯队为 3 个登陆师和 2 个空降旅，3 个师分别在卡朗坦至卡昂之间 32 千米宽的 3 个滩头登陆；第二梯队为 8 个师，预定在 2 个星期内夺取瑟堡；到第 3 个星期，登陆的部队将达到 24 个师。

经过仔细分析，蒙哥马利发现了两个重大问题：一是登陆范围有些狭窄，登陆部队容易拥挤；二是登陆初期的突击力量非常薄弱，很可能会造成大量的伤亡。

想到这里，蒙哥马利立即拿出纸，在上面写道："由于登陆地带过于狭窄，从战役开始到大举进攻内陆那天，12 个师聚集在滩头会造成大范围的拥堵；而进攻内陆后的第 24 天，将会有 24 个师来到滩头，这样滩头的秩序将会更加混乱。这个计划给我的直接印象，就是无法进行。"

次日清晨，正在床上睡觉的丘吉尔被警卫员叫醒了，说蒙哥马利求见。丘吉尔简单地穿了件衣服，就把蒙哥马利请了进来。蒙哥马利拿着报告，说："首相阁下，打扰您睡觉了，这是我对登陆计划的一些意见!"说完，他将报告递给丘吉尔。

丘吉尔翻看报告时，蒙哥马利简单地说明了自己的一些看法。丘吉尔很感兴趣地说："我一直都对这份计划存有疑虑，但是三军参谋长都认为可行，那么我也只好同意。现在好了，你是一位作战经验丰富的老指挥官，快些给我分析一下!"

蒙哥马利闻言露出了笑容，能够得到丘吉尔的称赞，对他来讲是莫大的荣耀。讨论结束后，为了不与伦敦制订作战计划的人闹矛盾，蒙哥马利请求丘吉尔把报告还给自己。丘吉尔知道蒙哥马利的心思，坚持不肯把报告书还给他。最后，丘吉尔说："我知道你担心这份报告被别人知道，我向你保证，一定不把它公开，只当作我个人的学习材料。”蒙哥马利听了，只好作罢。

这天中午，丘吉尔夫妇要去野餐，特意叫上了蒙哥马利。路上，蒙哥马利对丘吉尔说：“我在这么多年的军事生涯中，得到了一个重要教训，那就是制订作战计划一定要有作战经验丰富的指挥员参加。否则，计划肯定会在实战中出现纰漏。”

丘吉尔很赞同蒙哥马利的说法，说：“我明白，象牙塔终归是搞理论的，而战争是变幻莫测的。”

也就在这时，丘吉尔下定决心，准备给蒙哥马利更多的权力，让他参与到“霸王”计划的后续行动中。

晚上，蒙哥马利吃过晚餐，让飞行员在自己的座机上装满橘子，然后飞向英国。但他没有坐这趟飞机，而是悄悄地又在旅馆中坐了几个小时。这是艾森豪威尔的要求，因为他不想自己的优秀部下出现任何意外。几个小时后，蒙哥利亚坐上另一架飞机，直飞英国。

蒙哥马利飞抵伦敦是在 1944 年 1 月 2 日。下了飞机，他直奔圣保罗学校，那里是他的第 21 集团军群司令部所在地。以前，他曾在圣保罗学校就读，虽然也是学校中的风云人物，但是从未进过校长办公室。现在，校长办公室成了他的办公室。这事让他感到十分得意，后来他还在《回忆录》中写道：“我以前在圣保罗学校也算是个风云人物，当过第 15 橄榄球队、第 11 板球队和游泳队的队长，但从来没有进过这个房间。也许只有成为总司令，才能实现这个愿望。”

上任后，他把参谋长职位交给甘冈，又把自己带来的其他人员都安排到重要部门。

司令部所在地带频繁遭到空袭，附近军民都认为是司令部的存在才引来了空袭，于是写信给蒙哥马利，要求他们搬走。蒙哥马利显然没有时间去理会这些无聊之举。他深刻认识到自己的任务是如此艰巨，这次联合作战的规模在世界战争史上尚属首例，很多部队都缺乏实际的战斗经验。

第 21 集团军群司令部已经成立了 4 年左右，但是这支部队从未去过海外，也没有实际作战经验。很多军官一直待在司令部里，毫无斗志。蒙哥马利认为这里急需补充新鲜血液，输入一些有战斗经验的参谋人员。他让甘冈等人接管了一些领导岗位，对此，很多人感到不满。第21集团军群的前任指挥官佩吉特也很郁闷，眼看部队即将踏上征程，执行重要的军事任务，结果自己却被别人替代了；而且有消息说他将被派到不太重要的直布罗陀海峡去担任司令官。

不过，这都不是蒙哥马利要考虑的了。时间就是生命，不允许他再犹豫不决。他眼下急需要做的是在作战组织、理论等方面做出重要调整。当时恰好有一批具有丰富作战经验的部队在西西里战役结束后回到英国，蒙哥马利趁机挑选了其中一些优秀的军官。

1月13日，蒙哥马利将下辖的集团军指挥员们叫到圣保罗学校开会，向他们讲述了自己的作战原则和指挥方法。为了使“霸王”计划更加完善，蒙哥马利开始对师一级部队进行调整。这事虽然向陆军部代表汇报过，但陆军部代表并没有当回事。于是，蒙哥马利调整部队一事成了越权行为。陆军部的代表们看到蒙哥马利越权，赶紧向陆军部报告。

陆军大臣格里格知道后，认为蒙哥马利过于轻视陆军部，于是暗中给他穿小鞋。不久，感觉处处受到制约的蒙哥马利非常苦恼，因为没有陆军部的支持，他很难在一线部队展开工作。蒙哥马利把自己的委屈报告给总参谋长布鲁克，布鲁克建议他和格里格一起吃个饭。

蒙哥马利照办了，并在用餐时承认了自己的错误，希望格里格原谅自己。格里格见蒙哥马利如此低姿态地认错，也答应以后会支持他的工作。从这时开始，蒙哥马利和格里格成了好朋友，两人的友谊持续了一生。

在调整第21集团军群下属部队时，蒙哥马利并没有放松研究“霸王”计划。不久，在他的要求下，欧洲盟军最高司令部参谋长弗雷德里克·摩根交给他一份新的作战计划。该计划花费了摩根大量的时间和精力，但蒙哥马利还是不满意。他对于登陆地点为塞纳湾没有异议，只是认为进攻面过于狭窄，会造成进攻部队火力投放不足。

看到大家都已穷尽精力，蒙哥马利提示说：“你们研究一下可否在布列塔尼和科唐坦半岛两侧进行登陆。”

参谋们接到命令后，又开始忙碌起来。最后，大家一致认为登陆地点选为塞纳湾比在布列塔尼和科唐坦半岛更为有利。于是，蒙哥马利的建议被抛弃了，塞纳湾成为最终的登陆地点。

登陆地点确定后，蒙哥马利又把目光放在了登陆面积上。他建议进攻初期由 2 个集团军展开，同时美第 82 空降师和英第 101 空降师空降于奥恩河的另一侧。为方便指挥，蒙哥马利还建议全部登陆部队的指挥，由一个军司令部或特遣部队司令部掌握。经过这些调整，初期登陆力量得到了大大加强，指挥系统也更精干有效了。

艾森豪威尔回美国复命后，于 1944 年 1 月中旬再次回到伦敦，接手“霸王”行动总指挥一职。1 月 21 日，蒙哥马利把重新制订的“霸王”计划交给艾森豪威尔。艾森豪威尔发现这套方案比原先的更为有力和明了，便签了字。随后，联合参谋长委员会接到了这份计划，并很快

“二战”期间，策划“霸王”行动的盟军将领，由左至右依次为：艾森豪威尔、空军上将利·马洛里、空军上将亚瑟·特德、蒙哥马利

全体通过了该计划。至此，“霸王”行动在蒙哥马利的参与下，成为正式的作战计划书。

在新的作战计划书里，突击力量大大增强了，因此登陆艇的需求陡增。按照原计划，“霸王”行动一共需要3323艘登陆艇，其中由美国提供1024艘，剩下的都由英国负责，但是，英国根本没有这么多登陆艇。此前，英国政府已经要求造船厂日夜加班，还要求把计划建造的1艘航空母舰、4艘驱逐舰和14艘快速舰的时间推迟3个月，腾出时间全力赶制登陆艇（其中包括75艘坦克登陆艇）。现在，蒙哥马利又要求增加突击力量，新增150艘扫雷艇、24艘战舰和1000艘登陆艇。而英国各大造船厂已经把产能发挥到了极致，根本没有能力多生产哪怕一艘舰艇。

蒙哥马利思来想去，发现如果把“铁砧”登陆计划改成只是威吓性的行动，那么省下来的登陆艇就可以供“霸王”行动使用了。“铁砧”计划是一次准备在法国南部的土伦以东地区进行的登陆行动。为了牵制位于法国南部的德军，美国准备把处在意大利的盟军调到该地，向巴黎突击。这个计划受到了法国和苏联的欢迎，因为法国人民时刻都在盼着盟军解放自己，而苏联也希望可以借此率先攻取维也纳。

但蒙哥马利和丘吉尔都不喜欢这个计划，主要是因为：首先，该计划会占用大量的舰艇；其次，意大利战场的盟军兵力会因此减弱，从而使苏联军队有机会夺取维也纳。

为了保证“霸王”行动的成功，艾森豪威尔几经考量，最终同意了蒙哥马利的建议，把“铁砧”计划改为威吓行动。蒙哥马利的方案递交联合参谋长委员会后，经过一番激烈的讨论，被通过了。

前期问题解决之后，蒙哥马利开始研究登陆后的行动。很快，又一份计划出台了，内容大致为：盟军夺取诺曼底后，在东面摆出攻击内陆姿态，以迷惑德军的援军，特别是装甲部队。随后，盟军主力从西面突击，然后转道向南，斩断德军部署在海边的部队与内陆之间的联系。最后，盟军径直向东部的巴黎推进，以彻底解放法国。

4月7日，蒙哥马利把下属集团军的主要将领召集到伦敦，向他们细致地讲解战役的计划。与会人员不仅包括蒙哥马利的下属部队，还有海、空军总司令。在会议上，蒙哥马利告诉大家：塞纳湾一带会被分为5个独立的登陆点，每个登陆点都有一个独立代号，分别配给每一支登陆部队。按从西向东的顺序，这几个登陆区域是："犹他"，分配给美第4步兵师使用；"奥马哈"，分配给美第1步兵师使用；"戈尔德"，分配给英第50步兵师使用；"朱诺"，分配给加拿大第3师使用；"斯沃德"，分配给英第3步兵师使用。

蒙哥马利还告诉大家，为了保护登陆部队的安全，海军已经成立了2支特遣队，分别保护英、美两军的登陆部队；而为了支援登陆部队，空军决定通过各种途径保障登陆部队行动，参与的飞机共计11 590架，其中英军为5510架，美军为6080架。

看到大家都没有异议后，蒙哥马利便让甘冈带着参谋人员制定细节。现在他还有一个最重要的任务，那就是让官兵和民众相信他们能击败德军。

积极准备诺曼底登陆战

1944年春天，为了增强官兵们的信心，蒙哥马利坐上"轻剑"号列车，开始巡视全国各地的部队。每抵达一支部队的营地，他都要停下来进行检阅，让部队上上下下看到指挥官的自信，帮他们建立起击败法西斯的信心。在某种意义上，蒙哥马利根本不是在检阅，而是在展示自己昂扬的战斗精神以及击败德军的必胜信念。

到5月中旬，蒙哥马利检阅的部队人数超过100万。几乎每一个准备参与登陆作战的官兵都见到了他，并聆听了他的演讲。他的演讲给所有参战部队官兵打了一针自信剂，大家都拭目以待这位信心十足的指挥员，究竟会怎样带领他们走向胜利。

蒙哥马利的检阅取得了预期效果，也使他受到了英国士兵，甚至美国士兵的尊敬和爱戴。后来，他在回忆录里全文收录了艾森豪威尔的参谋长史密斯写给他的一封信：

亲爱的将军：

我通过一个可靠的渠道得到了一份报告，报告的内容是关于美军的态度和思想状况。我认为报告中的内容是很公正客观的。在此引用其中一个段落，希望你读后心情愉快：“大家对最高指挥官都满怀信心，士兵们登船待发，内心无不把蒙哥马利将军视为英雄。他那友好、真挚的态度和朴实的作风给他们留下了良好的印象，最让他们难以忘怀的是，将军看望了部队中的每一个人，并表示他盼望着战争早日结束，以便大家能够回家与亲人团聚。”我在美国军队中待了很多年，比你更能体会他们对外国的人与事所抱持的怀疑态度。但是你的领导有方，大大激励了人们的感情与信心。

你忠诚的比德尔

1944 年 6 月 22 日

蒙哥马利的名声响遍了整个英国。为了增强英国人民抵抗法西斯的信心，英国各部门还邀请蒙哥马利前往各地演讲。蒙哥马利知道自己的演说可以唤起民众的爱国信念，于是欣然接受了邀请。但他在地方上的演讲主要集中在工厂。这是因为长时间的战争使民众身心疲惫，他们在长期的压抑中变得非常冷淡、茫然。可是战争需要他们点燃激情，前方军队需要大量的战争物资，而这一切只能靠工厂夜以继日地生产。

蒙哥马利慰问工厂时，尤其是在慰问为“霸王”行动制造装备的工厂时，每来到一个地方，都要和工人们亲切地交谈，向他们作激情洋溢的演讲。

他演讲的次数很多，但是内容几乎相同，大概为：军队并不仅仅是指前线战场上的部队，我们后方生产线上的工人，也是一支伟大的军队，击败法西斯德国并不难，只要我们能把工人和士兵结合在一起，那么我们就会成为一股无坚不摧的力量。

蒙哥马利四处演讲，引起了一些政界人士的不满，认为蒙哥马利是在笼络人心，为以后从政铺平道路。发出这样声音的人不止一两个，更有甚者说蒙哥马利想当首相。蒙哥马利的一位好友坐不住了，他找到蒙哥马利，让他不要再进行这种演讲了。但蒙哥马利全然不理会，认为自己“身正不怕影子斜”。

蒙哥马利一方面四处给大家鼓劲，一方面又密切关注着“霸王”行动。诺曼底登陆战已经确定下来，但是为了迷惑敌人，盟军准备实施一系列的欺骗计划。当时横渡英吉利海峡还有一个更好的地点——法国南部加来地区，为了不让德军察觉盟军的登陆地点是诺曼底，盟军决定在加来地区展开欺骗计划。

这个计划的代号是“保镖”，目的是让德军相信盟军会在加来地区登陆，登陆时间为7月的第3周。为了达到这个目的，英国情报部门找到了一位身材和面貌都与蒙哥马利极为相似的军人，这个人以前做过演员，模仿能力出众，名叫克里夫顿·詹姆斯。就这样，令人拍案叫绝的欺骗行动开始了。

当英国情报局把詹姆斯带到蒙哥马利的司令部时，蒙哥马利一下子愣住了，这个人简直就是自己的复制品，和自己太像了。他高兴地握住詹姆斯的手说：“现在，你肩负着重大的历史使命，不要害怕，你一定能干好的。”

为了让詹姆斯更逼真地演戏，蒙哥马利决定让他跟随自己吃住一个星期。经过一个星期的了解，詹姆斯很快掌握了蒙哥马利的所有特点。比如，蒙哥马利喜欢背着手走路，通常会将头仰起来，常常掐一下左颊，经常目不转睛地盯着人看，与人交流时往往会打手势来强调自己的重点。詹姆斯模仿得非常到位，有时就连蒙哥马利身边的副官都差点认错人。一个星期以后，蒙哥马利看着跟前的另一个“自己”，高兴地安排他去执行任务了。

“蒙哥马利”开始四处活动，首先是前往直布罗陀。他带着缀有双徽的黑色贝雷帽，慢吞吞地走下飞机，泰然自若地接受当地官员的欢迎。欢迎仪式结束后，他钻进汽车，大摇大摆地行驶在直布罗陀街道上。除了英国本土的几位高层人士外，谁也不知道这个“蒙哥马利”是冒牌货。直布罗陀总督拉尔夫·伊斯特伍德将军用非常盛大的宴会招待了这位贵宾。

次日，“蒙哥马利”飞往阿尔及尔。在此之前，英国情报部门已经对外散布了假消息，说蒙哥马利将军来阿尔及尔是身负一项重要使命，很有可能会在这里集结一支强大的盟军部队。很快，假消息便被信以为真的德国特务发给了德军最高统帅部。与此同时，在英格兰东南部，盟军也制造了一些假象，使德军误认为盟军在这里没有集团军和辅助的空军部队。

在英国东南地区，艾森豪威尔也弄了一个假的美第 1 集团军群司令部。可是，在这个假的司令部里，由谁来担任最高指挥官呢？他想来想去，认为巴顿无论在盟军还是德军中，都有很大的影响力。于是，这个假的美第 1 集团军群司令部，就成了巴顿的“度假胜地”。

巴顿抵达“美第 1 集团军群”后，为了让一切看起来更加真实，他请来很多工匠、电影道具师等，用纸板、木板和橡皮仿造了大量军事装备。为了迷惑德军的窃听机构，巴顿让人设置了数个电台，每天大量发报。

巴顿还在英国东南地区四处晃悠，到处向人们说出自己的名字，而且每次说完都会神秘地告诉别人，千万不要将他身在这里的事传出去。巴顿的一系列欺骗行动被德军侦察到了，他们分析了大量的情报，认为英国东南地区确实存在一个集团军群司令部。

为了让欺骗行动更加完善，盟军的空军也参与了进来。他们在轰炸加来时，还特意轰炸了诺曼底，而在轰炸铁路时则故意选择了远离登陆地区的目标。

一整套的欺骗行动起了作用，希特勒和 B 集团军群司令隆美尔一致认为，盟军的登陆地点就在加来地区，诺曼底只是佯攻地点。根据这个结论，德国继续增兵加来地区，其中包括了一个精锐集团军——德第 15 集团军。

5 月中旬，盟军在诺曼底附近秘密地集结了大量部队，人员约 288 万人，其中陆军有 153 万人，共计 36 个师（包括 23 个步兵师、10 个装甲师、3 个空降师）；海军投入作战的军舰约 5200 艘，其中，战斗舰只包括13艘战列舰、47艘巡洋舰、134艘驱逐舰在内，约1200艘，登陆舰艇4126艘，还有运输船5000余艘；空军一共出动13 700架飞机，其中包括轰炸机5800架、战斗机4900架、运输机和滑翔机3000架。另外，美国还有近50个师正坐着船千里迢迢地从美国本土赶来参战。

由于兵力空前巨大，集结所有部队又需要花费大量时间，盟军司令部决定把登陆战推迟到6月初进行。但是，具体的时间非常难定，因为各兵种都有着自己的特殊要求：陆军认为士兵们不能在沙滩上停留太久，因此登陆需要在涨潮时进行；海军为了避免舰船遇到障碍物，认为登陆应当在退潮时进行；空军为了在夜间能看清目标，要求攻击的晚上应当有月光。最后，结合各方面意见，又经过全面研究，登陆时间最终敲定为1944年6月5日。此外，根据五个滩头的潮汐不同，登陆又分为五个时刻，而突击日则安排在满月的日子。

随着登陆作战行动的临近，第21集团军群司令部的气氛变得严肃而又沉闷。1944年5月15日，盟军在圣保罗学校举行了动员大会，与会人员不仅有“霸王”行动的指挥员，还有艾森豪威尔以盟军最高司令的身份邀请来的英国政府的重要人员——英王乔治六世①和首相丘吉尔。

大会开始后，艾森豪威尔发表了欢迎词，然后把大会主持人的工作交给蒙哥马利。蒙哥马利走上演讲台，向大家介绍了当前德军在西线的情况，他说：

尊敬的各位来宾：

你们好！

我想盟军的情况大家都有所了解了，现在我主要来谈谈西线德军的问题。当前，德军号称西线坚不可摧，是“大西洋壁垒”。大家不要被德军的谎言欺骗了，实际上，他们在西线的兵力并不强，总共只有58

① 乔治六世：英国国王，乔治五世次子，退位的爱德华八世之弟，伊丽莎白二世之父，因长期吸烟，患有严重的肺癌。

个师，总司令为德国陆军元帅冯·龙德施泰特①。在这58个师中，包括海边驻防师33个、步兵师15个、装甲师8个、伞兵师2个。如果算上希特勒的2个战略预备装甲师，也有60个师，兵力大约76万人。

西线的58个师，一共组成4个集团军，分属B、G两个集团军群管辖。B集团军群驻守在法国北方，总指挥为陆军元帅隆美尔，拥有39个师。这39个师分属第15集团军和第7集团军，第15集团军驻守在加来一带，总指挥为萨尔穆特②上将，拥有25个师（包括16个海防师、4个步兵师、5个装甲师）；第7集团军驻守在布列塔尼半岛，总指挥为多尔曼③上将，拥有14个师（包括8个海防师、5个步兵师、1个装甲师）。

G集团军群驻守法国卢瓦河以西地区，总指挥为布拉斯科维兹④上将，拥有19个师。这19个师分属第1集团军和第19集团军，第1集团军驻守在比利时，总指挥为谢瓦莱里中将，拥有10个师；第19集团军驻守法国南部，总指挥为龙德施泰特，拥有9个师。

在这些兵力之中，机械化部队一共有10个装甲师和3个重型坦克营，其中6个装甲师只听命于希特勒。希特勒认为坦克在海滩作战时几乎没有作用，因此配置在海岸线一带的德军装甲部队只有驻卡昂的实力较差的第21装甲师（只有127辆4号坦克和40辆自行坦克突击炮）。

海军方面，他们一共拥有561艘各类军舰，包括驱逐舰5艘、潜艇49艘、远洋扫雷舰6艘、巡逻舰116艘、扫雷艇309艘、鱼雷艇34艘、炮艇42艘，整体实力根本无法与盟军的海军相比。

---

① 冯·龙德施泰特：纳粹德国陆军元帅，历任骑兵第3师参谋长、第2集团军参谋长、骑兵第2师师长、步兵第3师师长、第3军区司令、第1集团军司令。他是纳粹政权中资历最老的军事指挥官之一，一生对政治都缺乏兴趣和了解。

② 萨尔穆特：德国陆军大将，历任骑1师参谋长、第2集团军参谋长、北方集团军群参谋长、B集团军群参谋长、第30军军长，以及第17、第4、第2、第15集团军司令。

③ 多尔曼：德国陆军大将，历任第7军区炮兵主任、国防部炮兵监察、卡塞尔驻军后勤司令、第9军区司令、第9军军长、第7集团军司令。

④ 布拉斯科维兹：德国陆军上将，“二战”期间历任第8集团军军长、德军驻波兰总司令、西战场驻法国G集团军群司令，诺曼底战役后因败退而被免职，战后在等候纽伦堡军事法庭审判时自杀。

空军方面，他们只有第3航空队，共有作战飞机450架，其中包括战斗机160架。他们的作战飞机与盟军相比，根本不值一提，大约为1∶30。

在我们将要登陆的诺曼底一带，驻守的是德第7集团军下辖的6个师和3个团，人数为9万余人。其中的6个师为3个战斗力较差的海防师、2个步兵师和1个装甲师；3个团为2个独立步兵团和1个伞兵团。

德军的海防工事并不完备，仅在海岸线上零星地散布着钢筋混凝土碉堡，而且大部分的构造还都是野战工事。另外，他们并没有大量布置防空降障碍物，只是在后方少量布置了一些。

所谓的“大西洋壁垒”，是希特勒在1942年7月20日提出的，打算在1943年5月1日之前修建完从挪威北部至西班牙海岸，由1.5万个牢固工事构成的防线。但是，这些工事并没有如期完成，现在他们除了加来地区，其余近千千米的海岸线上，只有寥寥可数的坚固工事。根据情报，他们在塞纳河至马恩河以东一带完成了68%，而在该地区以西仅完成了18%。

关于海岸炮兵，德军在法国西部的大口径火炮有：格里角地区有4门280毫米和3门381毫米岸炮，维梅纳地区有3门305毫米岸炮，桑卡特西部地区有3门406毫米岸炮。由于我们的欺骗计划，希特勒一直以为挪威是我们优先攻夺的目标，因此投入大量人力在那里修建了350座可供88毫米到381毫米火炮使用的工事。另外，德国还在那里修建了宏伟的海防工程，但这些都是没有必要的，在战略上毫无意义。

不过，隆美尔倒是设置了大量有用处的防务。他亲自赶赴前线考察海防情况，要求部队在深海里布设水雷，浅海中布置障碍物。各位可能看过斜插在海里的木桩，它就是我们所说的“隆美尔芦笋”。

除此之外，在海滩上还有混凝土角锥、坦克陷阱和大量地雷，而且敌人在海滩后面的空地上布置了大量的防机降工事，沿岸还有可以俯视海滩的隐蔽碉堡。这些工事会给盟军登陆造成一定的困难，但是隆美尔并没有全部完成，仅仅修了一小半。

所以，我在前面说了，德军所谓的“大西洋壁垒”，根本就是唬人的，起不了什么作用。

蒙哥马利讲完后，英王乔治六世和首相丘吉尔也先后讲话。这次会议极大地鼓舞了官兵们的勇气，让大家都处在一种即将获得胜利的幸福之中。一直以来，丘吉尔虽然没有反对登陆作战，但是他始终怀疑这次行动的可行性。

此前，丘吉尔一直认为参与诺曼底登陆的战斗人员不足，而各种车辆则过多。因为这件事，他打算亲自去蒙哥马利的司令部调查一下。在诺曼底登陆日之前3个星期，丘吉尔来到索斯威克大厦想讨论一下登陆部队的运送问题时，蒙哥马利直言不讳地表明了自己的态度，他说："阁下，听说您打算和我的参谋人员讨论先头部队在滩头登陆时士兵与车辆的数量问题，我不能容许您这样做。希望您能够明白，我的参谋人员提出意见，然后由我拍板，他们再按我所下达的命令行事。现在我已经下达了最后的命令，您在这个时候去找我的参谋人员，将有损我的威信……您可以和我讨论，而不是去找我的参谋人员。实际上，现在已经不可能再做任何的改变。我坚信我的做法是正确的，您会在进攻当天看到这一点。假如您仍认为我是错的，说明您已经不信任我了。"

随之而来的是一阵尴尬的沉默。蒙哥马利这番话深深伤害了丘吉尔的自尊，不过，丘吉尔毕竟是个明智之人，他在权衡利弊之后，承认自己确实做得不对，并没有责怪蒙哥马利。

经过这次会议，丘吉尔长期以来的疑虑消失了，放心地坐等胜利的到来。

5月25日，蒙哥马利又遇到了一件让他感到头痛的事情——盟国远征军空军司令利·马洛里极力反对在西部空降，但是，在西部空降是尽早夺取瑟堡的必要条件。利·马洛里此前本来同意这样做，现在有消息说德军的一个师开到了分配给第82空降师的地域，利·马洛里认为在这种情况下进行空降，损失将极为惨重。但是，登陆在即，容不得再有任何改变。最后，艾森豪威尔不顾利·马洛里的反对，下令空降计划保持不变。后来空降成功以后，利·马洛里还特地写信给艾森豪威尔承认自己犯了错误。

5 月末，盟军的航空部队又对德军非常重要的交通线枢纽进行了狂轰滥炸，一共摧毁了德军 82 个有着战略意义的铁路中心。这次轰炸使得前线一旦开战，后方的德军根本无法迅速增援。一切均已准备完毕，但有一点不能忽视，那就是天气问题。

6 月初，英吉利海峡的天气变得糟糕起来，低气压久久不愿散去，海面上数米高的巨浪一个接一个地翻涌。这样的天气是无法进行登陆作战的，不仅飞机无法起飞，就连船只也面临倾覆的危险。6 月 5 日晚，大风变得更加猛烈，参战的高级军官们全都跑到艾森豪威尔的别墅的餐厅里。他们心神不宁地一边喝着咖啡，一边盯着墙上巨大的作战地图，小声地闲聊着。

实际上，他们并非为了吃饭，而是在等待一个消息——气象预报。晚上 9 点 30 分，气象专家斯泰格上校走进餐厅，微笑着举起手中的报告，说："上帝站在我们这边，天气出现了好转！"

所有人一听，全都像孩子一样高兴地欢呼起来。斯泰格上校示意众人安静，继续说："两三个小时以内，大雨一定会停止，而在接下来的 36 个小时内，会是晴天，风力中等。尽管天空中还有云层，但是并不妨碍空军出击。不过，36 个小时后，我就无法确定了！"

艾森豪威尔听了，不停地在餐厅里来回走动。大家都知道这位总司令的心思，如果天气预报不准确，那么整个行动就会失败。一旦行动失败，那么下次行动就要向后拖好几个月。

终于，艾森豪威尔停下了脚步，把目光转向参谋长史密斯。史密斯知道艾森豪威尔的心思，看着他的眼睛说："这是赌博！但是，上帝站在我们这边！"

艾森豪威尔没有说话，又把目光转向蒙哥马利，问道："你怎么看？"

"一定要攻击！不管怎样，攻击一定要进行！"蒙哥马利坚定地说。

空军司令特德则喃喃地说："天气对于我们空军影响很大，在没有确切答案之前，我建议推迟行动！"

窗外仍然暴雨如注，艾森豪威尔安静地坐在一张椅子上，闷头沉思起来。过了一会儿，他站起身来，说："干吧！我决定了，干！"

就这样，震惊世界的诺曼底登陆战开始了。毫不夸张地说，艾森豪威尔的这个决定，等于是在向希特勒宣布判决书。

登陆与反登陆的交锋

诺曼底登陆是一场具有重要战略价值的登陆战役，不过，越具有战略价值，获得成功的难度就越大。诺曼底登陆是要登上欧洲大陆，而大陆是具有战略纵深的，就算盟军冲上了海滩，对方也能从后方调来大量兵力进行反击。

盟军曾经登陆过意大利的萨勒诺和安齐奥，当时德军就仗着较强的机动性组织了反登陆，结果，登陆的盟军几乎都被压制在狭窄的滩头。如果不是盟军有强大的海空力量，那么位于滩头的盟军一定会被德军赶进海里。因此，诺曼底登陆成功与否，关键就在于登陆后的 2 个星期。假如盟军能在这 2 个星期内扛住德军的反击，就能建立起坚固的登陆场。

艾森豪威尔在 6 月 6 日凌晨命令部队发起进攻后，在欧洲开辟第二战场的战斗正式打响了。首先，盟军动用强大的炮火对登陆地点附近进行炮火覆盖，接着又对德军守备阵地进行"梳理"，最后，成批的盟军开始登陆了。

这一天，盟军在 5 个位置的登陆都获得了成功，约有 13 万人成功登陆，还有 1.1 万辆车将 1.2 万吨物资送至海滩。这天约伤亡 1 万人，远远低于战前的估算。由于德军在海里布置了水雷，加上海岸炮的不断轰击，这天海军一共损失了 4 艘驱逐舰、1 艘护卫舰、1 艘炮艇和 1 艘扫雷艇。

尽管损失低于预期，但是整体的情况不容乐观，因为盟军没有完成当天的任务，也没有攻取计划中要夺占的地区，尤其是没有攻下卡昂和贝叶。而且，在五个登陆滩头中，只有金海滩和朱诺海滩合二为一，其他滩头之间都没有合拢，尤其是美、英两军之间还有长达 12 千米的缺口。

出乎所有人意料的是，盟军在登陆的第一天并没有遇到什么像样的抵抗。这是为什么呢？原来，盟军进行的迷惑计划，加上德军气象部门没有说 6 月 6 日会出现好天气，使得负责守卫的德军认为盟军不会在当天发动攻击。于是，不仅部队没有进入战斗状态，就连例行巡逻也取消了。更为关键的是，守卫部队的重要军官脱离了岗位，特别是诺曼底地区唯一的中坚力量——第 21 装甲师师长费希丁格少将和师作战处处长，竟然认为盟军不会在如此糟糕的天气里发起进攻，干脆跑到巴黎休假去了，只剩下参谋长待在卡昂指挥部里。

而身为 B 集团军群总指挥的隆美尔，此时正在家中为妻子过生日；德军最高统帅部虽然接到了前线急报，但是掌控战略预备队指挥权的希特勒刚刚进入梦乡，身边的人谁也不敢叫醒他。等到希特勒从香甜的梦中醒来，已经是 6 月 6 日上午 10 点，盟军已经冲上海滩 4 个小时了。

这一期间，德军西线总司令龙德施泰特元帅向德军最高统帅部报告，要求将战略预备队的装甲部队投入战场，但是总参谋长约德尔认为这是盟军的佯攻，拒绝了他的请求。希特勒醒来以后，简单地了解了一下情况，认同约德尔的意见，也认为这是盟军的佯攻，要求 B 集团军群的第 15 集团军和战略预备队不准前往诺曼底。

下午 2 点，希特勒才发现不对劲，于是把党卫军第 12 装甲师交给诺曼底第 7 集团军指挥。下午 3 点，希特勒又让党卫军第 12 装甲师和装甲教导师组成党卫军第 1 装甲军，马上奔赴诺曼底。但是，因为盟军的电子干扰，这 2 个师直到下午 4 点才获知这个命令。更糟糕的是，这 2 个师因为距离诺曼底很远，加上盟军空军的四处轰炸，他们丝毫没有办法进入战场。

当天下午，第 21 装甲师师长费希丁格返回师部，立即集结部队对朱诺海滩和剑海滩之间的卢克镇发起突击。由于盟军在这两个海滩之间存在数千米的间隙，德军可以说击中了盟军的要害，使得盟军受到了很大损失。就在这时，数百架盟军的运输机从德军头顶飞过，费希丁格吓得赶紧让部队后撤。

登陆日第一天，也就是6月6日，被隆美尔预言为“决定性的24小时”，同时也被艾森豪威尔称为“历史上最长的一天”。这一天确实漫长，不管是对正在冲杀的战士还是精神疲惫的指挥官，都是如此。

6月7日，希特勒让隆美尔组织反击，并把西线装甲集群的5个装甲师的指挥权交给他。但是，隆美尔面对的形势非常严峻，整个战局已经不能让他随心所欲了。经过一番思考，他把反击的第一个目标定为阻止盟军把5个登陆区域连成一片，随即派出了装甲部队。

但是，隆美尔的这支精锐部队从近200千米远的地方赶往诺曼底时，遭到了盟军空军的猛烈轰炸。最后虽然有一些部队勉强冲到了海边，但是又遭到了盟军海军的炮击。被希特勒寄予厚望的这支部队，最终失去了骄傲的资本。

6月7日下午，艾森豪威尔打算到诺曼底看一看，于是在海军司令伯特伦·拉姆齐①的陪伴下，乘坐军舰来到诺曼底。经过一番考察，艾森豪威尔认为在犹他海滩和奥马哈海滩之间的卡朗坦河口存在一个重大缺口，很有可能被德军发现。于是，他更改原计划，让美第5军和第7军先停下脚步，赶快把这个缺口堵上。在美军补缺口时，英军趁机清扫了周边的残余敌人。这一天，登陆场得到了进一步的巩固。

6月8日，蒙哥马利终于踏上了诺曼底海滩。自敦刻尔克撤退后，他从来没有踏上过欧洲大陆的土地。如今再次踏足欧洲大陆，他心里有一种说不出的兴奋。他那得意扬扬的表情似乎在说：“嘿，我终于一雪敦刻尔克大撤退的耻辱了！”

蒙哥马利的指挥所位于贝叶以东几千米的村里。村里有一座非常漂亮的别墅，主人为德·德吕瓦尔夫人。这位法国妇人知道蒙哥马利是盟军高级将领后，非常兴奋地把房子借给了蒙哥马利。离开英国时，蒙哥

① 伯特伦·拉姆齐：英国海军上将，“二战”爆发后出任多佛尔港司令，指挥敦刻尔克撤退的“发电机”行动以及不列颠之战的海峡防卫战斗，参加过盟军在北非和西西里岛的登陆作战，在“霸王”行动中任盟国远征军海军司令，负责海上输送和保障任务，但在执行任务时因飞机失事殉职。

1944 年，蒙哥马利、英国首相丘吉尔等在法国贝叶军营合影

马利让下属为自己准备一辆指挥车，要求可以满足日常生活的需要。他知道诺曼底登陆战注定是一场艰难之战，而他肯定会待在指挥车上数天。

抵达前线后，蒙哥马利突然发现指挥车里缺了一样非常重要的生活用具——夜壶，于是就让副官去向德·德吕瓦尔夫人借。副官是个年轻的小伙子，与女人说句话，脸都会红半天，他觉得问别人尤其是女人借夜壶非常尴尬，于是对德·德吕瓦尔夫人说："我们司令想向您借一只特殊的花瓶，您这里有没有？"

德·德吕瓦尔夫人一听蒙哥马利要借特殊的花瓶，便把房子里的所有花瓶都聚集在一起，然后让蒙哥马利的副官随便挑。蒙哥马利的副官看了看，发现没有自己要找的夜壶，皱了皱眉头说："夫人，非常遗憾，您这里没有司令官要找的。您还有没有别的呢，特殊的？"

德·德吕瓦尔夫人突然明白了，原来这个人不是在找花瓶，而是在找夜里用的“瓶”，当即说：“你等一下，我去去就来!”

过了一会儿，德·德吕瓦尔夫人回来了，手里拿着一只白色的小夜壶，兴高采烈地说：“你们司令是不是爱插花啊？我想，这个瓶子一定会让他喜欢的。”

副官一听德·德吕瓦尔夫人这么说，脸一下子红到了耳根。后来，这只瓶子被蒙哥马利当成了诺曼底登陆战的纪念品。

6 月 8 日，德军的 3 个装甲师突击了卡昂地区的英军和加拿大军的接合部。但德军的攻击早已被盟军预料到，于是，盟军利用有利的地形和优良的装备，在海军的配合下对这 3 个德军装甲师进行了致命的打击。最终，伤亡惨重的德军不得不就地转入固守。

隆美尔得知这支德军失败的消息后，认为盟军已经在诺曼底站稳了脚跟，把他们赶下大海已经不可能了，现在只能尽力阻止盟军扩大登陆场。然而，隆美尔低估了盟军的实力，盟军很快便对德军发动了攻击，盟军空军还对德军的西线装甲集群司令部所在地进行了轰炸。

6 月 11 日，美第 5 军为了打通与美第 7 军的联系，突击到了科蒙－塞里亚－伊济尼一线。隆美尔知道，如果这两个军连起来，对德军将会是灾难性的。为了阻止美军的行动，德军进行了全力攻击，双方展开了激战。傍晚时分，第 5 军与第 7 军终于取得了联系。

6 月 12 日，美军攻占了卡朗坦。至此，五个登陆场终于形成了一个整体。此时的登陆场正面宽度 80 千米，纵深 12 ~ 18 千米，为后续部队的开进提供了重要场所。

在这 7 天的时间里，诺曼底海滩上共有登陆人员 32.6 万，物资近 10.4 万吨。另外，海上还有源源不断的人员、物资、装备等。

登陆场稳固后，盟军开始按预定计划朝着内陆挺进。他们的计划是英第 2 集团军向卡昂方向猛攻，美第 1 集团向瑟堡方向猛攻。德军虽然没能阻止盟军登陆，但是并不甘心束手就擒。隆美尔积极调整部队，让步兵驻守卡昂至科蒙一带，腾出装甲部队全力阻击美军的进攻。但他的调整还没到位，英军便再次展开了攻击，打乱了德军的部署。

6 月 13 日，英第 7 装甲师在向卡昂西南一带突击时，不巧与德军党

图为英国皇家海军的登陆突击队在登陆

卫军第 2 装甲师迎面撞在一起，双方立即交战。这一仗，德军凭借丰富的作战经验和坚强的意志，重创英军。不过，英军虽然失利了，但是吸引了德军强大的兵力，为美军进攻瑟堡创造了条件。

为了阻止美军的推进，希特勒让隆美尔务必全力阻击美军，死守瑟堡。但美军已经夺占卡朗坦，德军根本无法从卡昂地区抽调部队，只能调来位于布列塔尼半岛的党卫军第 17 装甲师参战。为了消除美军对瑟堡地区的威胁，党卫军第 17 装甲师决定攻击其侧面。一番苦战后，美军击退了德军，并乘胜攻破了圣索沃地区的防线，于 6 月 16 日拿下了圣索沃。

看到兵力损失得如此严重，隆美尔知道瑟堡守不住了，即使强力坚守，也只能守几天。因此，他向希特勒建议把部队撤到塞纳河，以加强那里的防御力量。但希特勒当即拒绝，要求隆美尔不要企图逃跑。最终，隆美尔没有听从希特勒的命令，将部队撤往南方。

在这以后的 5 天时间里，盟军继续推进，美军有 3 个师于 6 月 20 日突击至距瑟堡仅 8 千米的地方。瑟堡位于科唐坦半岛北部，是法国北部最大的港口。这里防御工事完备，不仅有大量的混凝土野战工事，还有反坦克障碍。同时，城郊总共有 20 个部署在暗堡里的炮连，其中 15 个是 150 毫米重炮，这些火炮既可射击海上目标，又可控制内陆道路。不过，由于前段时间损失了很多兵力，城防司令卡尔·施利本①将军只能将杂务人员也编入战斗部队，勉强拥有了 4 个团的兵力。

6 月 21 日，美军为了不破坏港口设施，通过广播要求驻守瑟堡的德军投降，但遭到城防司令施利本将军的拒绝，于是，美军强攻瑟堡。第二天早上，盟军空军动用 500 架次飞机，对瑟堡实施密集轰炸，一共投弹 1100 吨。轰炸结束后，美军的 3 个师从南面展开了猛烈攻击。

战斗持续到 6 月 24 日，施利本动用了所有的兵力，并向德军最高统帅部要求空投铁十字勋章，以鼓舞士气。美军见瑟堡如此难啃，也要求海军提供火力支援。由于天气不好，直到 6 月 25 日，海军才派出 3 艘战列舰、4 艘巡洋舰和 11 艘驱逐舰支援地面部队。为避免误伤，美第 7 军军长约瑟夫·柯林斯②中将下令，海军除了进行召唤射击外，只能射击向自己开火的德军。

海军长达 7 个多小时的炮击，极其有效地压制了德军炮兵的火力。6 月 25 日傍晚，美第 7 军在空军的掩护下冲进了瑟堡市区。6 月 26 日，施利本和港口海军司令亨尼克少将宣布投降，但是一些被打散的部队仍在顽抗。为了彻底消灭顽抗之敌，美军动用坦克和空军把残敌驱逐到瑟堡最西北端。

攻占瑟堡后，美军很快就遇到了麻烦。按照蒙哥马利的计划，为了配合更大规模的作战计划，美军需要继续前进，攻占交通要地圣洛。然

---

① 卡尔·施利本：德国将领，“二战”期间历任第 1 装甲师的团级指挥官、国防军第 14 装甲师 108 步兵团团长、第 208 步兵师师长、国防军第 18 装甲师师长、国防军第 709 卫戍师师长、瑟堡战役总司令，在瑟堡向美军投降。

② 约瑟夫·柯林斯：美国陆军上将，第 18 任陆军参谋长，绰号“闪电乔”。他是个典型的精力充沛的美军指挥官，擅长在战争中迅速将不称职的指挥官解职，并善于进行指挥官在部队中的轮换工作。

而，当美军向库汤斯突进，准备拿下圣洛时，德军开始了强有力的抵抗。在随后的 12 天里，美第 8 军和第 7 军进展非常缓慢，第 8 军仅向前推进了几十千米。布莱德雷不得不把作战地图挂在帐篷里埋头研究。功夫不负有心人，两天后，他找到了新的前进路线——从圣洛经佩里耶到海边的莱赛公路。

就在美军攻取瑟堡的时候，蒙哥马利指挥英第 2 集团军，在 6 月 26 日以 4 个师的兵力发起了代号为“埃普索姆赛马场”的行动，猛攻卡昂。6 月 27 日，英军在付出极大代价的情况下，终于击退德军，攻夺了劳良，前锋部队第 11 装甲师牢牢控制住了奥登河上的桥梁。6 月 28 日，英军主力部队顺利通过奥登河，建起了一个强大的防御阵地。

6 月 29 日，德军集结了 5 个装甲师，向英军阵地扑了过来。经过一番苦战，英军凭借盟军空军的优势，成功击退德军的进攻。英第 11 装甲师利用德军的疏忽，趁机攻占了卡昂西南的战略要地——112 高地。德军也知道这块高地的重要性，进行了多次猛烈的反扑，但都被英军击退了。

6 月 30 日，不死心的德军又对 112 高地展开了猛烈的炮击。英军招架不住，只好放弃阵地并撤往奥登河岸边。德军尽管抢回了 112 高地，但在盟军空军的轰炸下，他们根本无法集中使用坦克部队。隆美尔见兵力与盟军悬殊太大，决定收缩防御，放弃外围一些不重要的阵地，把 900 辆坦克中的 700 辆调派到卡昂附近。与此同时，盟军在攻占卡卢克机场后，也无力再继续推进，双方陷入对峙状态。

7 月 1 日，科唐坦半岛上的残余德军见大势已去，选择了投降。至此，美军攻占瑟堡和科唐坦半岛的战斗（代号“海王”作战）宣告结束。在这次战役中，美军一共伤亡 2. 5 万人，德军伤亡加被俘约 3. 6 万人。这天，盟军撤销了海军的东、西特混舰队，并把其中的一部分派到地中海和太平洋。

7 月 3 日和 4 日，美军突然发现与自己战斗的是 2 个新的德国师。7 月 6 日，有着强大火力的美第 3 集团军在巴顿的指挥下，全速向欧洲大陆突击。希特勒见盟军气势如虹，只得将党卫军装甲教导师派到维尔河一带，阻击美军。7 月 7 日，美第 83 师突然遇到了德党卫军第 2 装甲师，双方刚一接触，美军立即溃逃。

蒙哥马利意识到，现在自己务必拿下卡昂，只有这样才能吸引敌人的火力。

战斗开始了，蒙哥马利动用 3 个英国装甲师共 700 余辆坦克，在空军的火力配合下，对卡昂进行了猛烈突击。隆美尔虽然早已料到蒙哥马利会进行突击，在纵深约 10 千米的防线上布置了大量的坦克和火炮(包括 6 管火箭炮和 88 毫米高炮)，但战局已经不是几支枪几门炮能左右的了。

1944 年 6 月 6 日，诺曼底登陆日，突击队紧跟“谢尔曼”坦克撤离剑海滩，前往奥恩河与伞兵会合

7 月 7 日晚上 9 点 50 分，盟军出动 450 架重型轰炸机，对卡昂北面的目标地区狂轰滥炸了近一个小时。次日凌晨 4 点 20 分，步兵开始攻击。轰炸前，盟军特意划出了一条安全线，要求轰炸线离最近的部队在 6000 码[①]以上。但因为轰炸后到处都是弹坑，而且倒塌的建筑物堵塞了

① 1 码 =0.9144 米。

街道，英军很难马上跟进。德军虽然损失惨重，但反击仍然十分猛烈，具有很大的威胁性。经过一番激烈的战斗，英军终于在 7 月 10 日攻占了卡昂，伤亡 5000 余人。当天晚上，除了部分兵力继续清扫残存的德军外，英军主力在该城的奥恩河以西构筑了阵地。

此战英军虽然付出了沉重的代价，但成功夺取了奥恩河以西阵地，可以说在战略上取得了胜利。

盟军全面登陆

为了攻占诺曼底地区的重要交通枢纽——圣洛，美军在 7 月 11 日这天，对德军展开了钳形攻击。德军凭借坚固的工事拼死抵抗，使美军首次攻击圣洛的计划宣告失败。但不服输的美军并没有被德军的拼命精神吓倒，他们重整部队，发动了第二轮进攻。

在美军第二轮攻击中，德军因人员损失严重和缺乏补给，于 7 月 18 日“交出”了圣洛。在这次战斗中，德军付出了惨重的代价，其中第 84 军军长马克斯中将阵亡。美军的损失也很惨重，有近 4 万人伤亡。

盟军攻占圣洛后，德军在诺曼底一带的防线被分割为两个部分，局势更为被动了。

为了继续向南攻击，蒙哥马利又拿出了“古德伍德”行动方案，这次行动的意图非常简单，让英军的 3 个师通过奥恩河，然后追击敌人。蒙哥马利给艾森豪威尔发去一封电报，说：“第 2 集团军会在 7 月 16 日开展行动，然后利用 2 天时间发展成为大战，那个时候第 8 军的 3 个装甲师将会推进至奥恩河以东一带。另外，第 1 集团军会动用 6 个师，于 7 月 19 日在圣洛以西约 5 英里处展开突击。2 个集团军的作战，需要大批空军予以支持。”

蒙哥马利这个计划的大概内容是：美军在 7 月 19 日发起主攻，然后朝内陆挺进，而英军则在头一天进行一次牵制性攻击。

“古德伍德”行动被大家寄予了很大希望。7 月 18 日凌晨 5 点，“古德伍德”战役正式打响了。为了支援第 2 师、第 7 装甲师，盟军空军的2000多架轰炸机飞抵德军阵地上空。这次轰炸，空军采用了新型战术，对装甲部队前进路线的两侧，使用重磅炸弹；对路线近旁以及前方区域，使用小型高爆炸弹、杀伤弹和燃烧弹。

盟军的新战术使德军吃尽了苦头。坦克被炸毁，战壕被摧毁，甚至突击炮营一个连的人都被炸死，从部队序列中消失了。很多人失去了抵抗的信心，四处乱窜。不过，绝大部分德军官兵在隆美尔的号召下仍坚守阵地。此时，英军士气旺盛，补给充足，胜利似乎唾手可得。然而，由于英军部队素质低、轻敌，结果不仅出了洋相，而且损失惨重。

7月18日中午，在德军的拼死抵抗下，英军损失惨重，坦克也前进不得。就在这时，德军方面传来一则让英军兴奋不已的消息：隆美尔判断英军将全力进行攻击后，决定亲自前往前线视察。当他离开西线装甲集群司令部，经过法莱斯隘口附近的一个村子时，突然遭到了英军飞机的攻击，战机击中他的汽车，使他身负重伤。

隆美尔受伤后，被送回了德国，自此再也没有出现在战场上。后来，由于受到施陶芬贝格①刺杀希特勒事件的牵连，他在10月中旬被希特勒逼死（服毒自尽）。此乃后话。

隆美尔虽然离开了战场，但是他在英军前方留下的防御阵地，仍然给英军带来了不少麻烦。

此前，隆美尔知道埃伯巴赫即将遭到攻击，于是下令在这里建立了四道坚固的防线，防线上布置了3个步兵师、2个装甲师，这些部队拥有200多辆坦克、78门88毫米大炮、194门野战炮，以及若干火箭发射器和轻型反坦克武器。

其中，第一、第二道防线位于从卡昂向东延伸，再从奥恩河东岸沃塞勒的郊区通往特罗阿恩的铁路北面，部署了2个步兵师；往南是装甲防御地带，部署了第21装甲师（共有36辆虎式坦克）和党卫军第1装甲师的一部分。

---

① 施陶芬贝格：纳粹德国陆军上校，与汉斯·奥斯特、海宁·冯·特莱斯科夫密谋刺杀希特勒，但不幸失败，事后被党卫军残酷处死。

第三道防线位于从卡昂向东南通往维蒙的第二条铁道上，沿途共有10多个村庄，全都部署了步兵和反坦克炮。第四道防线包括布尔日比山脊和塞克维尔树林，然后向北穿过铁路到特罗阿恩。这里主要是炮兵。

第五道防线因为离前线较远，相对安全，部署了党卫军第1装甲师（共有45辆豹式坦克）和党卫军第12装甲师。

战斗还在持续，由于德军阵地被烟尘覆盖，盟军空军的打击效果大大减弱，负责主攻的是坦克和步兵。很快，负责右翼攻击的加拿大军攻占了科龙贝勒那满是瓦砾的工厂郊区，然后顺着河东岸推进，最终构筑了一个桥头堡，开始搭建渡河桥梁。看到加拿大军攻击顺利，蒙哥马利开始乐观起来，给艾森豪威尔发了封电报："战斗进行得非常顺利，三军配合得非常巧妙……现在看来，敌人的溃败是早晚之事。"

7月19日，蒙哥马利又给陆军大臣格里格发电报说："战斗开始后，我们在东侧的进攻一直很顺利。"这天，由于天气变得十分糟糕，美军准备发起的"眼镜蛇"行动延迟了。在东线的英军主力依然如故，进展非常缓慢。

7月20日，天空再次下起了暴雨，战场变得难以通行。蒙哥马利意识到继续进攻只会让自己损失更加严重，于是结束了"古德伍德"行动，让第2集团军停止攻击。蒙哥马利的退却，使他成了众矢之的，很多人都说："你看他那得意的样子，我早就知道他会有这样的结局。就会邀功，总是只考虑自己的利益，真是活该啊！"

艾森豪威尔也非常愤怒地斥责蒙哥马利道："你不是说击败敌人没有问题吗？我给了你7000多吨炸弹，你就给了我前进7英里的结果？你究竟是怎么指挥的，如果大家都像你这样，我们就别想解放法国了！"

实事求是地说，"古德伍德"行动取得的战果虽然很小，但是它并非一无是处。正因为蒙哥马利吸引了大量的德军，才使美军得以顺利推进。可以说，美军的胜利前进，是蒙哥马利的部队用鲜血换来的。

7月25日，美军终于开始实施因天气因素而一直推后的"眼镜蛇"作战计划。早在7月6日，巴顿便率领美第3集团军悄悄上了岸，而德军还以为巴顿当时正在英格兰，负责指挥“坚韧”计划中一支根本不存在的部队。

这一天的天气仍然不是很好，以致空军出现了误伤己方的情况，伤亡几百人。尽管如此，布莱德雷决心继续进攻。这时他才发现，蒙哥马利的“古德伍德”行动确实帮了他一个大忙。

接替隆美尔的冯·克鲁格[①]几乎绝望了。7月20日，他得知暗杀希特勒的行动宣告失败，因为跟这件事有牵连，他赶紧给希特勒写了一封信表忠心。他在信的最后说：“这场力量悬殊的战斗已接近尾声”“卡昂这条战线十分吃紧，离崩溃已经不远了”。

为了不给德军喘息的机会，在接下来的一个星期里，盟军一边不停地补充物资，一边不停地攻击德军。英军向东南推进，由盟军空军给予支援。然而，德军不断调整战术，利用纵深进行阶梯式防御，同时使用88毫米高射炮平射英军坦克，并不断地对英军进行反突击。英军损失惨重，坦克的损失达到了15辆。蒙哥马利无奈，只得再次命令部队停止进攻。

7月27日，蒙哥马利放弃了由英军和加拿大军向卡昂和奥恩河以东突击的想法。他认为，美军突破德军防线后，德军一定会向后撤至科蒙、奥恩河、卡昂和法莱斯之间，然后凭借那里的天然条件继续坚守。于是，他命令第2集团军重新集结，把主力从卡昂最左翼移到最右翼的科蒙。这一次，他决定担任主攻部队，不再进行一些牵制性的进攻，并命名这次行动的代号为“蓝上衣”。

7月28日，蒙哥马利得知美军的“眼镜蛇”行动获得了成功，于是命令部队快速突击维尔地区。“蓝上衣”行动本来计划在8月2日由6个师发动，但由于美军行动非常顺利，蒙哥马利决定把攻击时间提前至7月30日。

就在这个时候，蒙哥马利遇见了一件麻烦事，有人向陆军部指控他

---

① 冯·克鲁格：德国陆军元帅，人称“聪明的汉斯”，最后的职位为西线总司令，以在政治上的摇摆和在东线的艰苦防御战而闻名。

纵容部下抢劫。7 月底，英国外交部要求帝国总参谋长布鲁克提醒英军检点自己在诺曼底的行为。蒙哥马利接到通知后，马上去拜访戴高乐[①]将军驻在占领区的代表库来先生，但库来先生表示从来没有听说过类似事件，让蒙哥马利放宽心。

蒙哥马利心里明白，事情起源于一位被他开除的上校。当时，因为当地农民的一头猪总是在蒙哥马利的帐篷前跑来跑去，蒙哥马利的副官便开枪打死了它。事后，那位上校负责处理此事，向农民赔了钱，之后把猪分着吃了。不久，上校又指责有的军官抢劫牲畜，不过那是因为农民们都逃离了家园，留下那些兔子、鸡等家禽和家畜四处乱窜。

当上校前来汇报这件事时，蒙哥马利正急于处理战争相关事宜，于是让上校去向参谋长汇报。上校十分不满，认为蒙哥马利包庇手下。蒙哥马利听了勃然大怒，马上打电话让参谋长开除了这位上校。上校被开除后，于 7 月底回到伦敦，并到处宣扬此事，于是就发生了上述事情。

8 月 1 日，在欧洲大陆的 21 个美国师被重新编组，组成了第 1 集团军和第 3 集团军，分别由考特尼・霍奇斯[②]和巴顿指挥。接着，这 2 个集团军又组成了美国第 12 集团军群，由布莱德雷担任总司令。这样一来，布莱德雷和蒙哥马利的地位便平等了。不过，在艾森豪威尔将其司令部迁到法国并接管全面指挥之前，蒙哥马利仍然负责全面指挥。

不久，蒙哥马利和布莱德雷等人经过讨论，决定在 8 月 3 日由巴顿率部向布列塔尼半岛挺进，其他部队则朝着南方和东方推进，以便控制瓦尔河以北区域，然后再攻击其以南地区。

德军方面，克鲁格虽然接管了部队，但处处受到牵制，行动计划和部署都由希特勒亲自指挥。可悲的是，德军的无线电密码已被盟军破译，所以，只要希特勒通过无线电下达命令，盟军几乎都可以侦听到。

由于第 30 军进展太慢，而且第 7 装甲师也因德军的反击而几乎退回了原来的阵地，登普西忍无可忍，把第 30 军军长巴克纳尔、第 7 装

---

① 戴高乐：法国军事家、政治家、外交家、作家，法兰西第五共和国的创建者。法国人民尊称他为“戴高乐将军”。

② 考特尼・霍奇斯：美国陆军上将，“二战”时的第 3、第 1 集团军司令。

甲师师长厄斯金及炮兵司令、装甲旅长都撤了职。对于登普西的做法，蒙哥马利以实际行动表示了支持——将自己的得力干将霍罗克斯调过去。

8 月 4 日，霍罗克斯接手了第 30 军的指挥权。8 月 6 日，第 43 师完全控制了潘松山脊。同一天，英军第 59 师通过了奥恩河，并沿河构筑了一道防线。此前，蒙哥马利为防止敌人逃跑，计划攻夺三个重要位置，现在已经取得了两个，正向第三个推进。

巴顿也在一直向前推进，他推进的速度让德军胆战心惊。蒙哥马利和布莱德雷指示他以"最少量的部队"去"横扫小树林以南地区……"巴顿对此正求之不得，他率领第 3 集团军长驱直入，大有横扫千军之势，到 8 月 7 日已经抵达了库汤斯和阿弗朗什。

为了阻止盟军前进的步伐，希特勒决心发动一次反攻，以夺回阿弗朗什的咽喉一带。克鲁格于 8 月 6 日夜间展开了攻击。艾森豪威尔根据截获的情报，对克鲁格的兵力和行动了如指掌，他布置了一个"口袋"，静待德军钻进去。为了让德军钻进"口袋"，蒙哥马利首先要打通一条道路，与从南面突击而来的美军会师。为此，蒙哥马利命令加拿大第 1 集团军攻击最后一个重要位置——法莱斯。

美第 30 师被德军包围后顽强抵抗，自始至终都没有让德军前进一步，这使布莱德雷有时间组织对德军的包围。眼下巴顿虽也遭到了德军的反攻，但是他并不在意，仍然一个劲地向前冲，他的第 15 军已从勒芒向北直指阿朗松。

盟军强大的攻势给德军造成了困难，如果继续坚守，最终将全军覆没。为了避免 2 个集团军被围歼，克鲁格敢做敢当，下达了撤退命令。希特勒知道后雷霆大怒，但在现实面前，他最终屈服了，命令克鲁格撤退，这个命令来得太晚了，克鲁格已经失去了所有可以依托的稳固战线。

8 月 14 日，加拿大军进行一次欺骗性的进军，白天让坦克在浓烟的遮挡下前进，晚上又迅速突击，很快赶到了法莱斯附近。8 月 16 日，德军的 2 个集团军主力被合围了。

8 月 17 日，陷入包围圈中的德军还在做垂死挣扎，拼死抵挡盟军的攻击。在他们不要命的冲击下，包围圈竟然被打开了一道 6 千米宽的缺口，不少德军突围而去，但是遭到了盟军飞机、火炮、机枪的轰击射杀。

在 6 天的时间里，德军一共伤亡 1 万余人，另有 5 万人被俘。而那些拼死从缺口处逃出来的德军，不少人还没有跑到塞纳河畔就被打死了。

至此，希特勒妄图歼灭西线盟军的计划彻底失败了。在这次战役中，盟军不仅取得了辉煌的战果，还牢牢地控制住了诺曼底区域，为以后的大规模进攻内陆的战役提供了先决条件。

诺曼底登陆战役结束了，盟军伤亡约 12.2 万人，德军伤亡 7.3 万人、被俘 4.1 万人。诺曼底登陆战的胜利，表明盟军在欧洲大陆正式开辟了第二战场，同时意味着法西斯德国离灭亡越来越近。

战后，艾森豪威尔说："诺曼底战场就像是一个巨大的屠宰场，各种武器装备、人员和牲畜的尸体，遍布战场的每一个角落。毫不夸张地说，谁要是在那里行走，只要走上几百米，鞋子上便会布满肉屑……"

第十章　彻底消灭纳粹德国

指挥权与战略之争

诺曼底登陆战结束以后，盟军开始以诺曼底为前进基地，不停地将各种战争物资运到欧洲大陆。

不过，面对即将崩溃的纳粹德国，盟军的行动反而放缓了。这主要有两个方面的原因：第一，随着越来越多的部队深入欧洲内陆，盟军的后勤出现了困难，缺乏油料的部队根本无法快速推进；第二，英、美两国之间的矛盾越积越多，双方谁也不服谁。就在这个时候，双方的高级将领之间也出现了矛盾，以蒙哥马利与艾森豪威尔之间的矛盾最为突出。

不管是性格还是为人处世的态度，蒙哥马利和艾森豪威尔都有很大的不同，因而相处并不太融洽。艾森豪威尔为人随和，善于交际，蒙哥马利则性格孤僻，以自我为中心，难以相处；艾森豪威尔谦虚低调，而蒙哥马利则傲慢自大，渴望荣誉，追求名声，这引起了他的英国同僚和美国将领的反感。

另外，蒙哥马利也不太尊重艾森豪威尔，经常让艾森豪威尔去他的指挥部讨论问题，哪怕艾森豪威尔因飞机迫降而腿部受伤，他仍然坚持让艾森豪威尔过来见他，而在整个战役过程中，他只到盟国远征军司令部看过艾森豪威尔一次。后来，蒙哥马利又在讨论时大喊大叫，艾森豪威尔终于无法忍受他的态度，对他说："我是你的上级，你不能这样对待我。"蒙哥马利这才稍有改变。

1944 年 9 月，艾森豪威尔收回了美国地面部队的指挥权。蒙哥马利见自己的权限降低了，便对艾森豪威尔说："以前地面部队的调控权都由我负责，现在还应当像'霸王'行动时那样。"艾森豪威尔回答道："不行，现在地面部队太多了，你一个人管理不过来！"

艾森豪威尔为什么不把地面部队指挥权交给蒙哥马利呢？主要的原因是美国内部出现了一种声音：盟国的远征军由英国人控制着，艾森豪威尔只是受他人操控的傀儡。

蒙哥马利被艾森豪威尔不留情面地拒绝后，心里充满了愤慨，于是经常向艾森豪威尔提出抗议。更让矛盾激化的是，他们在战略上有着截然不同的意见。对于下一步战役如何进行，艾森豪威尔打算让部队通过塞纳河，在正面全线对德军进行追击；蒙哥马利则主张由他目前的所在地，朝纳粹德国的中心地带推进。

艾森豪威尔坚决反对蒙哥马利的提议，自己制订了一个计划：由蒙哥马利指挥第 21 集团军群，向北突击安特卫普和鲁尔地区，同时让布莱德雷的第 12 集团军群从巴黎直接突击梅斯地区。蒙哥马利则不同意艾森豪威尔的计划，说："当前结束战争最快的方法，就是让巴顿将军待在巴黎。我不知道你为什么现在更改指挥权，要知道这样做会大大推迟结束战争的时间。"

不管蒙哥马利怎么说，艾森豪威尔就是不同意他的要求。后来，蒙哥马利决定邀请艾森豪威尔到自己的司令部共用午餐。艾森豪威尔如约而至，蒙哥马利再次向他大倒苦水，要求他接受自己的意见，但艾森豪威尔仍坚持不把地面部队的指挥权交给他。

蒙哥马利虽然把地面部队的全部指挥权交了出去，但是他仍然对艾森豪威尔的"宽大正面"战略表示反对，认为如果按照艾森豪威尔的计划行事，将导致盟军力量分散，从而造成更多的损失。

为此，蒙哥马利决心说服艾森豪威尔接受"单一突击战略"。如果单纯从军事的角度考虑，蒙哥马利的"单一突击战略"非常符合当时的形势。因为自从诺曼底战役结束后，德军第 7 集团军一直没有恢复过来，完全不可能挡住盟军的集中攻击。

蒙哥马利的这个计划得到了丘吉尔和英国民众的赞成，甚至一些美国人也认为这一战略必将彻底击败德国。然而，大部分美国民众却不这样看，他们更关心的是美国人能不能获得巨大的荣誉。假如按照蒙哥马利的计划行动，那么美国人不但无法成为盟军最高指挥者，击败德国的荣誉也会被英国人抢走。

针对蒙哥马利的要求，艾森豪威尔直言不讳地说："你的'单一突击战略'是无法得到美国民众赞同的。你要明白，舆论很多时候也会指导战争。"

艾森豪威尔没有说错，反对的声音不仅来自美国民众，更多的来自美国军政高层。不难想象，罗斯福、马歇尔和美国参谋长联席会议成员肯定不会认可这个计划。

尽管艾森豪威尔一再暗示蒙哥马利要抓住问题的核心，但是被怒气冲昏头脑的蒙哥马利根本不愿意听。更让蒙哥马利感到郁闷的是，对于他晋升为元帅一事，美军将领都感到不满，巴顿更是直言不讳地说："我对陆军元帅这件事感到不快。"布莱德雷即便性格温和，知道这件事后也情不自禁地嚷道："蒙哥马利只是一个三流将军，从来没取得过什么功绩。别人打不赢的战争，他也没有打赢，更不用说比别人打得好了。"当时美军还没有与元帅类似的军衔，而艾森豪威尔身为盟军总司令，也不过是一名上将，因此，美军方面认为英国晋升蒙哥马利为元帅在某种程度上是对美国的一种侮辱。

英、美两军的争执，使德军得到了休整的机会。希特勒再次制定了新的战略，决定弃守巴尔干和法国，重新集结兵力驻守齐格菲防线。齐格菲防线从 1936 年开始修建，1939 年基本建成，其中有大量的工事和雷场。战略上存在分歧的盟军，错过了攻取齐格菲防线的最佳机会。

为了向世人证明自己的能力，蒙哥马利决定实施一次像巴顿那样的快速冲击战斗。很快，他就指挥坦克部队，利用一个星期的时间向东冲击了 250 千米。从地图上看，他冲击的路线非常壮观，不过若细细追究，就会发现这种冲击和巴顿以前一样，几乎没有遇到什么抵抗。

尽管存在着战略上的分歧，但蒙哥马利和艾森豪威尔还有一个共同之处，那就是都认为向北经马斯河、莱茵河直捣德国鲁尔重工业基地，是一条特别重要的路线。为此，蒙哥马利想，不管艾森豪威尔改不改变主意，攻击这条路线都是早晚的事。9 月 3 日，蒙哥马利调整英军第 1 空降师，积极策划突击方案。

就在美军第 11 装甲师攻占安特卫普这天，美国海军上将拉姆齐将军给艾森豪威尔发来一份电报，并要求将这份电报发给英军。这份电报的内容为若想巩固安特卫普和鹿特丹港，一定要阻止德军的破坏；最好在斯海尔德河和鹿特丹至荷兰之间的新航道上布置水雷，并进行封锁。如果被德军抢先一步，那么两港将会在很长时间内无法使用。

蒙哥马利和艾森豪威尔对此并不在意，认为拉姆齐多虑了。但后来正如拉姆齐所说的那样，希特勒果然在两港间布置了水雷，并派兵进行封锁。两港被德军封锁后，蒙哥马利的后勤出现了困难，所需物资已经不可能通过两港进行运输了。

后来，大英帝国总参谋长布鲁克在日记中写道："蒙哥马利犯下了大错，我觉得这是他战略上出现了问题。他应该先把安特卫普牢牢掌控住，然后再向阿纳姆方向突击。"

其实，蒙哥马利也意识到了这一点，他在回忆录中写道："我是犯了一个大错，我一直认为打开那两个港口非常容易。结果，一切都证明我错了。"

9 月 9 日，英国政府给蒙哥马利发来电报，询问能不能攻下鹿特丹和阿姆斯特丹。原来，英国本土在 9 月 8 日这天遭到了德军 V－2 导弹的袭击。导弹落在了伦敦西区，发生了猛烈爆炸。导弹爆炸产生的冲击波摧毁了大片建筑，道路被炸出 9 米见方的弹坑，3 人当场丧生，几十人受伤。一时间，英国陷入恐慌之中。经过分析，英国政府认为 V－2 导弹的发射基地就在鹿特丹和阿姆斯特丹附近。然而，若要攻击这两个地方，首先必须拿下阿纳姆地区，但要顺利攻下阿纳姆地区，后勤补给问题一定要解决。

9 月 10 日，蒙哥马利和艾森豪威尔约在布鲁塞尔会面。由于艾森豪威尔腿脚不便，蒙哥马利只好登上了他的飞机。会谈时，蒙哥马利再次请求艾森豪威尔批准自己的“单一突击战略”。他说：“通过塞纳河以来，我一直带着部队向北突击。可是，布莱德雷的总部却一直在往东前进，两军根本没有协调性。”

艾森豪威尔反驳道：“我们应该先突击至莱茵河，只有在正面通过莱茵河，我们才能将兵力集中，突击一个方向。”

蒙哥马利不同意：“你现在把兵力分开，显然违反了兵力集中原则。如果按你的计划一直前进，那么最后我们什么也得不到，弄不好还会功亏一篑。”

看到蒙哥马利态度这么诚恳，艾森豪威尔也用友好的语气说道：“你好好考虑一下！作为你的上级，我不想对你有强硬的要求。”

“对不起，我明白了！”蒙哥马利最终还是没能说服艾森豪威尔。

不过，为了宽慰老朋友、老部下，艾森豪威尔同意蒙哥马利向阿纳姆地区突击。

9 月 11 日，蒙哥马利又给艾森豪威尔发了封电报，请求他答应自己的要求。本来蒙哥马利只是抱着试试看的态度，没想到艾森豪威尔居然有些动摇了，回电说：“我答应你停止向萨尔方向突击。另外，3 个美国师下属的卡车会为你运送给养。”

蒙哥马利非常意外，高兴地把阿纳姆作战行动定在了 9 月 17 日。这次行动的代号为“市场－花园”计划。蒙哥马利计划先由空降部队进行“蛙跳式”突击，一举通过五大河流。该计划的细节为第 30 军按照空降部队的轴线进行突击，赶到阿纳姆一带与英军第 1 空降师会合，接着在北部的下莱茵河对岸构筑防御阵地；第 2 集团军需要在阿纳姆至须德海一带向东突击，准备对鲁尔北部展开攻击；在第 30 军沿空降部队的轴线进攻时，第 8 军和第 12 军需要紧随其后，扩大轴线两侧的阵地。

9 月 17 日，“市场－花园”行动开始了。在空军和炮兵部队轰炸一通后，盟军很快便突破了德军的前沿阵地。中午时分，第 101、第 82 空降师开始空降，没有遇到什么抵抗。到当天晚上，盟军向纵深推进了 10 千米。这一天结束前，第 101 空降师在埃因霍温以北地区站稳了脚跟，第 82 空降师也攻占了格拉维附近的大桥，进而攻打奈梅根附近的一个渡口。由于在阿纳姆遭到顽强的抵抗，英第 1 空降师没能占领下莱茵河上的渡口。

9 月 18 日，第 101 空降师跟从正面进攻的部队会合了，到 9 月 20 日，他们推进到了奈梅根地域。但是，第 8、第 12 军在两翼的进攻没有取得什么进展，英第 1 空降师迟迟得不到支援，终于陷入了困境。

9 月 24 日晚，英军第 1 空降师给蒙哥马利发来电报：

我们遭到了敌人的猛烈攻击，现请求支援。根据目前的情况，我们只能支撑到 9 月 25 日，那个时候若救援部队无法赶到，我们很可能无法继续坚持。眼下所有官兵都已疲惫不堪，部队不但缺粮缺水，还缺武器弹药。我不知道我们还能不能经受住敌人再次的猛烈攻击。但无论怎样，我们都会坚持下去，还望援兵尽快赶到！

蒙哥马利看到电报后，马上命令英军第 1 空降师与敌人脱离接触，撤退至阿纳姆的下莱茵河英军防地。最终，英军第 1 空降师在付出巨大代价的情况下，于 9 月 26 日赶到了目的地。随后，英第 2 集团军在下莱茵河南岸阿纳姆以西转入防御。就这样，“市场 - 花园”行动失败了，盟军损失严重。

这次失败使蒙哥马利再次成为众人攻击的目标。其实，行动计划本身是没有问题的，不能把所有责任全归结到蒙哥马利身上。综合来看，失败的原因主要有以下几点：

第一，艾森豪威尔没有兑现自己的承诺，没有为蒙哥马利提供后勤补给。另外，他答应为蒙哥马利的右翼安排保障部队，也没有兑现。这两点使蒙哥马利缺乏后续的作战能力。

第二，艾森豪威尔把空降部队的突击时间从 9 月初改到 9 月中旬，结果错失了一个重要的机会，因为德军在这一期间也组建了一支空降部队。

第三，在战斗中，德军从一名美军军官身上找到了一份作战地图。

第四，英第 1 空降师的师长罗伊·厄克特缺乏专业技能。战役开始前，他曾经跑到皇家空军询问能否在阿纳姆大桥边降落，对方告诉他那里德军防守十分严密，在那里降落就等于送死。于是，厄克特就把空降地点改在了离大桥好几千米远的地方。另外，由于空降部队的电台损坏，根本没有办法得到空军支援。

当然，抛开以上原因，这次战役本身就存在问题。

当时，由于战线不断拉长，安特卫普港的战略地位也越来越重要。海军上将拉姆齐在第 11 装甲师攻占安特卫普后，就要求尽快肃清安特卫普附近的敌人，以便该港投入使用。然而，蒙哥马利和艾森豪威尔仍在为进军方向而纠缠不休，丝毫没有意识到安特卫普港对于保障盟军物资供应的重要性。

而希特勒显然比他们更高明一些。安特卫普失守后，他马上下令派兵据守斯海尔德河，从而切断了从海上通向安特卫普的航道。结果，盟军的船只直到 11 月 28 日才真正在安特卫普码头靠岸。后来，蒙哥马利也说："我们没有充分认识到打开安特卫普港以便自由使用该港的重要性。我原以为当我们挥师鲁尔时，加拿大集团军足以完成这一任务。很显然我犯了个大错。"

惨痛的教训让艾森豪威尔意识到了安特卫普港的重要性，他命令蒙哥马利尽快让港口恢复运营。可是，"事后诸葛亮"永远无法拯救消逝的生命，补救已经晚了。

按理来说，这次失利应该能让蒙哥马利和艾森豪威尔达成某种共识。但恰恰相反，他们两人越吵越凶，最后竟然发展到不再见面了。

自 9 月 10 日起，蒙哥马利和艾森豪威尔就没有再见面，他们的争吵和讨论都是通过电报或信件进行的。9 月 15 日，蒙哥马利给艾森豪威尔写了一封信，说："现在有一个非常好的突击路线，先攻取鲁尔地区，再经北线直逼柏林。对于这个计划，第 21 集团军群加上美第 1 集团军的 9 个师就可以胜任了。不过，后勤补给一定要有保证。"

9 月 20 日，艾森豪威尔给蒙哥马利回信道："你的建议，我完全赞同。我从来没有认为，我们在总的战略方面存在重大的分歧。有人认为我让所有盟军一字排开向柏林突击，我可没有那么蠢。现在，我向你保证，我一定会让美第 1 集团军配合你向柏林挺进。而对巴顿和其他部队，我会让他们保持一种突击姿态，让德军分兵去防御他们。”

9 月 21 日，蒙哥马利给艾森豪威尔的参谋长史密斯写了一封建议书，说：“现在，我向您建议，让我接手美第 1 集团军的战时指挥权。”

因为没有人理会，蒙哥马利又在 10 月 10 日写了一份报告，标题为“关于西欧战场指挥问题的一些意见”。仅看这个标题，就知道蒙哥马利是在故意找茬，不愿听从盟军最高司令部的指挥。

在这份报告的末尾，蒙哥马利再次旧事重谈，把“单一突击战略”又重复了一遍。同时，他在报告中还强调，当前盟军的指挥系统和控制系统非常不完善，很多高级指挥员的心思并不在军事上，而在政治上。

这份报告被艾森豪威尔获悉后，他简单明了地给蒙哥马利写了一封信，内容大致为：不要太高估自己，这里不是诺曼底了……

接到艾森豪威尔的信后，蒙哥马利也觉得自己态度过于强硬，便在 10 月 16 日回信给艾森豪威尔说：“我的观点您已经很清楚了，您的观点我也了解了，从此以后我不会再向您提及指挥权的问题。我向您保证，以后我以及我属下所有人，将会完全服从您的指挥！”

蒙哥马利的这封道歉信，给他和艾森豪威尔之间的“笔战”画上了句号。此后，蒙哥马利把精力放在了清理安特卫普航道的行动上。然而，行动晚了，希特勒早已命令德军加强了这片海域的防御。结果，蒙哥马利带着部队与德军进行了惨烈的、旷日持久的争夺海域控制权之战，最后虽然获得了胜利，但是付出的代价也是巨大的，参加战斗的第 52 师和加拿大第 2 师伤亡达到了 27 633 人。

与此同时，美军并未按照艾森豪威尔承诺的那样，停止作战，反而大规模地攻击德军。结果，美军也受到了重创，巴顿终于尝到了德军拼死防御之苦。但是，如果拿巴顿和霍奇斯的第 1 集团军相比，那么巴顿所属部队受到的损失根本就不值一提了，因为第 1 集团军在攻击许特根森林时，有几万名美军官兵患上了各种疾病，最终以阵亡、被俘和失踪共计2.4万人的代价收场。这次惨烈的攻击，被后来的美国历史学家说成是“毫无意义的战斗”，是一场完全可以避免的战斗。

11月28日，艾森豪威尔来到蒙哥马利的指挥部，两人进行了一番长谈。蒙哥马利告诉艾森豪威尔：“眼下盟军处于不利位置，特别是布莱德雷的部队，已经脱离了盟军的整体防御。我建议，将布莱德雷的部队重新调整，并取消巴顿在南部的一些军事行动，同时把其下属的一些部队调往北部。”

艾森豪威尔没有当场表明态度，回去后把蒙哥马利的建议告诉了布莱德雷。布莱德雷不同意蒙哥马利的意见，举出各种理由进行佐证。

1944年，盟军最高总司令艾森豪威尔和蒙哥马利在法国诺曼底军营

11月29日，蒙哥马利给艾森豪威尔写了一封草率的、容易让别人

觉得是侮辱的信："我说的没有错吧！我们在战略上出现了倒退现象。"

艾森豪威尔觉得蒙哥马利是在侮辱自己，于是立即回信："暂时的失利不等于永远的失败，目光短浅的燕子哪会知道鸿鹄之志！"

蒙哥马利和艾森豪威尔之间争论再起，最后竟然影响到了最高领导人。罗斯福总统给丘吉尔写信说："宽大正面"战略是我们双方共同制定的，我们正在按计划一步步地进行。

后来，蒙哥马利选择了沉默。然而，双方其他将领之间却掀起了大争论，并在希特勒反扑阿登地区时达到了高潮。

粉碎德军的反扑

盟军在诺曼底成功登陆后，希特勒一直在构想进行一次"拿破仑"式的攻击。为此，他再次大规模地征召士兵，规定 15~60 岁的男子必须扛起枪来战斗。然而，新兵的年龄不是太小就是太大，毫无战斗力可言，而且相对前线的伤亡来说实在是杯水车薪。与此同时，因为大批技术工人被征召入伍，军工生产的进度也放缓了。在这种情况下，无论是部队规模还是战略物资储备，盟军都占据了绝对优势。后来，赫尔曼·巴尔克[①]将军击退了美军的突击，使希特勒看到了计划成功的希望。不久，希特勒制订了作战计划，准备向阿登地区的盟军发动大反攻。

德军于 1940 年在阿登地区对法国展开的突击，直接导致了法国的投降，这一次，希特勒还想重演辉煌的历史。自 1944 年 9 月下旬起，他秘密地组建第 6 装甲集团军，想利用这支部队再创辉煌，并制订了代号为"莱茵河卫兵"的作战计划。计划的主要内容为集中兵力攻破美军防守薄弱的阿登山区，强渡马斯河，夺取盟军的主要补给港口安特卫普，把盟军一分为二，并制造第二个敦刻尔克，迫使英、美单独与德国媾和，然后集中所有力量去对付苏联。

---

① 赫尔曼·巴尔克：德国陆军二级上将，"二战"期间历任第 1 装甲师第 1 摩托化团团长、陆军总部装甲部队参谋长、第 11 装甲师师长、大德意志师师长、第 48 装甲军军长、第 4 装甲集团军司令，战争后期指挥过 G 集团军群和第 6 集团军群，1945 年 5 月 8 日被美军俘虏。

盟军对希特勒的计划及其新组建的第 6 装甲集团军一无所知。数年后，蒙哥马利在回忆录中写道："我虽然反对'宽大正面'战略，但并没能预料到德军会在阿登地区进行反击。我只知道，那么长的战线必然会有某些地方出现空当，从而让德军抓住机会。"

这时，盟军在阿登地区只有美第 1 集团军第 8 军的 4 个师，而且是分散在 115 千米的防线上。在这 4 个师里，有 1 个师刚从美国赶到，还有 2 个师缺少装备补给。希特勒敏锐地看到了其中存在的漏洞，决定在阿登山脉一带朝着安特卫普进行冲击。

在发起总攻前，希特勒还下令实施了两个特别行动：一个是空降作战行动，目的在于占领美军后方的公路交通枢纽；另一个是由德军特种部队第 150 装甲旅执行的"格里芬"行动，他们装扮成美军潜入盟军的阵地，伺机制造混乱，占领战略要地。

1944 年 12 月 16 日凌晨 5 点 30 分，德军以 2000 门大炮同时发射，阿登山区顿时大火冲天。德军地面部队随即发起了大规模的进攻，装甲车掩护着步兵，如潮水般涌向美军的阵地。由于攻击来得太突然，美第 8 军军长特洛伊 · 米德尔顿一时手足无措，不知如何应对。而且这一天晨雾很重，盟军的空军和炮兵无法提供有效支援，美第 8 军很快便溃不成军。

12 月 17 日，美第 106 师的两个团 7000 多人遭到了德军的包围，被迫投降。12 月 18 日，中路的德第 5 装甲集团军逼近公路交通枢纽巴斯通；右翼的党卫军第 6 装甲集团军占领了马斯河渡口；左翼的第 7 集团军渡过奥尔河。到 12 月 20 日，德军撕开了美军的防线，形成了一个宽约 100 千米、纵深 30 ~ 50 千米的突出部。

阿登战役打响当天，蒙哥马利感觉自己需要放松一下，于是飞往埃因霍温打高尔夫球。他还没打几下，就传来了德军向美第 1 集团军发起进攻的消息，他连忙放下球杆，立即飞回指挥所。

一切完全出乎盟军的预料，德军很快把布莱德雷的第 12 集团军群分割开来。布莱德雷的指挥部在卢森堡，因此处于北部的集团军那一半已经不受他指挥了，局势变得更加糟糕。为了抵挡德军的推进，艾森豪威尔只得重新调整盟军的战线，他给蒙哥马利打电话说："现在，北部突出地带的全部美军都由你指挥，请你一定要照顾好他们。"

蒙哥马利心里十分高兴，因为这等于美军又由他指挥了。他不无得意地说："对那些批评我的人以及反对我的主张的美国将领来说，这个消息肯定会让他们感到难以接受。"布莱德雷知道后，极力反对将美军交由蒙哥马利指挥。艾森豪威尔让布莱德雷冷静，表示这是临时决定，一切都是为了拯救美军。布莱德雷这才没有再说话。蒙哥马利很快便行动起来，在短短的 2 个小时内，他就向各军指挥员发出了作战命令。

根据战场的实际情况，蒙哥马利决定让第 9 集团军司令辛普森将军接管第 1 集团军的部分阵地，同时把英军也交给他指挥，充当后备部队。经过蒙哥马利的调整，北线部队挡住了德军的进攻，逐渐站稳了脚跟；南线的布莱德雷和巴顿也按计划向德军发起了进攻。在巨大的压力面前，德军渐渐势衰了。

12 月 25 日，德第 2 装甲师和美第 2 装甲师在塞勒斯一带展开了战斗。结果，德军阵亡 2500 人，被俘 1050 人。12 月 26 日，美第 4 装甲师冲出德军的重重包围，冲进巴斯通，加强了巴斯通的防御。天气也帮了盟军的大忙，空军开始支援地面作战，重创德第 5 装甲师。德军强渡马斯河的计划泡汤了。

由于盟军指挥部采取了紧急措施，德军已无法向安特卫普发动进攻。12 月 28 日，希特勒在大本营讨论阿登战役的会议上，承认进攻已经失败。

1945 年 1 月 1 日，德军发动了对法国、比利时、荷兰境内盟军机场的空袭，一共有 1000 多架德军飞机参与了轰炸。1 月 3 日，盟军进行反击，由巴顿指挥的第 3 集团军和位于阿登地区的美第 1 集团军同时出击，经过 5 个昼夜的苦战，德军损失惨重，希特勒只得下令撤退。

1 月 6 日，为了缓解阿登地区的战事，丘吉尔向斯大林请求支援。于是，苏军提前在维斯瓦河至奥得河一带展开了突击行动。看到东线战事紧张，希特勒忙将阿登地区的后备兵力 6 个装甲师调派过去。

1 月 8 日，已经无兵可用的希特勒命令德军全线撤退。盟军见状，立即展开了全线追击。1 月 28 日，德军全部退回了阿登战役开始时的位置，至此，阿登战役宣告结束。这次战役，美军阵亡 1.9 万人、受伤 8.1 万人，英军阵亡 200 人、受伤 1400 人，德军伤亡、被俘和失踪超过 10 万人。阿登战役成为希特勒在西线发动的最后一次反攻，他最后的精锐部队在此战中消耗殆尽，再也没有后备力量可以补充了。

战后，蒙哥马利召开了记者招待会。他在会上的讲话，被美国人曲解了，给盟军方面造成了非常不利的影响。不过，蒙哥马利所说的一些话，的确容易让人产生误解。其中有一段是这样的："战局恶化后，盟军开始团结一心应对局面，艾森豪威尔让我指挥所有的北部军队。那个时候，我把英军能调动的部队都调动了起来，最后果断地投入了战斗……"

艾森豪威尔知道蒙哥马利的讲话内容后，气愤地回到了凡尔赛。不久，他又得知英国媒体大肆吹捧蒙哥马利，斥责阿登地区的危机是由他的错误战略造成的，内心更加愤愤不平。

12 月 30 日，艾森豪威尔接到了马歇尔的电报，电报中说："我知道你受了委屈，不过身为美国人，你千万不能进行任何让步，因为我们的国民是信任你的，相信你能带给我们莫大的荣誉……你现在从事的是非常伟大的事业，不要听小人在那唧唧歪歪，让他们离开你的视线吧！"

看完电报，艾森豪威尔再也坐不住了，决定对蒙哥马利展开反击。他采取了两个方式：一是要求联合参谋长委员会表态，究竟他和蒙哥马利两人，谁在盟军中起到的作用更大，如果是蒙哥马利，那么请立即撤换自己；二是给蒙哥马利写了一封言辞激烈的信，说自己绝不再忍让，不会把任何一支美军交给他指挥。

这使蒙哥马利受到了自参军以来最严峻的考验，所幸他还有一位优秀的参谋长甘冈，甘冈立即飞往凡尔赛与艾森豪威尔进行长谈，最终平息了艾森豪威尔的怒火。回到蒙哥马利身边后，甘冈又让蒙哥马利给艾森豪威尔写了一封态度诚恳的道歉信。

随后，丘吉尔也给艾森豪威尔打去电话，说英国政府肯定了布莱德雷的贡献，正准备授予其勋章。接着，丘吉尔在一次公开演讲中再次肯定了美军在阿登战役中的积极表现。蒙哥马利和英国政府的让步，平息了艾森豪威尔的怒气，英、美两军再次和平共处。

到了晚年，蒙哥马利重新检讨此事，认为不管美国是不是歪曲他的意思，他都根本不应该举行什么记者招待会。美国将领对他抱有很深的偏见，无论他说什么都会给人一种狂妄自大的感觉，这与当时灰心丧气的美国将领形成了鲜明的对比，难免让人以为这是在向美国示威。

强渡莱茵河

阿登战役结束以后，战场上出现了少有的宁静。然而，就如暴风雨前的安宁，一场更大的战役正在酝酿之中。此时盟军的战略出现了重大变化，艾森豪威尔越来越觉得“宽大正面”战略确实存在很大问题。随着冬天的脚步越走越远，“宽大正面”上发生的零星战斗，对整个战局根本起不了什么作用。

1945 年 1 月底，艾森豪威尔在马耳他召开盟军最高级会议。在这次会议上，艾森豪威尔宣布的一项计划获得了英、美两军的认可。他在会议中说：“各位请放心，我现在有一个非常可行的计划，准备在北部攻夺莱茵河渡口，并且不需要把莱茵河封锁。一旦通过莱茵河，那么我会要求部队全力向北突击。不过，该计划需要等南方战事稳定，杜绝重大风险的出现。”

艾森豪威尔的提议得到了蒙哥马利的全力支持，这使双方的合作变得顺利多了。经过研究，艾森豪威尔的计划在 2 月 1 日的会议上得到了批准。可以说，马耳他会议也直接宣布了艾森豪威尔“宽大正面”战略的失败。

在阿登战役中，德军的精锐部队损失殆尽，在西线只剩下老弱病残的 66 个师。不过，这些师依旧凭借莱茵河天险负隅顽抗。

2 月 8 日，“真实”行动开始了，这次行动由蒙哥马利直接策划，担任主攻的部队为加拿大集团军。战役目的为加拿大集团军强渡马斯河，然后向东南以及南方大力突击，以夺取莱茵河以西的德军阵地。

“真实”行动又叫“帝国森林”之战，这是一次非常惨烈的战役，加拿大集团军付出了高昂的代价，伤亡 1.5 万人。但正是由于加拿大集团军的血战，才使得所有行动都达到了预期目标，为美军即将开始的“手榴弹”行动创造了有利条件。

2 月 23 日，美军强渡鲁尔河的“手榴弹”行动正式开始。这次作战目标明确，准备充分，一共有 30 多万人参加。其间，第 21 集团军群通过了密林，开始朝着被洪水冲击过的泥泞不堪的平原前进。作为先锋部队的第 30 军，一路攻城拔寨，终于攻占了克莱维茨和戈什地区。

盟军在莱茵河以西地区的攻势，出乎德军最高统帅部的预料。当美第 9 集团军司令威廉·辛普森带着美军冲过河对岸后，德军西线总指挥龙德施泰特元帅意识到，如果不立即后撤，那么德军将全军覆灭。他在发给德军最高统帅部的一份报告中这样写道：“莱茵河守不住了，如果不立即撤回莱茵河西岸的所有军队，那么整个西线将会全面崩溃。”

但龙德施泰特元帅的提议没有被希特勒采纳，希特勒依然强调不准后退一步。这让龙德施泰特元帅大为不满，接着龙德施泰特元帅又提出把鲁尔河和默兹河汇流一带的部队后撤一些。这个建议仍然不被希特勒接纳，希特勒说：“一定要坚守，你休想后撤！”

3 月 1 日，辛普森的第 9 集团军夺取了格拉特巴赫，这座城市是盟军首个攻占的德国最主要的一个城市，距莱茵河约 30 千米，为盟军全面夺取莱茵河创造了有利条件。

3 月 10 日，美第 9 集团军、英第 21 集团军群已经在莱茵河西岸列好了阵势，但河面的桥梁都被破坏了。此时美军已经成功夺取了雷马根的铁路桥，并在莱茵河边构筑了坚固的阵地。两个星期以后，全体盟军均已开到莱茵河一带。“真实”行动和“手榴弹”行动，将莱茵河一侧的德军击溃，并使德军 19 个师损失惨重。

蒙哥马利站在莱茵河畔，看着川流不息的河水，内心激动不已。他明白，纳粹德国就要灭亡了。等到所有盟军集结完毕，盟军总司令部决定强渡莱茵河。蒙哥马利看着在莱茵河边一字排开的英第 21 集团军群和美第 9 集团军，表情突然严肃起来。他知道，越是在危险的时候，越要冷静，越要小心。

为了减少伤亡，让士兵们活着迎来胜利，蒙哥马利决定精心策划强渡莱茵河战役的计划，这个计划的代号为“劫掠”。计划的核心内容为盟军若有一丝准备不足，都不能渡河。蒙哥马利认为，渡河必须有充分的把握，并且在渡河后还能迅速推进。

当时，鉴于政治因素，蒙哥马利决定在德国北部保持较强的兵力，在苏联人渗透进来前夺取波罗的海沿岸港口。因此，他不但要让部队通过莱茵河，还要确保后续英军也跟上。只有这样，英国才能在战后拥有讨价还价的资本，也才能保证英国在欧洲大陆占有主导地位。

一切准备就绪后，蒙哥马利把战役发起时间定在 3 月 24 日凌晨。看着摩拳擦掌的官兵们，他轻声对身边的参谋说：“‘劫掠’战役是一次重大战役，规模仅次于诺曼底登陆，我一定要与德军西线力量一决高下。”

为了保证攻击的突然性，蒙哥马利还实施了战术欺骗。他命令手下将领务必将渡河的主要兵力藏好，绝不能让德军获悉突击的消息。他在阿拉曼战役中也使用过这个方法。现在，他必须要解决的问题是秘密屯集 11.8 万吨的供应物资；662 辆坦克、4000 辆装甲运输车和 3.2 万辆其他车辆需要在发起进攻前第一周的夜间进入阵地；通过欧洲大陆的公路将皇家海军的 36 艘登陆艇运过来。另外，他还需要对 3 月 24 日上午飞来的英第 6 空降师（从英格兰飞来）、美第 17 空降师（从巴黎飞来）的空降行动做出具体的安排。

上述工作完成得非常顺利，其他辅助工作也稳步进行。这在一定程度上要归功于盟军掌握了绝对的空中优势。

为确保万无一失，蒙哥马利还检查了部队的后勤状况。汽油、武器弹药和粮秣供应都很充足，官兵们的身体情况也不错。这让他感到很满意。

进攻开始前，蒙哥马利给全体官兵写了一封信，号召大家一定要全身心地投入战斗，彻底消灭德国法西斯。

3 月 23 日晚上，蒙哥马利兵分两路：右路为美第 9 集团军，左路为英第 2 集团军，同时在莱茵贝格到雷斯这一宽大正面上强渡莱茵河。加拿大集团军则被安排到雷斯以北的左翼执行重要任务。

然而，第 3 集团军司令巴顿以实际行动证明蒙哥马利的谨慎似乎有些多余。当时，德军与盟军刚一接触便缴械投降，巴顿由此判断德军已经毫无斗志，是该强渡莱茵河了。他对部下说："此时不渡河，更待何时!"

3 月 22 日晚上 11 点，在没有空中支援和地面炮火准备的情况下，巴顿下令开始强渡莱茵河。整编第 5 师以两个营的兵力发起进攻，不出巴顿所料，他们几乎没有遇到什么抵抗，轻而易举地来到了莱茵河东岸。到 3 月 23 日黎明时分，第 3 集团军已经有 6 个营顺利抵达了东岸，伤亡仅 34 人。巴顿见状，马上又把 1 个师的兵力运过河去。

巴顿一直没有公开自己的行动，直到 3 月 23 日上午，他才打电话对集团军群司令布莱德雷说："我已经渡过了河，不过先不要说出去。"

布莱德雷大吃一惊，说："什么？你说什么？你是说渡过了莱茵河吗？"

巴顿喜不自禁地回答道："是的，昨天夜里我让一个师悄悄地渡过了河。对岸的德军很少，现在还蒙在鼓里呢。你先别声张，看看事情如何发展。"

当天晚上，巴顿又给布莱德雷打来电话，兴奋地表示要让全世界知道，他抢在蒙哥马利之前渡过了莱茵河。

第 3 集团军渡过莱茵河 24 个小时之后，3 月 24 日拂晓，全体将士静静地等待着预示德军死亡号角的吹响。终于，一道命令从盟军最高司令部传来，所有官兵闪电般地冲出阵地。强渡莱茵河的行动开始了，蒙哥马利看着成千上万的士兵冲向莱茵河对岸，嘴角露出了微笑。

丘吉尔兴奋地赶到蒙哥马利的指挥部，紧紧地握着蒙哥马利的手，眼角闪着泪花。随后，他们一起站在莱茵河畔，望着一个个在空中展开的降落伞，心情极为复杂。对丘吉尔来说，这场战役是他最引以为傲的，因为自 1940 年起他一直存在内心的梦想就这样实现了。

1945年3月26日，英国首相丘吉尔、布鲁克爵士（中）、蒙哥马利将军（右）在莱茵河岸边野餐

回到英国本土后，丘吉尔在蒙哥马利的纪念册上留下了这样的话：

德军号称固若金汤的莱茵河防御，被蒙哥马利率领的第21集团军群攻破了。莱茵河是德国一个重要的命门，蒙哥马利拿下它，就意味着掌握了法西斯的生死。之前横扫欧洲的德军，现在已如过街的老鼠，四处躲避，四处逃窜。

很快，莱茵河战役结束了，蒙哥马利再次赢得了伟大的胜利。毫不夸张地说，这次渡河战斗就像诺曼底登陆一样，完美得几乎没有差错。不过，蒙哥马利内心并不高兴，因为他又一次被巴顿甩在了后面，被巴顿抢了个先。

接受德国投降

英、美盟军渡过莱茵河时，处于东线战场的苏联红军，也正朝着柏林大举推进。渡过莱茵河后，英、美两军再次出现了分歧。

蒙哥马利认为，按照原计划，英、美盟军务必全速推进，直攻柏林。根据这一思路，他很快制订了战斗计划，并交给艾森豪威尔。艾森豪威尔看后，不假思索就直接拒绝了，然后重新制订了一份。

艾森豪威尔之所以否决蒙哥马利的快速突击计划，原因如下：

第一，战场的态势有利于苏联红军，现在英、美盟军距柏林还有 200 千米远，而苏联红军距柏林只有 40 千米。所以，只要苏联红军愿意，他们随时都能攻下柏林。

第二，随着同盟国军队越走越近，因为意识形态上的矛盾，双方很有可能发生冲突。另外，根据之前对德占领协议，尽管盟军也能在柏林驻军，但是控制城市的则是苏联红军。因此，就算英、美盟军拼死攻下柏林，按照占领协议，柏林仍将由苏联红军接管。

第三，柏林是希特勒的大本营，这里有法西斯呕心沥血、历经数年才完成的防御工事。如果强行攻击，一定会付出难以想象的代价。根据布莱德雷的估计，盟军若从易北河突击柏林，至少要付出牺牲 10 万人的代价。眼看战争马上就要结束，艾森豪威尔实在不愿意让如此多的士兵牺牲，因为这样做很不值得。

第四，根据情报显示，希特勒准备在最后时刻将疯狂的纳粹成员们撤离柏林，在巴伐利亚南部、奥地利西部和意大利北部山区继续战斗。艾森豪威尔认为，如果情报正确，那么盟军将面对持久的游击战，所以，先攻取德国全境比攻取柏林更加重要。

3 月 28 日，艾森豪威尔把重新制订的计划发给了三位重要人物。第一封是发给斯大林的，他想让斯大林把红军的计划告知自己，以便未来双方协同作战；第二封是发给马歇尔的，他向美国高层表示一定会彻底击败法西斯德国；第三封是发给蒙哥马利的，但他并没有发给英国政府。

艾森豪威尔在给蒙哥马利的电报中写道：“我原则上同意你在鲁尔以东与布莱德雷会师的计划。……你和布莱德雷在卡塞尔－帕德博恩地区会师后，第 9 集团军应交回给布莱德雷指挥。

“你也许会发现我没有提到柏林。对我来说，柏林不过是一个地理概念，我对它一点也不感兴趣。我的目标只是消灭敌人的武装力量，摧毁其抵抗能力。……一旦时机成熟，我们将全面进军，毫不犹豫地越过易北河，推进到波罗的海岸边的吕贝克，封锁丹麦半岛。”

接到艾森豪威尔的信后，蒙哥马利惊讶得张大了嘴，但他没有闹事，因为他知道一切已成定局。不过，当蒙哥马利把这份计划发往伦敦后，英国高层大为震怒，与美国官员发生了争吵。

3 月 31 日，美国的参谋长联席会议通过了艾森豪威尔的计划，并宣布：“艾森豪威尔的计划是正确的，盟军务必照此执行……当前，对德战争处于关键时刻，只有战场总司令才明白究竟采取何种方式才能尽快摧毁纳粹军队。”由于美国政府的坚持，英国政府最终接受了艾森豪威尔的新计划。

与此同时，艾森豪威尔也遭到了苏联方面的误会。斯大林根本不相信这份计划，认为艾森豪威尔在说谎，是英、美政府为了独自攻占柏林所使用的一个阴谋。斯大林这么想是有原因的，苏、美、英虽然是盟军，但是意识形态上的纷争是无法调和的。斯大林反复翻看艾森豪威尔的信件，最后把进攻柏林的前线高级指挥员叫回莫斯科，让他们尽快拿出攻取柏林的方案。

1945 年 4 月 1 日，蒙哥马利和布莱德雷包围了德 B 集团军群所在地鲁尔，并于 4 月 18 日攻入鲁尔，围歼了德 B 集团军群。

当鲁尔战役进入尾声时，盟军的部分兵力已经向着易北河挺进。蒙哥马利率领部队一路前进，沿途几乎没有遇到什么像样的抵抗。对他们来讲，最困难的是沿途大大小小的河流。最后，当他们来到易北河附近时，身后已有 200 座大大小小的桥梁。

蒙哥马利让部队在易北河附近休整一阵后，又马不停蹄地向着波罗的海沿岸冲击。他之所以拼命冲击，目的只有一个，那就是防止苏联红军抢先进入丹麦，控制波罗的海入口。为了加快行军速度，他要求各师在狭窄的挺进线上进行大纵深的推进。装甲突击部队则绕过德军继续前进，把攻打德军的任务交给后面的部队。

一路上他们并没有发生大规模的战斗，但是德国的少年和军士、军官训练营，沿着盟军的进军路线设置了很多障碍。结果，登普西的第2集团军的1000辆坦克中，大约有625辆坦克被损毁，部队也伤亡惨重。值得庆幸的是，他终于赶在苏联红军之前抵达了波罗的海。

与此同时，苏联朱可夫元帅率领白俄罗斯第1方面军一路势如破竹，连续攻破德军的三道防线，逼近了柏林防御圈。尽管希特勒把所有预备队都投入了战斗，但已经无法阻挡苏联红军前进的步伐。

朱可夫画像

4月20日，苏联红军开始炮击柏林。从4月21日到5月2日，白俄罗斯第1方面军动用1.1万门火炮，向柏林发射了180万发炮弹，几乎将柏林炸为平地。

在生死存亡的关键时刻，希特勒命令党卫军对柏林南郊的苏联红军发动全面反攻，并要求柏林的所有德军全部投入战斗。他在命令中说："如果哪个司令胆敢按兵不动，将在5小时内被处决。哪怕只剩最后一个人，也要战斗到底！"然而，他的命令已经没人听从了。德军官兵纷纷乔装出逃，就连希特勒身边的指挥官也跑了。希特勒绝望地尖叫道："末日来临了！所有人都背叛了我。我得到的只有背叛、谎言、腐化和懦弱，什么也没有。一切都结束了！"

有人劝希特勒离开柏林，到南方去，图谋东山再起，因为那里还有大量完整的集团军。但是，希特勒决心留在柏林，与他的第三帝国共存亡。他叫来秘书，下达了自己的指示：元首将留在柏林，誓死保卫柏林。他下令把这一指示立即向德国和全世界广播出去。

出乎希特勒意料的是，危急时刻，第三帝国的第二号人物戈林和他最忠诚的党卫队全国总队长海因里希·希姆莱①也背叛了他。4月23日，戈林从上萨尔斯堡发电报给希特勒，询问现在他能不能接管德国的领导权。希特勒快气疯了，戈林这分明是要逼他下台。他马上下令解除了戈林的职务，并命令党卫军就地逮捕他。希姆莱则背着希特勒悄悄与美国联系，表示德国愿意投降。

4月27日，陆军部突然给蒙哥马利发来电报：德军希姆莱已于4月24日通过瑞典红十字会准备向英、美盟军投降，声称继续进行战争只会让更多的人失去生命，目前希特勒身染重疾，他有权签署投降条约。

4月28日晚上，希特勒在地下室里得到了消息：苏联元帅朱可夫率领的部队距总理府只有一条街了，他们很有可能在4月30日早晨发起攻击。希特勒明白，他和第三帝国的末日到来了。这时，他做出了一个重要决定：马上和他的情妇爱娃·布劳恩结婚。

结婚仪式简单而凄凉。希特勒回想自己传奇的一生，对背叛自己的朋友和支持者感到无比痛恨，他凄惨地说："过去，我始终认为婚姻会影响我献身于我们的党，影响我领导德国称霸世界。现在，所有问题都

---

① 海因里希·希姆莱：历任纳粹党卫队队长、党卫队帝国长官、纳粹德国秘密警察（即盖世太保）首脑、警察总监、内政部部长等要职。他属下的集中营屠杀了约600万犹太人，战争末期被俘后自杀。

不存在了，我的生命也即将结束。这个女人与我有着多年的深厚情谊，即使在柏林遭到围困时也自愿来到我身边，誓要与我共生死。我决定跟她结婚，这也算是对我多年来全身心地投入工作、为人民服务的一点补偿。”

4 月 30 日早晨，希特勒指定海军元帅卡尔·邓尼茨[①]作为自己的继承人，负责组建新政府。之后，他像往常那样慢条斯理地吃了早餐，并把爱娃叫到身边，一一和在场的人道别，然后和爱娃一起走进卧室。

希特勒的心腹保罗·戈培尔[②]、马丁·鲍曼[③]等人都在卧室外面等着。下午 3 点 30 分，他们听到卧室里响起了枪声，之后就是死一般的寂静。过了一会儿，他们推开门走进去，只见希特勒的尸体倒在沙发上，身上还流着血。他是对着自己的嘴开枪的。爱娃躺在他的身边，手里还有残留的毒药。

大家一起把希特勒和爱娃的尸体搬到花园里，浇上汽油点燃了火。看着火焰渐渐升起，纳粹党徒们纷纷举起左手，向希特勒行告别礼。就在这时，苏联红军的炮弹又落在了花园里，大家连忙四散逃命。

5 月 1 日，柏林广播电台说希特勒在作战指挥所里死亡，德国元首由海军上将卡尔·邓尼茨接任。5 月 2 日，第 2 集团军司令部接到德军布卢特里特将军（担任波罗的海和威悉河地区的德国陆军最高统帅）写来的信，说明天他将代表部队前来洽谈投降事宜。第二天，布卢特里特将军又送来一封信，说投降应当在更高级别的将领间进行。

为了达到分化盟军以及避免无条件投降的目的，邓尼茨决定绕开苏联，直接向英、美盟军投降。5 月 3 日，他派凯特尔元帅组建谈判代表

---

① 卡尔·邓尼茨：德国海军元帅，“二战”期间曾任海军总司令、总统兼武装部队最高统帅，发明了“狼群战术”，战后被判处 10 年监禁，出狱后继续宣传纳粹精神及复仇主义。

② 保罗·戈培尔：纳粹德国时期的国民教育与宣传部部长，擅长讲演，人称“宣传天才”“纳粹喉舌”，以铁腕手段捍卫希特勒政权和维持第三帝国的体制，被认为是“创造希特勒的人”。

③ 马丁·鲍曼：纳粹“二号战犯”，纳粹党秘书长、希特勒私人秘书，掌握着纳粹党的钱袋子，人称“元首的影子”。在希特勒政权垂死挣扎的最后日子里，他成了仅次于希特勒的第二号重要人物——纳粹党总部主任，“二战”结束后神秘失踪。

团，前往蒙哥马利所在的吕讷堡荒原的总部，洽谈投降事宜。

德军的投降谈判代表团于当天11点30分抵达，代表团成员包括海军上将汉斯·冯·弗雷德堡①、金策尔将军、海军少将瓦格纳和少校参谋弗里德尔（不久又增加了上校参谋波莱克）。这一次，蒙哥马利重视起来，并做了精心安排。他故意让德军谈判人员走到自己的指挥车边，然后让他们在车顶飘扬的英国国旗下等候了一会儿。看到时机差不多了，他才打开车门。

蒙哥马利故意装作不知情的样子，问身边的翻译："这些都是什么人?"

翻译一一向他做了介绍。面无表情的蒙哥马利不耐烦地打断翻译的话，又问："他们来这里做什么?"

翻译把蒙哥马利的话转述后，德国海军上将弗雷德堡掏出凯特尔元帅的信，说从苏联红军正面退下来的德军3个集团军准备向英、美盟军投降。

蒙哥马利当场拒绝，说："你们为什么不向苏联红军投降?"

弗雷德堡回答道："我们的官兵认为你们是绅士，苏联人是野蛮人，如果向苏联人投降，一定会被送到西伯利亚去当苦工。"

蒙哥马利撇了下嘴角，嘲讽道："你们明白得太晚了。其实，你们在进攻苏联时，就应该预料到会有这么一天。"

随后，蒙哥马利把自己的要求提了出来，说："你们同不同意让位于我西面和北面的德军部队向我投降？如果同意的话，那我可以把他们当成是正面之敌以及从波兰增援而来的对手，因为这样我就可以以战术性的胜利为由接受你们的投降了。如果你们不同意，那么我们拒绝接受投降，并会命令部队继续展开攻击。"

弗雷德堡说："这件事我作不了主。对了，你们是否能安排安排附近的民众?"

---

① 汉斯·冯·弗雷德堡：德国海军高级将领，重要的纳粹乙级战犯，德国"狼群"的副帅、第三帝国海军的末代掌门人。

1945年5月3日，德国陆军元帅凯特尔和海军元帅邓尼茨的代表（左侧）来到英国第2、第21集团军总部前，向蒙哥马利（右二）投降

蒙哥马利回答：“这件事我也作不了主。不过，我要告诉你，我会命令部队全力攻击拒不投降的敌人。炮弹无眼，这样一来，我不能保证这一地区的民众安全。”

随后，蒙哥马利拿出一幅地图，向他们介绍了整个西线的战势。很明显，这些代表根本不了解情况，因而十分不安。这个时候，午饭时间到了，蒙哥马利为了给他们考虑的时间，就让他们先去吃饭。

午饭过后，谈判正式开始，蒙哥马利所说的第一句话就是：“德军必须按照我的要求，立即无条件投降。”德军代表们纷纷摇头，说：“您提出的要求不是我们能答应的。但是，我们可以向凯特尔元帅禀报，让他做出决定。”

于是，蒙哥马利起草了一份投降文件，交给副官布尔·沃伦中校，让他跟随弗雷德堡去会见凯特尔元帅。他们临走前，蒙哥马利说：“明天下午6点前，我要看到你们的身影，否则我会视你们为拒绝投降。”

蒙哥马利猜到凯特尔元帅一定会同意自己的要求，于是在5月4日下午5点召开了记者招待会，谈到有关近期德国投降一事。记者招待会还未结束，弗雷德堡将军便被凯特尔元帅委派为全权代表，赶到了蒙哥马利的指挥部。

蒙哥马利知道后，立即让记者跟随自己返回指挥部。于是，这些记者亲眼见证了德军投降的历史性时刻。蒙哥马利让德军代表团站在自己的指挥车外，然后微笑着让弗雷德堡进入指挥车。

蒙哥马利问弗雷德堡：“你同不同意我之前的要求？愿不愿意在投降书上签字？”

弗雷德堡点了点头，说：“我同意。”

就这样，蒙哥马利让他们进入一座已经配置好了录音、录像等器材的帐篷。在大家的目送下，德军代表团低头走了进去。在场的盟军将士都十分高兴，因为这意味着该死的战争终于要结束了。

帐篷内，蒙哥马利先让德军代表团围桌而坐，然后宣读了投降书。看到德军代表团还在犹豫，他不客气地说：“如果你们不立即签字，那么我马上下令开战。”就这样，德军代表团在他的威慑下，在投降书上签了字。蒙哥马利随后也在投降书上签上了自己的名字。

后来，盟军总司令部要求蒙哥马利把投降书送过去。蒙哥马利舍不得送去这份具有历史性意义的原件，于是就寄了一张照片过去。这份投降书一直被蒙哥马利保留着，直到晚年他才将它赠送给大英博物馆（英国国家博物馆）。

这份投降书的内容如下：

一、荷兰、德国西北部（含所有岛屿）以及石勒苏益格－荷尔斯泰因和丹麦境内的全体德国武装向英、美盟军第21集团军群总司令无条件投降。以上地区的所有德国海军，均照此执行。

二、1945年5月5日8时，以上地区之全体德军立即停止一切军事行动。

1945 年 5 月 4 日，盟军将领蒙哥马利在德军投降书上代表盟军签字

三、今后由德军最高统帅部下达的一切命令，以上地区的德军均要执行，不得有任何意见。

四、有违反命令或者执行不到位者，视作破坏本投降书，盟国可以凭相关规定进行处罚。

五、本投降书只适用于以上地区的德国武装，一旦有总投降书，本投降书立即作废。

六、本投降书有英、德两种文字，以英文文本为准。

七、如果对本投降书有疑问，解释权归盟国所有。

投降仪式结束后，蒙哥马利下令以上地区的盟军全面停火。在投降书上签字的 5 名德国军官，后来的命运各不相同：弗里德尔出车祸死亡，弗雷德堡服毒自尽，金策尔开枪自杀，波莱克在第二次世界大战结束后不久死去，瓦格纳担任联邦德国海军部副部长。

5 月 8 日，苏联朱可夫元帅在柏林主持了正式的德国无条件投降仪式，以凯特尔元帅为代表的德国政府在投降书上签了字。至此，欧洲战事彻底结束了。

蒙哥马利等这一刻实在是太久了。在赢得莫大的荣誉之际，他没有忘记跟随自己在战场上拼杀的将士们。他写了几封公开信，第一封写给第 21 集团军的高级军官们，第二封写给第 21 集团军的所有士兵。第 21 集团军的很多官兵是从第 8 集团军过来的，他们跟随蒙哥马利经历了太多的风风雨雨。蒙哥马利饱含热泪写成了这封信：

值此欧战胜利之际，我深深感到应该对跟随我奋战多年的官兵们说几句，我将说得尽量简洁一些。

我希望大家永远不要忘记那些在战争中牺牲的战友。他们为了别人的自由而献出自己的生命，这种精神是最崇高、最伟大的。我相信上帝会对他们说：干得好，你这位善良而虔诚的信徒！

我们作为战争的幸存者，能保全自己的生命，迎来战争的最后胜利，心中不胜感激。这无疑是上帝的旨意，上帝创造了这个奇迹。我们应该把我们的赞美、感激之情献给他。

战争初起时，为了对付轴心国，大英帝国曾孤军奋战，尽管遭受了重大损失，但依然昂首挺立；尽管被迫采取守势，但一有机会就全力出击。后来，苏、美两国加入，胜利的天平从此倒向我们。对于苏、美两大盟国，我们将永远铭记在心。这个伟大的同盟在战争期间取得了很大的成就，但愿它在和平时期能再创辉煌。

战争结束了，但我们仍然面临着艰巨的工作。世界刚刚经历巨大的浩劫，需要时间来平复创伤。我们需要以面对战争时坚韧不拔的精神，去迎接这个工作。对于国家和我们个人来说，今后的一段时间也许是艰难的。但是，要想克服困难，我们必须遵守纪律。记住，良好的纪律意味着个人服从整体利益。

我很荣幸能够统率英帝国在西欧的这支伟大部队，相信很少有司令官能够拥有像你们这样忠于职守的下属。我发自内心地感激你们每一个人。

让我们满怀喜悦和信心，去迎接今后的任务吧。我们已经赢得了战争，接下来我们要争取赢得和平！祝你们万事如意，事业有成！

蒙哥马利对第21集团军进行表扬后，又对协助过自己作战的海军和空军表达了诚挚的谢意。

对于蒙哥马利本人在第二次世界大战中的功绩，英国首相丘吉尔这样说道："全体英国人、全体反法西斯国家的人民，都不会忘记蒙哥马利的功绩，他的伟大必将永载史册。他的品格、他的深谋远虑、他的坚持不懈的战斗精神，值得人们学习，也值得我们后代引以为荣……"

第十一章　战后的日子

管理德国的英占区

对于如何管理战败的德国，同盟国原本准备在柏林由英、苏、美、法各派一名代表组成对德管制委员会，负责指导新的德国政府管理国家。此前签署的德国无条件投降书只是军方行为，盟国认为该政府是非法的；另外，签署投降书的最高负责人邓尼茨马上就要被作为战犯逮捕，加之柏林损毁严重，无法作为管理德国的中心，于是盟国管制委员会成立了。

由于英国政府没有派来相关的管理人员，蒙哥马利接手了管理之职。他看到不少英国人员怀揣战胜国心理，开始肆意抢掠德军物资，有的人甚至开着德军参谋部和德军元帅的车子。为了制止这种歪风邪气，他在 5 月 6 日下发了一份文件：无论是谁，无论哪个单位，都不可以有抢劫行为。若有违反者，不管当事人是谁，一律送交军事法庭。

随后，蒙哥马利开始处理战俘问题。由于战俘人数高达 150 万，战俘营根本接收不了，因此，蒙哥马利想通过德军司令部来解决，他把俘虏交给原西北欧德军总司令恩斯特·布施①元帅管理。他要求德军司令部先把所有战俘集中到沿海的半岛上，挨个进行核查和登记，然后根据相关规定进行遣散或安排工作。

---

① 恩斯特·布施：德国陆军元帅，“二战”期间参加了侵略波兰、法国和苏联的战争，以作战手段顽强而著称，战争后期先后担任东线中央集团军群司令、西线集团军群司令，德国投降后被英军俘虏，在战俘营中死于心脏病。

最后，蒙哥马利将英占区划分成四个小军区，由各自区域的最高指挥人员负责管理。其中，柏林军区由莱因将军负责，下属部队就地待命，石勒苏益格－荷尔斯泰因军区由巴克将军负责，安排第 8 军的 2 个师和 1 个装甲旅驻守；汉诺威军区由霍罗克斯将军负责管理，安排第 30 军的 3 个师和 1 个装甲旅驻守；威斯特伐利亚军区由克罗克将军负责，安排第 8 军的 2 个师和 1 个装甲旅驻守。剩下的部队组建为总预备队，由蒙哥马利亲自指挥。

当前还有一个更为紧要的问题，那就是各种民生问题。英占区有 100 多万难民、100 万德国伤病号、150 万俘虏，大量的人口必然要有大量的生活必需品。由于战争的破坏，英占区的交通、电信几乎全部中断，工农业生产也基本停止，食物缺乏、燃料短缺……为了解决问题，蒙哥马利决定按事情的轻重缓急来依次对待，重要的问题为粮食、房屋和疾病，次要的问题为交通等。为了防止民众口粮出现问题，他严禁部队向他们购买或征收粮食。不过，要想彻底解决这些问题，必须尽快恢复占领区的经济。为此，他采取了以下措施：

一、有计划地遣散战俘，以保证有劳力从事农业生产活动；

二、给予矿工们足够多的粮食，以提升煤炭的产量；

三、安排专门人员分别管理公路、铁路运输等，以尽快恢复日常生活……

在蒙哥马利卓有成效的管理下，英占区的经济很快恢复了，这一年冬季没有出现饥荒等问题。

5 月 14 日，英国政府给蒙哥马利发来任命文件，任命他担任英驻德占领区总司令和盟军驻德管制委员会英方委员；在另一份补充文件中，英国政府安排陆军部罗纳德·威克斯中将当蒙哥马利的副手，任命于 8 天后生效。

这段时间，蒙哥马利受邀参加了大量活动：盟军互访、出访国外、授勋仪式等。5 月 7 日，与英第 21 集团军群为邻的苏联白俄罗斯集团军司令罗科索夫斯基[1]元帅前来拜访蒙哥马利，受到了蒙哥马利热情的接待。第二天，因蒙哥马利答应回访，罗科索夫斯基元帅特地派人前来了解蒙哥马利的生活习惯。

苏方人员问蒙哥马利的随从："司令喜欢喝什么酒？"

蒙哥马利的随从回答："我们司令从来不喝酒。"

苏方人员张了张嘴，难以置信地又问："葡萄酒呢？"

蒙哥马利的随从回答："只要是含酒精的，他一概不喝。"

"这……"苏方人员有些无语。在苏联，不会喝酒那还能叫男人吗！"司令抽什么牌子的烟？"苏方人员又问。

"司令从不抽烟。"

"我们那里有一堆美女。"苏方人员狡黠地笑道。

"司令对女人没有兴趣！"

苏方人员吓住了，打量了一下蒙哥马利的随从，又问："您也对女人没有兴趣？"

"怎么可能……你想什么呢？"蒙哥马利的随从一下子醒悟过来。

从以上对话不难看出，蒙哥马利的私生活是刻板、严谨的。布莱德雷曾经这样说过蒙哥马利："他不仅是一个忠于思想的男人，还是一个忠于身体的男人。"

在罗科索夫斯基的司令部，蒙哥马利受到了隆重的接待，不仅饭菜丰盛，还有成群的花枝招展的姑娘。晚宴过后，苏联人为蒙哥马利举行了近一个小时的歌舞音乐会，还专门安排他跳了交际舞。舞会结束后，蒙哥马利带着随从坐上了返程的飞机。当飞机起飞时，苏联人为他鸣放了 21 响礼炮。

5 月 13 日，哥本哈根市授予蒙哥马利英雄勋章以及荣誉市民称号。正当大家都沉浸在欢乐的海洋中时，一名纳粹分子拿着手榴弹悄悄接近了蒙哥马利，正准备拉弦，丹麦警察突然从天而降，一下子将其制服

---

① 罗科索夫斯基：苏联元帅。他头脑冷静沉稳、处乱不惊，"二战"时期在苏联卫国战争中与朱可夫、科涅夫并称为苏联陆军的三驾马车，被后人誉为"逆境英雄"。

了，暗杀蒙哥马利的行动宣告失败。

5 月 25 日，蒙哥马利受邀参加英国军事展览会开幕式。他来到巴黎后，戴高乐将军在巴黎残老军人院为他举行了精彩的阅兵典礼，并授予他一级荣誉勋章。当天晚上，蒙哥马利在军事展览会上用英语混合着法语，给大家作了热情洋溢的讲话。由于他的这种行为，他被法国人民当成了“亲人”，他们用一次又一次的欢呼向他致意。

晚上，法国人民得知蒙哥马利住在英国大使馆，便跑到使馆门外大声地喊着他的名字。由于众人久久不愿离去，蒙哥马利走到阳台上大声地向他们一再致谢。最后，在他的强烈劝说下，人们才依依不舍地离去。

6 月 7 日，安特卫普城在庆祝该城解放时，邀请蒙哥马利前来联欢。连日参加各种活动，让蒙哥马利身心俱疲，但他又不愿扫大家的兴，最后还是赶去参加活动。毫无意外，一如往常的荣誉市民称号和象征英雄的纪念物被交到蒙哥马利的手中。仪式结束后，安特卫普城政府又安排了午宴，这顿饭吃得蒙哥马利反胃不止，最后只好提前离开。

在汽车里，蒙哥马利实在憋不住了，把胃中的食物全吐了出来。看到如此干净的车被自己吐成这样，蒙哥马利不好意思地向司机连连道歉。但司机毫不在意，挺了挺胸膛说：“这是我的荣幸，阁下！我非常崇拜您，您是一位大英雄！”

6 月 10 日，艾森豪威尔让蒙哥马利来法兰克福盟军总指挥部，因为美国政府要在这里嘉奖他。蒙哥马利赶到后，美国政府授予他服务优异十字勋章。当天，朱可夫元帅也应苏联政府的要求，在盟军总部给艾森豪威尔和蒙哥马利分别授予了胜利勋章。苏联政府的勋章除了所代表的荣誉外，勋章本身还是无价之宝，因为它是由众多天然的红宝石和钻石镶成的五角星。

7 月 13 日，英国政府为了嘉奖朱可夫，要求蒙哥马利代表英国政府给朱可夫授勋，勋章为巴斯骑士大十字勋章。

这些活动占用了蒙哥马利的大量时间，这个从来不喜欢热闹场所的人，似乎在民众的欢呼声中大大满足了自己的虚荣心。他还与很多俱乐部、慈善机构以及个人保持通信。他总是欣然接受各种活动的邀请，不管是接受荣誉市民称号还是在集会上发表演讲。他还努力与在德国的部队保持密切联系，经常去巡视莱茵河沿线部队，为部队主持体育运动和授勋仪式。

繁忙的工作，四处的奔波，使蒙哥马利的身体越来越差。1945 年 7 月，因扁桃体感染，他不得不休息了一段时间。8 月 22 日，蒙哥马利去看望驻德加拿大第 3 师，因飞机发动机突然停止工作，不得不迫降，最后虽然迫降成功，机组人员和随从均无伤亡，但蒙哥马利的腰椎骨被撞断了。蒙哥马利不愿让官兵们失望，于是强忍疼痛进行了演讲，最后因为痛得非常厉害，演讲不得不中断了。

5 月，英占区的德国人越来越不合作，不但频频制造事端，有的甚至还想联合英国人，一起反对苏联。5 月 30 日，蒙哥马利发表了《告英占区德国人民书》，要求德国人民不要胡思乱想，当前的任务是重建家园。他指出："眼前我们有那么多的困难，有那么多的工作要做。农作物要抢收，交通要重建，邮电服务要恢复……这么多急需解决的事情在等着我们，为什么就不能一起努力呢？……我希望你们遵守我的命令，不要无端制造各种问题。"

之前在英占区，英国士兵是不允许和德国人来往的。随着秩序的恢复，蒙哥马利意识到，如果想改造德国人，必须与他们交往，不能有任何的偏见和隔阂。他开始允许官兵们和德国人交往，到 1945 年 9 月，禁令只剩下两条：一是英军成员不能和德国人住在一起；二是英军成员不能和德国人结婚。

1945 年 6 月 5 日，盟军在柏林举行了盟军驻德管制委员会的首次大会。当天下午 1 点，蒙哥马利乘坐的飞机抵达柏林机场，受到了大批苏军高级将领的欢迎。欢迎仪式结束后，蒙哥马利一行坐车来到苏军位于郊区的别墅内。蒙哥马利和朱可夫主要探讨了管制委员会的功能及如何工作的问题。蒙哥马利提议立即成立秘书处，然后由各国副代表开会研究急迫的问题，为正式代表们的会议做准备。

但朱可夫并不接话，而是转移话题说："根据《雅尔塔协定》规定的分区占领德国，你们英、美军队现在已经越过了界线。所以，在管制委员会四国正式代表抵达前，你们需要把多占的区域交还给我们。”

实际上，对于这个问题，蒙哥马利还真的无权决定。英国政府为了得到更多的利益，认为只要抓牢多占的区域，把这当作一个筹码，就能获得苏联在一些重大事情上的让步。丘吉尔对这件事非常重视，多次要求蒙哥马利不要擅自将多占领的区域交还给苏联。丘吉尔认为，三国首脑会议召开在即，只要英、美军队不撤离，就能多争取一些利益。

不过，美国政府并不坚持固守，如果苏联政府要求他们执行占领协定，那么他们就会立即交还。

在这种情况下，朱可夫的问题让蒙哥马利感到非常尴尬，但是他又不能违背英国政府的命令，只好说，关于这件事，他没有任何决定权。

下午 4 点，德国政府无条件投降的正式签字仪式开始了。在众多记者的包围下，四国代表相继在投降书上签了字。签字仪式一结束，管制委员会的四国委员和顾问便赶往他处，进行秘密会谈。

会谈期间，艾森豪威尔说：“我认为，管制委员会成立和西方部队撤离苏占区可以同时进行。当前，我们需要解决的是，如何以及怎样组建管制委员会。”

朱可夫不同意，反驳道：“如果你们不撤出苏占区，那么管制委员会就不能成立。撤离是先决条件，假如你们不同意，那么四国代表或其他关于管制委员会的工作，都不可能进行。”

看到艾森豪威尔和朱可夫发生了争论，蒙哥马利只好四处张望。当他四处游离的目光重新落到艾森豪威尔和朱可夫身上时，猛然发现他们都在直直地盯着自己。他尴尬地摊了摊手，轻描淡写地说：“这不关我的事啊！我没有权力同意或不同意。”

朱可夫见英、美露出了无赖嘴脸，叹了口气说：“那没有办法了！既然如此，柏林在未来的几周内，无法接待管制委员会的任何成员了。”

这次会议让蒙哥马利意识到，英占区的管制委员会无法设在柏林了。在考察多个地区后，英占区管制委员会最终设在了汉诺威和奥斯纳布吕克。为了让美国站在英国这边，蒙哥马利决定和美国人在法兰克福共同成立作战中心。他的这个决定得到了艾森豪威尔的支持，为日后的工作奠定了基础。

6月底，在占领区的问题上，苏、美、英三国终于达成了共识：三方均将各自军队撤往商议后的占领区，在撤离完成以后，管制工作委员会才正式组建。

会议结束后，英、美副代表威克斯将军和克莱将军，于6月27日抵达柏林，与朱可夫讨论多占区区域交还细节。经过一番商讨，大会终于做出了决定：7月1日交还工作正式开始，英军需要在第一天撤离维斯马“靠垫”地区，两天内撤离马格德堡“突出地带”；美军完成撤离工作需要在6~9天内完成。另外，7月1日这天，苏联允许英、美、法先头军队进入柏林，接管分配好的区域；7月4日这天，苏联允许英、美、法主力部队进入柏林。此外，苏联还在柏林划给英、美、法一条公路和一条铁路，并答应英、美、法享有完全的自由使用权；在柏林天空开放20千米“空中走廊”，交予英、美使用，但飞机进入前需要提前通报。

不久，交接工作正式开始，蒙哥马利带着第7装甲师组成的军队接管了柏林英管区。至此，管制委员会成立并真正运作起来。

制订英占区振兴计划

1945年7月13日，盟军远征军最高统帅部正式解散，艾森豪威尔继续留在德国，身份改为美占区最高司令。此时，英、美、苏、法四国各自在占领区内成立了军政府，其中苏联的占领区为东德，英、美、法的占领区为西德。武装人员在西方三个占领区之间可以自由往来，但不能随便出入苏占区。而在柏林的各占领区，任何人都可以自由进出。

在西方盟国占领区内，一切重大政策问题都有着密切的联系。管制工作委员会的英国组，向设在法兰克福的美国总部派出了一个精干的联络组，威克斯将军经常到美国总部开会，协调英、美、法三国之间的政策。

7 月 17 日，英、美、苏三国首脑举行了著名的波茨坦会议。会议的主要议题为解决德国的管理问题、波兰西部边界问题、奥地利占领问题、苏联在东欧的作用问题、战争赔款问题和解决日本问题。

会议召开期间，英国举行了大选。为了参加选举活动，英国的代表们返回了国内。出乎所有人意料的是，在第二次世界大战中立下汗马功劳的丘吉尔居然落选了，赢得大选的是工党的克莱门特 · 艾德礼①。

选举完成以后，艾德礼接过丘吉尔的职务，参加了波茨坦会议。在会议最后签订的《波茨坦公告》里，强调德国由苏、美、英、法四国一起管理，并提出了重建德国的具体办法。但是，由于西方三国和苏联在意识形态上的分歧，很多问题无法彻底解决，因此对德国的共管只能停留在纸面上。

会议不久，为了让德国人民在精神上重新振奋起来，蒙哥马利开始在英占区制订振兴计划。7 月末，他制定了一份纲要：

一、德国人民享有讨论本身问题的自由，允许民间开展自助；

二、清理纳粹主义遗留问题，树立正确的价值观、人生观和世界观，让德国人民对未来充满信心；

三、加强教育，特别是青少年的教育。

根据这个大纲，蒙哥马利在 8 月 6 日再次发表了一封《告英占区德国人民书》。随后，他要求相关职能部门尽快开办中小学和大学，提出务必清除教育机构里的纳粹思想，要求课本中不能有一丝纳粹的意识形态。

没日没夜的工作令蒙哥马利的身体不堪重负，随军医生阿瑟 · 波里特提议给他派 2 名护士。蒙哥马利听了立即拒绝道："波里特，我可以

---

① 克莱门特 · 艾德礼：第一代艾德礼伯爵，英国工党政治家、首相，"二战"期间任副首相，1945 年接替丘吉尔任首相；在任期间放弃对印度和巴基斯坦的控制，使英国加入了北大西洋公约组织（简称北约）；对国内执行经济紧缩计划，对大工业实行国有化，并创办国民保健事业。

听你的任何意见，唯独这个不行，我可不想让女人在我身边晃来晃去。”

1945 年冬季，蒙哥马利因反复感冒而出现了并发症——胸膜炎，整个人异常憔悴。在医院住了一段时间后，他又赶往瑞士休养。清新的空气、温和的气候让他很快恢复了健康。生病这段时间，他的工作不但没有减少，反而比战时还要多。

8 月，由工党组成的英国政府派了两名工党议员来视察英占区的情况。这两个人在视察部队时，竟然把军官们赶出了会议室，以便和士兵交谈。其中一个议员还向一个高级将领的勤务兵询问对将军有没有什么意见，将军夜里和谁一起睡觉等问题。蒙哥马利得知这个消息后，恼怒地命令所有驻德军队不许接受议员们类似的行为。另外，他要求议员们不要在部队随意走动，因为这会破坏部队的相关规定。

同年 10 月，法国人民得知对德管制委员会准备建立德国中央政府，掀起了一波又一波的反对浪潮，使对德管制委员会的工作陷入停滞。就在这个时候，由于四国外长无法就德国问题达成共识，伦敦外长会议没有取得任何进展。

看到英国政府茫然无措，蒙哥马利回国拜见了首相艾德礼。他诚恳地对艾德礼说：“我以前也认为四国共管德国是可行的，然而我现在不这么想了，因为这是根本无法做到的事情。从表面上看，英国似乎只是和苏联存在分歧，但是若往深处想，实际上四国之间都存在矛盾。现在，美国已经提出来了，各占领区可以完全按照自己的方式行事，这是我们西方三国首次出现的不和声音。”他还告诉艾德礼，德国经济已经处于崩溃边缘，如果不进行货币、税收、贷款等方面的改革，那么崩溃将会很快到来，为此务必筹建中央财政机构或地区机构。

根据这个设想，蒙哥马利开始在英占区行动了。他的第一个目标是将现在的军政府改为“文”政府。为了让政府有序地过渡，他首先将管制委员会与军政府合并，然后从英国调来文职官员参与工作。按照计划，这样的过渡先从基层开始，然后逐级往上，等最终完成时，部队最高长官回到部队。

就在蒙哥马利忙得天昏地暗之际，朱可夫不识时务地给管制委员会送来了一份文件。在文件中，朱可夫指责英占区存在一个德军司令部，这个司令部由集团军群一级、陆军和空军军区一级组成，而且还拥有作战参谋部。在文件的最后，朱可夫表示，英占区存在一支 20 万人的军群，要求管制委员会进行实地调查。

蒙哥马利看完文件后，觉得不能就这么忍气吞声，一定要对朱可夫进行狠狠回击。11 月 30 日，他在管制委员会会议上做出了回应。首先，他反驳了朱可夫的指责，同意管制委员会进行调查；其次，他要求管制委员会调查所有的占领区；最后，他提请管制委员会在此基础上调查别的问题。

朱可夫同意了蒙哥马利提出的第一个要求，但是拒绝了第二个要求。双方各执一词，互不相让。最后，这个问题被递交到了协调委员会，协调委员会经过研究，决定让英国方面递交详细情况。

为了洗刷“罪名”，蒙哥马利从 12 月 10 日起开始了“狠揍”行动，具体为 1 月 30 日前，解散德军各级司令部并遣散德国军事人员，只保留英军需要的德军人员及没有经过审判的人员。

为了更快地开展工作，蒙哥马利不时视察英占区的难民营，并提出一些非常尖锐的问题。一天，他来到一处难民营，问管理难民营的负责人珀金斯上校：“我很想知道你们是如何开展工作的。现在，你把我当成一个新难民吧！”

珀金斯听了嘴角微微一扬，说道：“没问题，您先解开裤带吧！”

蒙哥马利愣了一下，问：“为什么？”

“新来的难民，我们第一步就是往他们的袖管和裤管里放些滴滴涕原粉。”

“算了，我们还是跳过这一步，直接进入第二步吧！”

大家听了，全都哈哈大笑起来。

1946 年 1 月 26 日，蒙哥马利突然接到英国政府发来的通知，任命他为帝国军队总参谋长，6 月 26 日正式就职。成为军人的最高指挥者，无疑是每一个职业军人的终极梦想，这个职务对蒙哥马利来讲，是他军事生涯的最高峰，同时也是最伟大的荣耀。俗话说“莫欺少年穷”，谁能想到当年那个连手表都买不起，一直受到同学嘲笑的瘦弱少年，如今会掌管帝国全部武装力量呢！

不过，总参谋长涉及复杂的政治问题，以蒙哥马利的性格，显然是不适合的，但是，从英国陆军的状况而言，这似乎又是唯一的选择。从1941年起，布鲁克一直担任帝国军队总参谋长，“二战”结束后，他感到非常疲倦，有意出任加拿大总督。这时适合担任帝国军队总参谋长的只有亚历山大，但丘吉尔在1945年7月的波茨坦会议上决定让布鲁克再留任一年，于是亚历山大就成了加拿大总督。

无论如何，到1945年冬必须找到一个合适的人来接替布鲁克时，举目四望，韦维尔太老，现任印度总督；奥金莱克现任印度英军总司令，而且他的主要经历是在印度而不在英国，更重要的是，他们两人都有战败的记录。斯利姆在远东进行的战役似乎太遥远，他的部队几乎成了“被遗忘的部队”，同时他对行政事务丝毫不感兴趣。

在英国人民心目中，蒙哥马利是一个最受欢迎的将军，也是一个英雄。他有着丰富的作战经验，在欧洲战区，几乎没有哪个人可以被提拔到蒙哥马利之上而不意味着是对他的轻视。考虑各种因素，蒙哥马利成了帝国军队总参谋长的最佳人选。

尽管离上任只有几个月，但是蒙哥马利依然没有放松手头的工作，时刻关心着德国人民和英占区的发展。经过一番深思熟虑，他决定将管理和解决德国人的问题，交由德国人自己去处理，但是交接需要循序渐进地进行。

时间一天天地过去，蒙哥马利打算在5月2日离开德国。为了让继任者更好地开展工作，他打算在离开前向英国政府递交自己关于德国局势看法的报告。数年后，他在回忆录中写下了这样一句话：“那个时候，我有一个愿望，那就是把英、法占区纳入民主、自由、和平和繁荣昌盛的西方大家庭，让苏联人惭愧，也让东德（民主德国）人羡慕。”

为了早日实现自己的愿望，蒙哥马利在报告中要求英国政府帮助英占区发展经济，并提出了解决问题的四项原则：

一、确定“德国”的领土；

二、保证占领区的人民有合理的生活水平；

三、尽快让占领区的人民“自管”；

四、向占领区的人民供应粮食，直到他们自立。

蒙哥马利强调，对占领区的人民来说，当前最关键的是第四项原则，如果粮食得不到保证，一切都免谈。

离开德国前，蒙哥马利对驻莱茵地区的英国军官发表了演讲，其中有几句这样的话：

亲爱的战友们，我们经历数年的腥风血雨，终于来到了这里。在此，我向你们表示感谢，没有你们的浴血奋战，我们不会有今天……我就要走了，非常对不起，我再也无法亲自和你们在一起了。

就任帝国总参谋长

蒙哥马利离开德国后，还有近两个月的时间才会接手新工作，他打算利用这段空闲时间思考一下如何开展新工作。在此之前，他决定先去看看老朋友雷诺兹夫妇，因为他的儿子戴维还受着他们的照顾。

看望完朋友，蒙哥马利想好了接手新工作后需要做的事情：首先把英国的军队重新编制；其次是培训陆军，学习新战术；最后是彻底掌控陆军。为了更好地了解部队、掌控部队，他决定在上任之前巡视完大英帝国驻地中海的部队，行程计划在6月22日结束。

6月10日，蒙哥马利抵达埃及，在那里受到驻印总督的邀请，又飞往印度。

在出发前往印度之前，蒙哥马利先来到安曼，与阿卜杜拉国王交换了意见。之后，他又在巴士拉停留一晚，与驻伊拉克的英军司令官讨论了苏联在伊朗及其他地区推行的政策。

来到印度后，针对印度独立及其对军事的影响，蒙哥马利和印度总督韦维尔、总司令奥金莱克进行了深入探讨。紧接着，蒙哥马利访问了希腊，与英国大使克利福德·诺顿爵士和司令官克劳福德将军讨论了希腊的局势，检阅了希腊陆军，并接受了希腊国防部部长授予的英勇金质勋章。

蒙哥马利访问的最后一站是意大利，不过他仅在意大利停留了 18 个小时，于 6 月 26 日早晨匆匆赶回伦敦就职。

上任后，蒙哥马利首先对军人生活规定进行了改革。他曾在朴次茅斯说过："英国士兵不能像个机器人，一定要融入社会，与其他先进国家的做法保持一致。"

以前陆军部有项规定，部里没有结婚的军官需要自己解决食宿问题。但未婚的军官们哪会自己照顾自己，所以个人生活混乱不堪。蒙哥马利看到这个问题后，决定把在伍尔维奇的前皇家军事学院改成供 250 名军官居住的宿舍，并成立了军官食堂。这个措施使军官们非常高兴，他们再也不用为吃饭发愁了。有一次，蒙哥马利把一个外人误认为是陆军部的工作人员，之后他建议在陆军部工作的人都应该佩戴特殊标志，在他的推动下，陆军部的工作人员佩戴上了这种标志。

8 月 19 日，蒙哥马利飞往北美，随后会见了艾森豪威尔。9 月 16 日，蒙哥马利与美国陆海空三军参谋长进行了会谈，主要议题：西方盟国的大战略、武器标准化以及如何进行合作等。这次会谈只是试验性的，会后大家决定在华盛顿举行正式会议，与会者包括加拿大军队的参谋长。蒙哥马利这次北美之行虽然是个人性质的，但使战时成立的英、美联合参谋长委员会的工作能够继续开展下去，为英国国防做出了重要贡献。

蒙哥马利此次访美给美国人民留下了良好的印象，他和艾森豪威尔在"二战"期间关于指挥权之争所带来的不快都不复存在了，不管他去到哪儿，都受到了热情的欢迎。

1947 年 1 月 6 日，在英、苏之间关系陷入僵局的情况下，蒙哥马利仍然对苏联进行了访问，并受到了热情接待。在他结束访问的前一天，斯大林还和他进行了一次会谈。会谈开始前，蒙哥马利把一箱威士忌酒和自己著的两本书《从阿拉曼到桑格罗河（第 8 集团军）》和《从诺曼底到波罗的海（第 21 集团军群）》送给了斯大林。

斯大林高兴地收下了，说："感谢你送给我的礼物，可是你喜欢什么呢？"

蒙哥马利笑着说："先生，我不需要什么，只希望你能对我将要说的事给予一些帮助！"

斯大林不知道蒙哥马利想说什么，只是笑了笑，没有说话。

随后，他们开始谈论英、美军队问题，以及与英、美有关的武器标准化问题。蒙哥马利建议斯大林让苏联在这一方面与英国进行一些合作。他说："苏联应该去看看英国军队，了解我们究竟是什么样子。前些天，我已经邀请了华西列夫斯基①元帅、科涅夫②元帅和雷巴尔特科元帅于 6 月份访问英国，对我们的军队进行访问。"

斯大林抖了抖烟斗里的灰，说："他们已经告诉我了，我也批准了。"

蒙哥马利点点头，接着说："我们两军之间应该进行军官交流，哪怕初期只有几个人，那也是开了个好头。我想，随着信任的增加，双方的交流会越来越多，两军也会越走越近。"

斯大林脸色有些严肃地说："这个再说吧，等时机到了，自然就水到渠成了。"

两人谈了一个多小时，这时，斯大林望了望墙壁上的钟，蒙哥马利看到斯大林的这个举动后，马上又提出了一个问题："在第二次世界大战中，很多在英国部队里任职的人娶了苏联女子，请问可不可以让这些英国媳妇前往英国？我听说她们以前也申请过，但都被苏联的相关部门拒绝了。"

"拒绝了？这是好事啊，为什么要拒绝？"斯大林说。

看到斯大林不知情，蒙哥马利把这批人的名单交给了他。

---

① 华西列夫斯基：苏联元帅，苏联英雄。"二战"期间的苏军总参谋长，斯大林格勒反攻作战的指导者，克里米亚的收复者和加里宁格勒（哥尼斯堡）的解放者，参与指挥、筹划了苏联卫国战争中的所有战役。

② 科涅夫：苏联元帅，擅长步炮协同作战，在激励士气、做思想工作等方面也表现出色。

1 月 10 日，在离开苏联的前一天，蒙哥马利穿着华西列夫斯基和苏联陆军送给他的礼服和帽子，与斯大林合拍了一张照片。

在苏联的所见所闻，给蒙哥马利留下了深刻的印象。在回忆录中，他这样写道："根据我的观察，苏联经过数年的苦战，已经疲惫不堪了。我认为他们没有能力，也没有意愿，与西方盟国开战……苏联人非常清楚自己的处境，希望有一个和平的环境重建家园。我认为，苏联会密切关注地区安全，确保不会因为一点'小事'就进行一场无法控制的战争。他们若真想发动战争，并有实力进行战争，我认为至少还需要 15 到 20 年的时间。"

蒙哥马利虽然判断出苏联没有开战的意愿，但为了国家的安全，他还是决定建立强大的武装。

6 月下旬，蒙哥马利受邀对澳大利亚和新西兰进行了访问。途经印度时，他与贾瓦哈拉尔・尼赫鲁①、穆罕默德・阿里・真纳②进行了会谈。此时，由于印巴人民要求独立的呼声高涨，英国政府已经通过了《印巴分治方案》，并同意印度独立。会谈结束次日，蒙哥马利在日记中写道："由于印巴分治方案过于急迫，以后必将由此产生无数的问题。真想彻底解决印度次大陆问题，不能仅靠'一刀切'的办法，否则一定会为以后的流血和冲突埋下祸根……"

离开印度后，蒙哥马利又来到新加坡，在这里与海军发生了不太愉快的事情。原来，蒙哥马利看到远东海军司令部驻扎在香港，认为这会引起中国方面的不满，中国目前虽然处于内战中，但是一旦他们站起来，绝对不会放任香港不管。于是，他提议远东海军司令部应当和空军、陆军一样，驻扎在新加坡。海军方面非常愤怒，认为蒙哥马利管得太多了。由于双方谁也不肯让步，这事只好交由首相裁决。最后，首相同意蒙哥马利的意见，把远东海军司令部搬到了新加坡。远东海军司令

① 贾瓦哈拉尔・尼赫鲁：印度开国总理，也是印度在位时间最长的总理，任期为 1947 年到 1964 年。他是印度独立运动的参与人，也是不结盟运动的创始人。

② 穆罕默德・阿里・真纳：巴基斯坦立国运动领袖，巴基斯坦国的创建者，政治活动家，第一任总统，印巴分治前任印度穆斯林联盟主席，被誉为"巴基斯坦国父"。

部的人愤愤不平地说："真是个爱管闲事的家伙，我再也不想看见他了，希望他永远不要再来我们这里。"

6 月底，蒙哥马利赶到了澳大利亚。由于小时候在这块土地上生活过，他一下飞机便感慨万千。之后，他对澳大利亚的每个州都进行了访问。在塔斯马尼亚州，他被一群老太太围住了，她们都说自己以前是蒙哥马利的保姆，还说他小时候太调皮了，尤其是洗澡的时候最顽皮。蒙哥马利告别她们之后，与老战友们见了面，接着又和澳大利亚政府讨论了太平洋防务合作和英军驻澳大利亚代表等问题。

7 月 16 日，蒙哥马利飞抵新西兰。在这里，他又见到了以前的很多战友，非常高兴地和他们谈论了新西兰参与英联邦防务的具体方式和细节。

11 月中旬，蒙哥马利开始了非洲之行，对以下地区和国家进行了访问：法属摩洛哥、冈比亚、黄金海岸（加纳）、尼日利亚等。

这次访问让蒙哥马利意识到，非洲有丰富的原料资源，如果能够很好地加以利用，一定能为英国带来丰厚的利益。他给英国政府写了一份报告说："非洲有着充足的原料资源，我们必须想方设法利用。当前，我们需要对非洲制定一套总体方案，确保牢牢抓住这些任何人都希望得到的资源……我知道我的提议会使很多人感到不快，也会让很多人认为方案不可行。但是，我要告诉这些人，如果你们不认可我的方案，那么就请闭上嘴，或者老老实实地退休。"

蒙哥马利最后的话，实际上是说给殖民地的最高长官们听的。一切都在蒙哥马利的预料之中，这些人果然都表示反对，并说他们对非洲有自己的总体计划。蒙哥马利听到这些人反对的声音后，立即给他们写了一封冷嘲热讽的信，信中说："你们确实有一整套的计划，并且还在数十年如一日地坚守着。我转遍了非洲大陆，非常清楚你们的计划是什么，那就是得过且过、随遇而安……"

在与英国的非洲殖民地大臣们争吵期间，蒙哥马利又来到了埃及。在这里，他收到了小儿子戴维的信，戴维说他通过了博文顿皇家装甲兵军官学校学员训练队的考试，还被授予"荣誉武装带"，希望父亲能参加他的毕业典礼。十分疼爱儿子的蒙哥马利，立即放下手头的工作飞回英国，赶到戴维的学校，参加了儿子的毕业典礼，并亲手为戴维戴上了“荣誉武装带”。

在殖民地的问题上，巴勒斯坦给蒙哥马利带来了不小的麻烦。1946年6月，巴勒斯坦地区出现了战情，很多犹太人秘密武装组织不断袭击当地英军。为了压制犹太武装，陆军方面抓捕了哈格纳自卫武装和犹太事务局的负责人及大批嫌疑犯。但是，犹太人并没有被吓倒，战斗持续不断。10月末，殖民大臣克里奇·琼斯认为，如果当局对犹太人采取宽容的态度，或许能赢得他们的好感，于是他们便把逮捕的人全都放了。没想到这一放使得反抗力量更加嚣张，到11月下旬，已有76名士兵、23名警察因袭击而受伤或阵亡。

由于局势变得越来越紧张，蒙哥马利于1946年11月28日亲自飞到巴勒斯坦，并于次日和驻巴勒斯坦高级专员艾伦·坎宁安爵士、驻中东司令登普西在耶路撒冷进行会谈，商谈怎样解决当前面临的问题。最后，他们一致认为，局势之所以难以收拾，是因为陆军受到的约束太多，警察无法进行支援，以及没有实施军事管制手段。基于这种认识，蒙哥马利给英国政府写了报告，要求对反抗组织采取高压政策。

但是，当地官员不同意这样做，认为这只会激起犹太人更多的仇恨。1946年12月29日，犹太武装组织绑架了几名英军人员，这事让英国人非常愤慨，强烈要求政府进行严惩。这样一来，蒙哥马利要求的高压政策得到了首相以及很多人的支持，殖民官员的“和谐”政策失败了。为了给“和谐”的当地政府出主意，蒙哥马利起草了一份指令，内容为“由于巴勒斯坦持续的动乱，必要时可以使用警察和军队……为了让军队的行动具有合理性，警察部队需要以破坏法律的罪名，对动乱分子采取积极的措施……”

然而，巴勒斯坦的犹太武装人员并没有被吓倒，他们依然通过各种各样的手段，攻击英国人或英国人居住的建筑物。一个非常激进的犹太分子，竟然炸毁了英国设在罗马的大使馆。

犹太武装人员越来越嚣张了，有一次，蒙哥马利的副官接到一个电话，对方问道："我是斯特恩邦，你这里是陆军部吗?"

副官说："是的，你有什么事?"

对方说："请转告陆军元帅，今天晚上我请他吃颗炸弹。"

副官说："谢谢，我会转告他的。"

对方说："你在开玩笑吗?"

副官说："不，我想是你在开玩笑。"

对方说："哦，那也请你吃颗炸弹。"说完，那人马上把电话挂了。

1947 年 2 月，鉴于巴勒斯坦的严重局势，英国政府决定将此事交由联合国裁决。11 月底，联合国通过投票，把巴勒斯坦分成犹太人和阿拉伯人两个部分，并安排委员会来决定他们的疆界。眼见局势乱成一团，英国政府又无力解决，美军计划在 1948 年 5 月 15 日撤离这个地区。

1947 年 12 月以后，巴勒斯坦的犹太人和阿拉伯人发生了战争。随着战火的蔓延，巴勒斯坦的唯一港口雅法受到了攻击。为了不失去这个港口，中东战区总司令部在 1948 年 4 月 28 日利用飞机和坦克，赶走了大量的犹太武装。

性格耿直的蒙哥马利，在总参谋长任上没少与英国政府发生争执，其中最厉害的一次是有关国民兵役制和战后陆军的规模问题。

1946 年 10 月，蒙哥马利向参谋长委员会递交了一份报告，认为国民兵役制在和平时期非常有必要。政府内部对这个问题进行了反复的讨论和争吵，最后，认为和平时期需要国民兵役制的意见占据了上风，于是，国民兵役制得到了推行。1947 年 1 月 1 日，议会通过了服役期为一年的国民兵役法案，决定在两年后正式实施。然而，到 1948 年 6 月，出现了"柏林危机"，苏联开始封锁其在德国的占领区。为了解决兵员问题，蒙哥马利准备延长将于 1949 年 1 月 1 日实施的一年兵役制。为了得到政府的同意，他在 1948 年 10 底召开了陆军委员会会议，要求大家一起向政府要求兵役期至少为 18 个月，否则集体辞职。随后，蒙哥马利向陆军大臣伊曼纽尔·欣韦尔提了要求，欣韦尔只得将此事告知首相，说自己无法控制陆军委员会。11 月下旬，英国政府终于做出决定，同意了 18 个月的服役期，不过，这时蒙哥马利已经出任西方联盟军事委员会主席，离开了陆军部。

1947 年夏季，为了发展国民经济，英国政府和国防大臣亚历山大一起把军费缩减至 6 亿英镑，其中海军为 1.6 亿英镑、陆军为 2.7 亿英镑、空军为 1.7 亿英镑。此事引起了军界的一片反对声，蒙哥马利也因此和亚历山大发生了争吵，两人的关系变得越来越僵。不过，这项方案最终还是在 10 月初被通过了。

10 月 27 日，为了决定经费在国防军中的优先权，议会进行了辩论。亚历山大发表了自己的看法，他说："第一位应当为国防研究，第二位应当为皇家空军，第三位应当为海军，第四位为陆军。"

蒙哥马利知道后，非常生气地对亚历山大进行了抨击，要求在估计三军作用时，不要使用"优先"这一词。他在 1948 年 7 月的一次会议后，对海军大臣和空军参谋长说："亚历山大太混蛋了，根本没有一点能力，对于我们的国防而言，他就是个祸害。我们一起向政府请求罢免他的职务吧！"这两个人听后，满口答应下来，不过他们经过仔细考虑，认为这不符合宪法，只好作罢。

9 月 10 日，亚历山大因为征募兵员的事又和三军参谋长发生了争执。空军司令特德说："军队的处境非常困难，可是政府不但不帮忙，反而认为征募正规军是不重要的……"亚历山大不等他说完，便引用国防开支和国民兵役制的例子进行批驳。

这个时候，蒙哥马利坚定地站在了亚历山大的对立面，嘲讽道："我们的军队连舞女都不如，不但挣得没她们多，受到的待遇也比她们差，我只希望有关人员对待军队能有对待她们一半好就好了。"

随后，当特德讽刺亚历山大只做小题而不承认有大事时，蒙哥马利又笑出声来，并且说他完全同意特德的意见。最后，蒙哥马利说，三军经费居然会被削减到如此危险的地步，"我们已沉到底了"。蒙哥马利的怪言怪语，气得亚历山大七窍生烟。他对陆军大臣欣韦尔说："蒙哥马利太混蛋了，一直对我抱有成见，我正在找可以替代他的人。"

9 月 21 日，三军参谋长提交了一份报告，表明了皇家海军、陆军和空军的现状及主要影响因素。报告的最后说道，部队目前的情况已经引起了“非常严重的不安”。9 月 23 日，亚历山大在下议院发表讲话称，考虑到国际形势的变化，他决定重新考虑“三军的人力和装备问题”。

在工作中，蒙哥马利发现参谋长委员会效率低下，经常无法协调一致，究其原因，主要是国防大臣无能，国防部秘书处不作为，三位参谋长互相拆台，只考虑自身利益。为此，他建议由一个大臣级委员会来审查白厅的防务组织，主张设立总参谋长并由总参谋长担任参谋长委员会的常任主席。但是，这一建议遭到了海军大臣、空军参谋长和国防大臣的参谋长官的激烈反对，直到 10 年后，即 1957 年，蒙哥马利这一主张才终于得到实施。

9 月 27 日，西方联盟五国国防大臣会议在巴黎召开，会议决定任命蒙哥马利为联总常务主席。对此，蒙哥马利表示，如果这是英国政府、参谋长委员会的同僚和西方联盟中其他政府的一致意见，他很乐于接受这项任命。只是，他要求不要将他的个人事务转给某个国际组织，他的名字应继续留在陆军部的花名册上，同时，他要求在另一次世界大战爆发的情况下不出任最高统帅。毫无疑问，他的要求都得到了满足。

蒙哥马利晋升后，亚历山大非常高兴，因为他终于把蒙哥马利从政府中赶走了。不过，蒙哥马利并没有因为卸任总参谋长而减少与亚历山大的争论。

数年后，蒙哥马利在回忆担任帝国军队总参谋长这段经历时，有些遗憾地说：“其实我不应该与他们争吵，但他们实在是太过分了……那里已经不再适合我了，我的离开让双方都很高兴。”

毫无实权的联总常务主席

西欧联盟于 1948 年 3 月 17 日成立，由英国、法国、比利时、荷兰和卢森堡五个国家组成，总部位于法国枫丹白露。同年 11 月，蒙哥马利正式担任联总常务主席。

在这个职务上，蒙哥马利一待就是10年，这10年可以说是他一生中最快乐、最轻松的10年。这是因为他的头上虽然还有着各种无比耀眼的头衔，但是已经没有实权了。因此，尽管他仍与别人进行各种各样的争吵，但是并不会产生什么重大矛盾。

担任联总常务主席后，蒙哥马利与同事们踏遍西欧，寻找各种军事问题、制订各种战略计划，然而西欧各国为了各自的利益，根本没有人在意他们的提议，这些国家也不愿意提供必要的训练有素、装备齐全、指挥有序的部队。为了让大家联合起来，蒙哥马利说："我知道你们都想让国家发展经济，但是没有军事力量作为后盾，纵然你们再有钱，被人抢走也是轻而易举的!"

蒙哥马利意识到，要想让西欧在军事上展开合作，首先需要在政治上达成一致。1949年1月，蒙哥马利会见了英国外交大臣欧内斯特·贝文①，要求他让联邦德国加入西欧联盟，并准备接纳其加入正在规划中的北大西洋公约组织。蒙哥马利的提议让贝文非常吃惊，因为此时离德国战败还不到4年时间。

同年11月，蒙哥马利来到美国，并向美国三军参谋长、艾森豪威尔和杜鲁门②总统讲述了自己的观点。经过他的努力，联邦德国终于在政治上加入了西方阵营，之后又于1955年加入北约。

北大西洋公约组织是美国构建的新体系，西欧联盟也被强行吸收了进去。1951年4月2日，艾森豪威尔担任欧洲盟军最高司令部最高统帅，蒙哥马利成为最高副统帅。之后，一直到1958年9月退休前，他先后在4位美国最高统帅手下工作。尽管最高统帅艾森豪威尔不在时，蒙哥马利会接手所有事务，但是他的副统帅权力处处受到制约。艾森豪威尔曾对蒙哥马利说："你的主要职责是对打算今后拨归本司

---

① 欧内斯特·贝文：英国政治家、工会领袖，"二战"期间担任劳工和国民事务大臣，战后在工党政府中任外交大臣，为战后欧洲经济的复苏和北大西洋公约组织的形成做出了贡献。

② 杜鲁门：美国民主党政治家，第32任副总统，后接替因病逝世的罗斯福总统成为第33任美国总统。

令部的各国部队做好编制、装备、训练和战备工作，并通过与下属司令官紧密合作，对已经拨归欧洲盟军最高司令部的部队担负相同的职责。不过，为了更好地开展工作，你可以通过参谋长使用欧洲盟军最高司令部的参谋部。但是，在给部队下发行政命令时，需要经过参谋部同意。”

对于艾森豪威尔安排的任务，蒙哥马利只对训练感兴趣，对其他方面则毫不在意。品评军政也是他的一大爱好。例如，他就谈过核武器问题。他说：“如果下一次大战爆发，我一定会首先使用核武器，有问题也等敌人被我轰炸了再谈。”他的话使得英国政府惊恐不已。

实际上，在欧洲盟军最高司令部，最高统帅的真正副统帅是参谋长。这个职务一开始是由阿尔弗雷德·格伦瑟担任，之后又由科特·斯凯勒接手，而蒙哥马利只不过是打杂的军事演习组织者而已。尽管没有实权，也没有力量影响决策，但蒙哥马利发现这里更适合自己，因为他有大量的时间研究军事战略问题。为了保证盟国军队有效抵抗外来侵略，他时常向一些外长要求提供更多资源，虽然有些让人厌烦，好在也没什么人故意为难他。

蒙哥马利把精力投入训练和演习上后，经常周游北约各国。他和很多国家领导人都是很好的朋友关系，而且很多人都不太在意他说的话，但是有一次是例外：他说不要再发展航空母舰了，这已经是落后的兵器了。他的话让美国海军部门非常不满，他自己却觉得无所谓，第二天便忘得一干二净。

这时的蒙哥马利已经无欲无求了，唯一的要求就是想把役期服满 50 年，以便成为英国军队中服役时间最长的人。现在，他的年薪有 5000 多英镑，住宅被重新装修过，并配有陆军勤务人员，他已经规划好了，完全可以就此死去。由于长期待在军队里，他与亲人的隔阂非常深，即使与小儿子戴维的关系也非常冷淡。贝蒂去世后，他就没有让亲属照顾戴维；后来弟弟布赖恩结婚，他却在最后一刻跑去看足球比赛；纽波特市授予他荣誉市民称号时，他看到母亲也来参加，虽然没有当场发飙，但还是要求组织方拒绝让母亲参加午餐会；他的母亲在 1949 年去世时，他也没有出席葬礼。

有一次，他在多伦多进行访问，他的堂侄过来探望他。听到随从的报告后，蒙哥马利问道："他来做什么？他想从我这里得到什么？我跟他没有关系，不想见他。"后来他还是见了堂侄，但是只见了他 5 分钟。他和妹妹的关系还算过得去，但是他一直认为，妹妹对他好只是因为他获得的荣耀。戴维可以说是他最亲、最爱的人，然而当戴维首次婚姻失败时，他很长一段时间没有再理戴维。不过，终归是自己的亲生儿子，父子俩的关系最后还是恢复了。

蒙哥马利的性格就是如此，不愿与人走得太近，也不愿与人太过亲密。但是，他对年轻人非常关心。他曾在英国青少年俱乐部协会的一次会议上进行演讲，他说："一旦国家不需要我了，我就会一心一意地训练年轻人。年轻人都是善良的，只是需要加以引导，我很愿意给予帮助……"

蒙哥马利非常热衷于支持青少年俱乐部和其他青年组织。在担任北约副统帅时，他是野营活动"康科迪亚"的主席……他对年轻人的关心并不仅仅是组织层面，他还与很多青少年保持着友好的联系。有一次，一个男孩给蒙哥马利写了一封信，说自己想当海军陆战队队员。蒙哥马利看到信后，亲自回信说："小伙子，你的想法非常好，我祝你好运。"

蒙哥马利与拉德利划船队队员的关系也很好。有一次，这支划船队在"伊丽莎白女王杯"划船比赛的半决赛中击败了圣保罗队，蒙哥马利便和他们一起狂欢。该划船队在挪威参加比赛，蒙哥马利也受邀参加了训练。后来，蒙哥马利去土耳其访问时，还给他们邮寄了土耳其小礼物。当这支划船队中有一位队员成为牛津大学划船队的队员时，蒙哥马利写了亲笔信祝贺……

任联总常务主席期间，尽管不善于交际，但有一些应酬蒙哥马利也无法拒绝。繁忙的工作使他很少待在司令部里，即使待在那里，他也不和大家聚餐，只会跑到英使馆中。有一次，他参加英使馆宴会，受邀出席的人有爱丁堡公爵①、法国国防部部长勒内·普莱文等。就在宴会开始时，越南奠边府陷落的消息传来了。由于晚宴在 8 点开始，但普莱文在 9 点才来，于是，蒙哥马利用又尖又细的声音问道："哎，普莱文先生，心情怎么样啊？被别的国家视为不受欢迎的人，感觉不好受吧？"整个会场鸦雀无声，大家都被他刻薄的话惊呆了。不过，蒙哥马利自己却毫不在意，他把双手摊了摊，向众人做无辜状。

有一次，蒙哥马利和乔治·科尔联手，对付葡萄牙高尔夫业余冠军。击球时，蒙哥马利总是故意嘲讽对方："您原来是位专家啊！啧啧，这球漂亮，离洞只有几十米远……"面对这样的嘲讽，还有谁能够安心击球呢？最终，业余冠军败给了他们。

科尔对蒙哥马利的做法非常不满，他说："你这样的行为让我感到羞耻，你一点也没有职业精神！"

蒙哥马利回答说："管他呢？过程不重要，结果才是重要的，你不也很想赢他吗？"

北大西洋公约组织的工作，让蒙哥马利奔波于各个国家。在这期间，他与西欧联盟地面部队司令德·塔西尼②将军发生了严重的冲突，此前他们的关系还是非常不错的。在招待会上，塔西尼拒绝跟蒙哥马利讲英语，蒙哥马利也拒绝用法语与他交流，这样的场面让在场的所有人不知所措。他们两人的性格都非常要强，谁也不愿意先让步，更不愿意站在对方的立场上思考。塔西尼在 1950 年时说过这样的话："我真不知道该怎么办，蒙哥马利太难对付了！"

尽管他们的关系很僵，但是塔西尼前往中南半岛任职时，双方仍大量地通信。后来，塔西尼的儿子在中南半岛战场上阵亡，蒙哥马利还写了一封慰问信。

---

① 爱丁堡公爵：菲利浦亲王，英国元帅，英国女王伊丽莎白二世的丈夫。

② 德·塔西尼："二战"期间法国陆军高级将领，原法属中南半岛高级专员兼远征军总司令，法国元帅，战后任西欧联盟地面部队司令。

塔西尼前往印度后，接手他工作的阿尔方斯·朱安①发现，自己和蒙哥马利也不好相处。不过，朱安性格较为和善，他与蒙哥马利发生的冲突远远少于塔西尼和蒙哥马利发生的冲突。

忙碌的退休生活

1953年，有消息说蒙哥马利即将退休。不过，蒙哥马利却当众表示，半个世纪的服役期不满（1958年8月期满），他绝对不退休。这个说辞让英国驻莱茵河军总指挥理查德·盖尔进退两难，因为他正准备接替蒙哥马利的职位呢！

盖尔的年纪也大了，眼见蒙哥马利迟迟不愿退休，他只好叹了一口气，于1957年3月先退休回家养老了。看到盖尔退休，蒙哥马利也对外宣布，自己会于一年内退休。大家哭笑不得，只得再次把盖尔接回来，让他接任蒙哥马利的职务。

1958年，蒙哥马利在退休前组织了一场代号为“CPX8”的军事演习。同年5月至9月，蒙哥马利先后访问了加拿大、荷兰、葡萄牙、挪威、南斯拉夫和法国。9月中旬，他参加了丘吉尔的金婚纪念活动。9月18日，他正式退役，离开了军队。至此，他在军队中一共服役52年。在英国陆军历史上，只有19个世纪的罗伯茨将军的服役年限可以与他相媲美，但罗伯茨中间曾离开过军队一段时间。对此，蒙哥马利非常自豪，常常说：“我在英国军队服役的时间超过了威灵顿、马尔巴勒和蒙克。”

卸下职务后，功成身退的蒙哥马利回到了伊辛顿。不过，退役后他并未退出公众视野。1958年至1968年，这10年是蒙哥马利最为特别的岁月。在这10年间，他的主要活动有三种。

一是写作及在广播与电视里进行演讲。

蒙哥马利的著作有《蒙哥马利元帅大战回忆录》《正确判断的方

---

① 阿尔方斯·朱安：法国元帅，“二战”期间率法国特遣部队与盟军一起参加突尼斯战役，并赢得了胜利，战后出任法属摩洛哥总督、中欧盟军司令。

法》《领导艺术之路》《三个大陆》《战争史》。

1958 年年末，蒙哥马利受邀参加英国广播公司录制回忆“二战”战役的系列节目，由于他心理素质好，演讲言简意赅、幽默风趣，使得节目导演布里斯多尔对他大力赞赏。就这样，蒙哥马利开始了在电台演讲的生涯。

《战争史》是一部简单的军事历史书，多数内容是由蒙哥马利的助手撰写，因此读者并不买账。他本人也觉得这本书不怎么样，经常在私下说该书除了前 2 章和最后 4 章，别的都是他人代写的。

《蒙哥马利元帅大战回忆录》则由蒙哥马利亲自执笔。他自己曾说，写这本书主要是为了记录他所经历的重要大事，但很多人认为书中的很多事描述都不真实。一位评论家说：“虽然蒙哥马利在书中时常承认自己有可能错了，让读者产生一种他在自我批评的感觉……然而，他只是在以这种方式来暗示他没犯过什么错，他对于重写历史有着超凡的能力。”

有人曾问蒙哥马利与艾森豪威尔为什么没有再联系，蒙哥马利在节目中公开回答说：“这件事，我也不知道为什么。我曾经给他送去我的《蒙哥马利元帅大战回忆录》，但一直没有得到他的消息，他没有再联系我……我还给他寄过贺卡，他仍旧没有一丝反应……我不想失去这位朋友，如果我们的友谊就此中断，我会非常难过的。”

其实，艾森豪威尔在去世前对此事也有所交代：“蒙哥马利总是贬人褒己，他为了显示自己，经常说美国和我没有什么值得赞扬的地方。我之所以不再和他联系，只是因为我不喜欢和不说实话的人交朋友……”

二是前往世界各国各地区，发表自己的观点。

1959 年 4 月，蒙哥马利访问苏联；同年 11 月，访问南非；1960 年，访问印度、中国；1961 年，二访中国，同年访问加拿大和中美洲国家；1962 年到 1966 年，每年都会到南非访问；1967 年，访问埃及第二次世界大战的战场。

在历次访问中，他曾两次访问中国。当时整个西方都在封锁中国，因此他的行为还是很大胆的。那个时候，中国对于西方是陌生的，蒙哥马利由此也对中华人民共和国抱有成见和敌视。他在自己的回忆录中这样写过："在远东地区，我们不应该害怕苏联，因为中国与它相比更为麻烦。"

1960 年 5 月 24 日，蒙哥马利经由中国香港来到中国大陆。之后，他在中国人民国防体育协会主任李达上将的陪同下，坐着飞机抵达北京，接见他的是国务院副总理陈毅。次日，周恩来总理和对外贸易部部长叶季壮也分别接见了他。尽管访问时间只有两天，但是这两天给蒙哥马利留下了深刻的印象，一改原来对中国的成见和敌意。结束北京之旅后，他又来到了上海，接待他的是上海市市长柯庆施和副市长曹荻秋。在上海，蒙哥马利说："西方人不了解中国，我以前也是这样，但是从今以后再也不会了。我一直以来都认为，世界上只有一个中国，台湾是中国不可分割的一部分。"当天晚上，毛泽东主席在上海和他吃了一顿饭。5 月 28 日早上，蒙哥马利从上海飞往广州，之后乘火车回了香港。此次他邀请周恩来访问英国未成，但是答应会在 1961 年 9 月再度访问中国。

1961 年 9 月，蒙哥马利对中国进行了半个来月的访问，先后访问了包头、太原、延安、西安、三门峡、洛阳、郑州和武汉等地。这次长时间的访问，让他更加了解了中国人民，他说："中国人就像毛泽东于 1949 年在天安门时讲的那样，真的站起来了！他们的命运是外人无法掌控的……台湾是中国的一部分，中国政府在北京，谁也不能干涉中国内政……"蒙哥马利关于中国的观点，几乎都被发表在报纸上和他自己所写的《三个大陆》一书中。

在访问中国以前，蒙哥马利还对苏联进行了访问。他的目的有三：一是了解苏联是不是准备发动核战争，二是苏联怕不怕联邦德国，三是苏联怕不怕中国。蒙哥马利四处走访的行为，让英国保守党的一些人非常害怕，他们说现在整个世界的局势非常紧张，蒙哥马利不应该到处乱跑，万一他古怪的脾气发作，肯定会捅出娄子。

于是，他们想尽各种办法阻挠他出国，或者让他以非官方身份出国。有一次，英国驻苏联大使为了配合蒙哥马利的访问时间，打算推迟休假。但外交大臣吩咐他在蒙哥马利访问莫斯科时，不要待在那里。麦克米伦多次公开宣称，蒙哥马利的访问属于私人性质，与英国政府无关，甚至还警告蒙哥马利不要谈论敏感问题。

蒙哥马利抵达苏联后，老朋友罗科索夫斯基元帅在机场迎接了他。第二天早上，赫鲁晓夫[①]接见了他，但他没有发表有关政治或国际问题的讲话。

返回英国后，新闻界纷纷让他谈谈这次出行的收获，最后他在《星期日泰晤士报》上发表了有关此次访问的两篇文章。其中一篇的内容为我们西方担心遭到苏联攻击，其实苏联一样也在害怕我们。如果我们改变战略，那么一定能让苏联融入我们的基督世界。为此，我们必须停止对苏联的威胁，也必须停止炫耀各种核力量……

1962 年，蒙哥马利访问了加拿大和中美洲国家。1967 年，他访问了埃及，这一年他已经 80 岁了。当时中东的政治形势十分微妙，蒙哥马利想要重游旧地，于是私下安排这次访问，这使英国政府很不高兴。在这次访问中，《星期日泰晤士报》承担了蒙哥马利的全部开销，并派出了随行摄影师。当他们来到赫利奥波利斯时，受到了隆重而热烈的欢迎，机场上彩旗飞舞，管乐齐鸣。蒙哥马利与埃及总统纳赛尔及其总参谋长进行了会谈，他还让英国代办用密码给伦敦发电报说明应该如何解决埃及问题，并表示纳赛尔总统只愿意与工党政府的某位大臣进行谈判。

在埃及期间，蒙哥马利大部分时间是在沙漠里游览旧战场。他每天早晨 6 点便起床，坐上直升机来到预定地点，然后一边对照以前用过的地图和作战计划，一边让随行人员作为标记分布在沙漠中。由于他态度明确地谴责了苏伊士作战行动，因此在埃及很受欢迎。不过，这次访问也耗费了他许多的精力，使他感到自己确实老了。他说，这次旅行至少缩短了他一年的寿命。不管怎样，英国外交部总算松了一口气，因为这是蒙哥马利有生之年进行的最后一次访问。

三是参与国内政治活动。

在军队服役时，蒙哥马利从来不关心政治，退役后却对政治热心起

---

① 赫鲁晓夫：苏联共产党中央委员会第一书记，苏联部长会议主席（苏联总理），是苏联党和国家最高领导人。

来。不过他的一些观点并没有让人耳目一新，因此也没有给人留下深刻的印象。他想加入保守党，为此曾公开说支持工党的人都是愚蠢的，是精神病。他的激烈言词虽然获得了保守党的欢心，但是也遭到了工党的大量攻击。

这时的蒙哥马利还没有意识到，他在政治事务上已经是个无关紧要的人物。

在个人生活方面，蒙哥马利过得还算平静，他大部分时间住在伊辛顿，几乎没有什么来访者，不过每天都会收到大量来自世界各地的信件。上了年纪以后，蒙哥马利对家人似乎亲近了一些。1969 年，他参加了弟弟布莱恩的银婚纪念活动，以弥补早年没有参加其婚礼的遗憾。1971 年，妹妹温莎再婚，他又前往埃克塞特去参加妹妹的婚礼。

身体方面，蒙哥马利的状况不算太好。1964 年他刚做完背部手术，医生检查出他有轻微的心脏病。1968 年，英国国会举行了隆重而庄严的开幕仪式，已经 81 岁高龄的蒙哥马利要求带国剑参加开幕式。但是，国剑又重又长，需要笔直地拿着它，穿过皇家画廊来到上议院。女王讲话时也必须把剑拿得笔直，而且纹丝不动，之后再把它带回更衣室门口。这对一个健康的现役军官来说都是一个严峻的考验，何况是一个年过八旬的老人。

当天场面十分热闹，勋爵、法官、主教、贵族、外交使团都各就各位，静静地坐着等待女王的到来。女王进入会场后，派人传来了下议院的议员。会场鸦雀无声，女王开始讲话，这时，蒙哥马利手中的国剑轻微地晃动了一下，接着就很明显地摇晃起来，他那瘦小的身体也跟着摇晃了几下，几乎跌倒。王室司库见状，赶紧冲过去接过国剑。大家把蒙哥马利扶到一旁的椅子上坐下。过了一会儿，蒙哥马利趁人不注意，悄悄地离开了上议院。

这以后，他彻底从人们的视野中消失了。

1976 年 3 月 25 日，89 岁的蒙哥马利走完了他那富有传奇色彩的一生，永远地闭上了双眼。